Ciudad de México

LOS MIGRANTES QUE NO IMPORTAN

Óscar Martínez

Los migrantes que no importan

© Óscar Martínez

Libro publicado gracias a una colaboración con elfaro.net

De esta edición:

© Surplus ediciones S de RL de CV
Shakespeare 201
Anzures, CP 11590
México DF

Cuidado de la edición: Patricia Salinas y Gabriela Díaz
Editor de las crónicas: Roberto Valencia

Foto de portada:
© Edu Ponces
Imagen de interiores:
© Camilo Minero, *Transporte urbano* (detalle)

ISBN: 978-607-8147-29-8

Impreso y hecho en México

www.surplusediciones.org

Los migrantes que no importan

Óscar Martínez

Un proyecto de El faro

SUR+ EDICIONES

Prólogo del autor

En estos tiempos furiosos que vive México, es mejor ser directo, urgente. Estoy convencido de que lo que ahora ocurre, lo que ahora desespera, se ensayó cerca de las vías de un tren. Estoy convencido de que ese descaro asesino que se llevó a 43 estudiantes de Ayotzinapa se ensayó durante años en pequeños municipios, aldeas y ejidos con nombres anodinos como Las Chepas, El Sásabe, El Barí, El 20, Macuspana, Tenosique, Huixtla, Tierra Blanca, Medias Aguas...

México se viene pudriendo desde hace años. Se pudre desde sus esquinas más escondidas, desde sus rutas más polvorientas, donde el Estado decidió dejar de estar y dejar que otros estén en su calidad. Pero, como ocurre con un pedazo de carne, las esquinas terminan pudriendo el corazón.

Los niveles de tolerancia al sadismo y a la muerte impune se estiraron en las rutas del migrante indocumentado que cruza México. En esas mismas rutas, la diferencia entre policía y mafioso se diluyó como azúcar en agua.

A un migrante en Coatzacoalcos, Veracruz, los mismos policías municipales lo devolvieron a la casa de secuestro de Los Zetas de la que él había logrado escapar. En Ixtepec, Oaxaca, la policía municipal junto con la extinta policía judicial lideraron los secuestros y asaltos contra los indocumentados al menos hasta 2007. En Ciudad Hidalgo, Chiapas, en la ribera del río Suchiate, el primer asalto a mano armada –y bien armada– corría muchas veces a cargo de los militares que custodiaban la frontera. Ahí mismo, en Ciudad Hidalgo, y en Tapachula también, la policía municipal alertaba de operativos a los burdeles de la zona de tolerancia conocida como Las Huacas, donde se prostituye a decenas de centroamericanas, muchas de ellas menores de edad. En Nuevo Laredo, Tamaulipas, los juntadores de migrantes que trabajaban con los coyotes aliados a Los Zetas se carcajeaban con los policías municipales enfrente de los migrantes. En Altar, Sonora, los policías municipales cobraban cuota a los juntadores que querían trabajar en la plaza recogiendo migrantes, frente a la iglesia; sin embargo, esos mismos policías no movían ni un dedo cuando "los mascaritas" llegaban hasta las camionetas a recoger la cuota: 500 pesos por migrante que quisiera avanzar hasta El Sásabe para empezar su viaje desértico hacia esa entelequia llamada sueño americano. En Tenosique, Tabasco; en Huixtla, Chiapas; en Sonoíta, Sonora; en Puerto Palomas, Chihuahua; en Arriaga, Chiapas; en Tierra Blanca, Veracruz, la historia era parecida: las autoridades locales y los grupos criminales formaban un engranaje de reloj suizo, una máquina de moler carne que sólo funciona si todos los actores jalan su palanca: alcaldes, gobernadores, policías, agentes de Migración, sicarios, coyotes, secretarios, presidentes.

He de decir que siempre hay excepciones, diminutas piezas que detienen por momentos los engranajes de ese aparato de trituración. Yo encontré algunas de ésas en este camino. A esos pedazos incómodos dedico este párrafo, tan pequeño como lo son ellos en comparación con la máquina.

Los gobiernos centroamericanos son despiadados con sus migrantes, han sido anuentes con las violaciones y los machetazos. Se callaron –o hablaron tan bajito que parecía que no decían nada. Las declaraciones de protesta por la crisis humanitaria de los migrantes en México nunca salieron de boca de un presidente, sino más bien de funcionarios de los que cuesta recordar el cargo. Pusieron en la balanza las remesas y la barbarie. Y pesaron más las remesas. Centroamérica vive una epidemia prolongada, una epidemia de muerte, una epidemia de homicidios. El Salvador y Honduras cerraron 2014 con un promedio de más de 60 homicidios por cada 100,000 habitantes –el promedio de este México de escándalo supera por poco los 20 homicidios–. El verbo de muchos de los centroamericanos que viajan ahora mismo a lomo del tren es huir, no migrar. Y así seguirá ocurriendo. Seremos una región, como ya lo demostramos en 2014, que vomita a sus niños por decenas de miles. Niños que huyeron de unos barrios y cantones que no son para niños... Ni para adultos. Nadie, en realidad, debería vivir como vivían esos niños.

El gobierno mexicano ignoró lo que ocurría en sus ejidos, en sus aldeas, en sus municipios, en sus vías de tren, durante años. El primer informe de secuestro de migrantes fue presentado hasta finales de 2009, cuando aquello ya era un denominador común de la crisis de estos viajeros. Tengo la percepción de que los mexicanos en general también ignoraron esa carnicería. Recuerdo una marcha multitudinaria en el zócalo de Ciudad de México por el secuestro del hijo de un empresario allá por 2008. Recuerdo que recién yo había regresado de Coatzacoalcos, donde en un solo día hablé con más de diez migrantes que habían sido secuestrados por Los Zetas, y liberados días u horas atrás luego de pagar la cuota. No recuerdo ninguna marcha por estos otros secuestros ni por las decenas de miles que les siguieron. Supongo que es normal, aquello parecía un problema lejano, de un México que por suerte ocurría muy lejos de las casas donde vivíamos los que leemos periódicos, los que dedicamos horas a las redes sociales, los que tomamos unas copas la noche de los viernes y vamos al cine cuando termina el domingo. Aquello ocurría en lugares que parecían no tener nada que ver con nuestras vidas. Aquello ocurría en Jacumé, en La Rumorosa, en Macuspana, en Matías Romero. Aquello estaba tan lejos de nosotros como los negros que murieron de ébola.

Aquello se acercó un poco a nosotros tras la masacre de San Fernando, Tamaulipas, en agosto de 2010. La tragedia de esos extranjeros se metió en casa de los mexicanos porque los grandes medios, entonces sí, decidieron que había una crisis humanitaria. 72 cadáveres apiñados en un cascarón de cemento fueron necesarios para que la crisis fuera crisis por unas semanas.

Los migrantes que eran descuartizados por el gran crimen organizado desde hace varias décadas –y con más fuerza desde 2007, cuando Los Zetas se independizaron del Cártel del Golfo– empezaron, por primera vez, a ser un problema urgente. En 2011, 193 cadáveres fueron sacados de varias fosas clandestinas en las cercanías de San Fernando. Decenas de esos cuerpos eran de migrantes centroamericanos. Lo único que se requería para sacarlos eran ganas, y las ganas llegaron con la primera masacre. En los estándares de este México despiadado que se construye con más ahínco desde que llegó Felipe Calderón a la presidencia, la muerte ya sólo escandaliza cuando viene por montones o con suma originalidad. Los migrantes llenaron su cuota de fosas, utilizaron sus yardas de plástico blanco, envoltorio de muerto, y se ganaron el derecho de ser primera plana, de ser apertura de noticiero y de ser discurso político. Al menos por un tiempo.

La sociedad civil, encabezada por apellidos de gente valiente como Solalinde, Pantoja, Gutiérrez, González, aprovechó el reflector y sacó partido en favor de los invisibles. Ellos hicieron honor a los muertos y los ocuparon para salvar a algunos vivos. Se reformaron algunas leyes, se intervinieron algunos puntos donde la barbarie alcanzaba niveles desquiciados, se volvió a ver con más atención a Los Zetas, el grupo que más se ocupaba de los indocumentados. Y en ese proceso, como en todo proceso liderado al fin y al cabo por políticos que conocen poco de lo que hay más allá de sus escritorios y sus cuartos aireacondicionados, se cometieron tonterías, como la de intentar prohibir con policías y militares que los migrantes suban al tren.

En el sur de México todavía se viola a mujeres de Guatemala, Honduras, El Salvador, Nicaragua. En el centro de México todavía se asesina a defensores de migrantes. En la costa Atlántica todavía hay casas llenas de hombres, mujeres y niños secuestrados. En el norte de México, llegar hasta los puntos de cruce todavía tiene precio, y esa cuota se le paga a la mafia que regente ese pedazo de frontera. Sin embargo, toda la muerte entre los años 2007 y 2010 marcó un antes y un después. Ahora mismo ningún funcionario puede decir sin que se le derrita la cara de cinismo que a los migrantes no los asesinan, violan, secuestran, tratan, extorsionan. Ahora mismo, nadie puede ya olvidar que todo eso ocurre –como recientemente se demostró en el caso de la masacre de Tamaulipas– con la participación de policías y autoridades municipales.

Con la cadencia con la que el mar horada la piedra, los migrantes muertos horadaron el discurso público mexicano. Se colaron por un huequito. Yo creo que ése es el primer paso para que las cosas cambien de una forma más permanente. Creo que hay una diferencia entre saber y no saber, y ahora se sabe. Creo que ese proceso es lento, irritantemente lento, pero en algo hay que creer.

México se enfrentó este 2014 a otro de los hechos que quedarán grabados en la memoria colectiva como muestra de la desfachatez criminal de un país con unos estirados márgenes de tolerancia. 43 estudiantes fueron secuestrados por policías y criminales en Iguala, Guerrero. El gobierno federal intentó confundir, anunciar sus cadáveres y cerrar el caso, mentir, pero no lo logró. Demasiados ojos estaban ya sobre ellos. Demasiados ojos aterrados, indignados, viendo cómo lo que creían que ocurría allá, lejos, a los otros, empezaba a ocurrir más acá, más cerquita, a esos 43 muchachos.

Creo que la poderosa ola de protestas que recorre México es en gran parte indignación honesta, empatía sincera. Creo también que en otra buena medida, todas esas protestas tienen que ver con una nueva claridad entre los ciudadanos: esto no pasa allá, pasa cada vez más acá. Esto no les pasa a los otros, sino que cada vez más a los que son como nosotros. El descaro y la barbarie son animales insaciables. Si empiezan a devorar, devorarán hasta que se les mate.

Este libro habla sobre ésos que fueron los otros, sobre aquellos lugares que parecían tan lejanos. Habla sobre un viaje que sucedía en otra parte, en un lugar que pocos conocían. Este libro habla sobre unas vías de tren, unos ejidos y unos montes en los que la tolerancia de México a la barbarie se estiró. Aquí se ensayó –y aún se ensaya– la muerte impune durante años, años recientes. Con estas personas se perfeccionó el descaro, con decenas de miles de estas personas. El México de ahora le debe mucho a este México escondido del que están por leer.

Óscar Martínez
6 de enero de 2015

En el camino

Agosto de 2009, estado de Oaxaca

Hay quienes migran porque en Centroamérica la mitad de la población vive bajo la línea de la pobreza. Hay quienes migran para reencontrarse con sus familiares en el Norte. Pero hay también quienes, como los hermanos Alfaro, más que migrar, huyen. De repente, en su pequeño mundo en El Salvador empezaron a caer cadáveres. Cada vez más cerca. Luego, una amenaza. Este es el viaje de Auner, Pitbull y El Chele, unos migrantes que nunca anhelaron viajar a Estados Unidos.

Huyo porque tengo miedo de que me maten —dice Auner cabizbajo.

La primera vez que se lo pregunté me dijo que migraba porque quería probar suerte. Dijo aquella frase hecha acerca de que buscaba una mejor vida. Es normal. Cuando uno huye, desconfía, y entonces miente. Es ahora que estamos solos, apartados de sus hermanos que juegan cartas en un albergue para migrantes del sur de México, ahora a la par de las vías del tren con un cigarro en los labios, que él acepta que su verbo es huir, no migrar.

—¿Volverías? —pregunto.

—No, nunca —sigue con los ojos clavados en la tierra.

—¿Renunciás a tu país?

—Sí.

—¿No volverías nunca?

—No... Bueno... Sólo si tocan a mi mujer o a mi hija.

—Y entonces, ¿a qué volverías?

—A matarlos.

—¿A quiénes?

—No sé.

Huye de una muerte sin rostro. Allá atrás, en su mundo, sólo queda un agujero repleto de miedo. Aquí y ahora sólo queda huir. Esconderse y huir. Ya no es tiempo de reflexiones. De nada vale detenerse a pensar cómo él, y sus hermanos tienen que ver con aquellos cadáveres. De nada serviría.

Salió de El Salvador hace dos meses y desde entonces camina con sigilo y guía con paciencia a sus hermanos. A los 20 años, dueño de su miedo, Auner no quiere dar un paso en falso. No quiere caer en manos de Migración, no quiere ser deportado, no quiere que le desanden su camino, porque eso significaría tener que volver a empezar. Como a él le gusta repetir: "Para atrás, sólo para tomar impulso".

Auner se levanta silencioso y pensativo. Camina la vereda polvorienta que termina en el albergue de Ixtepec, en el estado de Oaxaca. Se une a El Chele y Pitbull, sus hermanos menores, y hacen rueda junto a los lavaderos a medio construir. Nos envuelve un calor húmedo que casi puede tocarse. Discuten cómo continuarán la huida. La pregunta es una: ¿seguir en el tren como polizones o ir en buses por los pueblos indígenas de la sierra con la esperanza de que no haya retenes policiales?

El viaje por la sierra los llevaría a atravesar lo verde y espeso de la selva oaxaqueña, a transitar lo irregular. Los llevaría a internarse en un camino poco conocido por los migrantes. Es una ruta alterna utilizada sobre todo por coyotes, que llegó a oídos de Auner gracias a que Alejandro Solalinde, el sacerdote que fundó este albergue, entendió que no estaba de más dar una opción extra a los que huyen.

El viaje en tren los obligaría a encaramarse como garrapatas en el lomo del gusano metálico. Aferrarse en medio de la oscuridad a las parrillas circulares del techo y seguir así durante seis horas, hasta llegar a Medias Aguas, en Veracruz. Luego tendrían que tumbarse en el suelo, en las afueras de ese pueblo escondido a esperar que salga otro tren. Dormir con un ojo cerrado y el otro medio abierto a la espera de señales para echarse a correr. Porque Medias Aguas es base de Los Zetas.

Los Zetas, un grupo formado en 1999 por el narcotraficante Osiel Cárdenas Guillén, preso desde 2003 en Estados Unidos. El fundador del poderoso Cártel del Golfo creó Los Zetas con algunos militares de élite —algunos incluso pasaron por la Escuela de las Américas— que desertaron para formar este grupo que ahora se considera un cártel con independencia que desde 2007 agregó a sus actividades el secuestro masivo de indocumentados, por los que pide rescate a sus familiares. "El grupo de sicarios más peligroso y organizado de México", se les considera en un informe de la División Antinarcóticos de Estados Unidos divulgado en enero de 2009.

La respuesta a la pregunta que se hacen los hermanos Alfaro podría parecer lógica para cualquiera que no conozca las reglas de este camino. Sin embargo, el riesgo de la sierra tampoco es leve. De cada diez indocumentados centroamericanos, seis son asaltados por las mismas autoridades mexicanas. Ésa sería una catástrofe para unos muchachos que atesoran los 50 dólares que su padre les envía desde Estados Unidos cada cuatro días. Los atesoran porque con ellos compran las tortillas y los frijoles que comen una vez al día cuando no están en un albergue y se sientan entre matorrales a recuperar aliento para seguir en esta huida.

La decisión es aún más complicada para quienes huyen de la muerte, porque el retorno no significa nomás volver a casa con los hombros abajo y las bolsas vacías. El retorno puede costarles la vida, igual que subirse al tren, que a tantos ha despedazado.

Hoy mismo me enteré de que José perdió su cabeza bajo el tren. Era el menor de tres salvadoreños con los que hace dos meses hice un recorrido por La Arrocera, bordeando la carretera para no enfrentar a las autoridades. Un rebane limpio, me contaron. Acero contra acero. Fue allá por Puebla, unos 500 kilómetros arriba de donde ahora estamos. El viaje es intenso. El sueño es leve. El cansancio a veces gana y eso mata.

José cayó en uno de los tambaleos, que sin problemas sacudió a un hombre débil y medio dormido. Me lo contó Marlon, uno de los que viajaba con él. Ellos también huían. En su caso, sí tenían certeza de por qué. Escapaban de las pandillas que les arruinaron su panadería cuando les impusieron una renta impagable: 55 dólares semanales o la vida. La empresa entera emprendió la retirada. Eduardo, el propietario y panadero; José, el repartidor; y Walter, el ayudante. Uno de ellos ya volvió a El Salvador en una bolsa negra.

Los hermanos Alfaro decidirán esta noche qué hacer. Tienen que decidir con tino; si no, podrían encontrar aquí lo que buscan dejar allá abajo.

—¡Hey, hijueputa! —escuchó Pitbull en su retaguardia el grito amenazador.

Giró la cabeza y vio un cañón 9 milímetros. Pensó que le apuntaba a él. Directo en la frente. Dio un salto de gato y antes de caer escuchó las dos detonaciones. Los disparos atravesaron la cara y la espalda a su amigo Juan Carlos Rojas, un pandillero. Unos pedazos de sesos mancharon a Pitbull la camisa polo que se había puesto para conquistar chicas con Juan Carlos en una sala de maquinitas del centro de Chalchuapa. Era un día soleado de enero o febrero de 2008.

A Pitbull se le subió a la cabeza esa rabia descontrolada que le nace del estómago, ésa que hace que se le crucen los cables allá arriba. Cuando eso pasa, durante unos cinco minutos, no hay quien lo detenga. Se vuelve un animal. Un pitbull.

Echó un vistazo atrás y, entre el desparrame de materia viscosa, no le quedaron dudas de que su amigo estaba muerto. Pitbull echó a correr con furia, gritando incoherencias. Vio al asesino y a su cómplice. Escapaban. El que disparó iba relegado, jadeando. Ésa es la presa, pensó Pitbull. Le importó un carajo que tuviera en la mano una 9 milímetros cargada. El hombre, un viejo borracho de unos 50 años, retomaba la huida y se volteaba para apuntar a Pitbull, y decirle entre exhalaciones.

—¡Parate que te disparo, pendejo!

No había negociación posible. Entre el estómago y el cerebro de Pitbull la efervescencia subía. Cuando estaba a tres pasos del borracho, Pitbull brincó hacia adelante, con las manos extendidas como garras. Tumbó al hombre. Le dio vuelta y no se preocupó del arma que quedó un metro adelante. Dice que se cura más la rabia si es a puño limpio. Así, con los nudillos, empezó a deformarle el rostro.

La policía se había acercado después de tanto barullo. Entre dos agentes atraparon al muchacho que daba cabriolas. Levantaron al borracho del suelo, inconsciente.

Lo primero que hicieron los policías fue sacar conclusiones que en un país como El Salvador pueden parecer obvias: un joven en medio de una escena de un crimen, pandillero. El primer cuestionado por aquel desbarajuste fue el muchacho.

—¿De qué mara sos? —le preguntó un agente.

—De ninguna, pendejo —le respondió Pitbull, ya no por la rabia, sino porque así es él.

—Sos de la 18 como tu amigo al que mataron, ¿vea? —continuó el policía que ya conocía a Juan Carlos porque en uno de estos pueblos con título de ciudad, a pesar de haber 73,000 habitantes, los policías conocen a los pandilleros por su nombre, su pandilla, su apodo y hasta su función.

—¿Qué, sos sordo chimado? —le refutó Pitbull al agente, que ya estaba a punto de ponerse violento.

De repente, llegó el subinspector, que había recogido testimonios de la gente alrededor.

—A ver, muchacho, ya me dijeron que actuaste en venganza. Decime, ¿querés venir a la delegación a testificar para que podamos encerrar al asesino?

—Va, juega —respondió Pitbull, que con sus 17 años (18 ahora que huye) siempre andaba buscando cómo meterse en alguna aventura que, por peligrosa, le espabilara.

Eso consiguió. Un día sin aburrimiento. Se fue, vestido de policía, a buscar en las colonias del centro de Chalchuapa al cómplice del asesino de su amigo. Se internó por las calles adoquinadas que parten de la avenida central de esta ciudad comercial y bulliciosa, repleta de tiendas, almacenes y puestos callejeros. Una gracia para él. Un relato divertido en su mundo.

—Bien vergón andar vacilando en la patrulla. Lástima que ligerito encontramos al viejo chimado ese —dirá después Pitbull.

Pitbull fue al reconocimiento en la delegación y lo dijo claro. En sus caras.

—Esos dos viejos cerotes son los que mataron a Juan Carlos.

Pero esos dos viejos también lo vieron a él. En aquel pueblo para nadie es difícil reconocer a alguien del casco urbano, que vive en el centro, y no en los cantones alejados que rodean el municipio. Saber que Pitbull era hijo de doña Silvia Yolanda Alvanez Alfaro, la de la tiendita que está frente a la pupusería, a la par de la fábrica Conal. Que ese chico de pelo rapado y arete plateado era Jonathan Adonay Alfaro Alvanez. Albañil, agricultor, carpintero, fontanero. Todólogo. Johny. Pitbull.

PITBULL, EL TIPO DURO

—Tenés que tener alguna idea —le insisto a Pitbull en las vías del tren de Ixtepec, mientras tomamos un refresco y fumamos.

Después de que Auner me revelara por qué viajaban, y como quien pide a un padre una cita con una de sus hijas, le pedí permiso para hablar con sus hermanos. Aceptó. Uno a uno empiezo a alejarlos del barullo del albergue. Primero a Pitbull. Lo escondo entre los matorrales de las vías, para que se sienta tranquilo y recuerde.

—No, loco, no sé quiénes putas eran esos viejos. Sólo sé que cuando íbamos para las maquinitas, mi chero me dijo que tenía que recoger algo en la cantina. Salió bien tranquilo. Empezamos a caminar, y ahí fue cuando salieron esos chimados y lo mataron.

—¿No creés que sean ellos quienes los están amenazando de muerte?

—Ahí sí que no sé. No tengo idea de quiénes putas son.

Nada. Ni una pista. Pitbull huye, pero no sabe de qué. Si fuera un personaje de ficción, seguro que la trama lo obligaría a investigar, a mover sus contactos en el barrio, a poner nombre a los dos viejos borrachos. Pero esto es la realidad, y Pitbull es sólo un joven de 18 años del país más violento de América, acostumbrado a la muerte.

Qué más da si ni los reportes policiales abundan en detalles. Cuando mataron a Juan Carlos —enero o febrero, no lo recuerda a cabalidad— otros nueve jóvenes de entre 18 y 25 años fueron asesinados en Chalchuapa. Pero Pitbull ni siquiera sabe si Juan Carlos era su nombre real.

—Él así decía que se llamaba, pero como era de la pandilla y tenía problemas en otras colonias, yo le escuché otros nombres.

William, José, Miguel, Carlos, Ronal, No identificado, cualquiera de éstos podría ser el nombre real de Juan Carlos. Todos ellos murieron en Chalchuapa en los meses en los que él cayó. Cualquiera podría ser el registro policial de su cadáver. Aunque alguien quisiera saber la verdad sobre esa muerte, la verdad sería tan esquiva como lo que jamás ocurrió.

Pitbull se voltea lascivo hacia unas muchachas migrantes que salen del albergue. "¡Ricas!". Huir no siempre es una romería fúnebre. Al menos no para este muchacho. Da una calada a su cigarrillo. Vuelve la calma. Continúa respondiendo preguntas echado en los rieles, con una roca como almohada y la vista fija en el cielo. Parece un paciente de psicoanalista.

Después del primer cadáver, Pitbull se largó un tiempo de Chalchuapa. Dos viejos borrachos estaban siendo juzgados por homicidio porque él los señaló en la cara. Lo mejor era retirarse.

Se fue a Tapachula, la ciudad mexicana fronteriza con Guatemala donde estaba su hermano menor: Josué, El Chele, de 17. Josué llevaba más de cinco meses en aquel sitio que huele a frituras y plomo. Desde que emprendió el viaje a finales de 2007 rumbo a Estados Unidos, El Chele seguía esperando mientras reparaba carros y dormía en un taller mecánico de la zona maquilera. Esperaba que su padre, como le había prometido, le llamara un día diciendo que el coyote que lo guiaría a Estados Unidos estaba listo, que el dinero había sido reunido y que la promesa terminaría de cumplirse.

—Nos vamos al Norte, hijo, verás cómo allá sí hay chamba, buen jale, buen dinero —había dicho el padre con su español migrante, esa mezcla de acento centroamericano y diccionario chicano.

El Chele y Pitbull nunca fueron amigos, ni enemigos tampoco. Son dos tipos diferentes obligados a compartir historias. Auner seguía en lo suyo, allá en El Salvador, labrando el campo a la espera de que su esposa pariera. Ninguno de los tres se comunicaba. Siempre han tenido esa relación de campesinos que parecen tener como regla la prohibición de mostrarse afecto con gestos o palabras.

El Chele tenía la confianza de los dueños del taller, pero no tanta como para que también su hermano durmiera allí. Le permitían, eso sí, llevar muchachitas para pasar la tarde con los pantalones abajo. El Chele no se metía con nadie, no hizo ningún amigo en Tapachula. Se engominaba en extremo el pelo rizado a eso de las 5 de la tarde, luego de darse una buena ducha para sacarse el hollín de su piel blanca. Se ponía una camiseta estampada que cubría la de manga larga que llevaba por dentro. Se calzaba sus imitaciones de tenis converse y se lanzaba a las esquinas de las cafeterías de la plaza central, al céntrico y seudocolonial quiosco blanco, a las paleterías donde los muchachos y las muchachas van a hablarse. A enamorarse, dice él. A veces triunfaba y seguía citándose con la muchacha, en alguna banca del parque. Comían algún helado, hasta que un día conseguía llevarla al taller, se bajaban los pantalones, luego se olvidaba de ella y volvía a iniciar la rutina.

Parte de su éxito se debía a que El Chele no parece un delincuente. A diferencia de Pitbull y de Auner su piel es la de un adolescente, no está tostada ni agrietada. La mirada inocente hace juego con sus rizos castaños y le dan ese aire de alguien en quien se puede confiar. Sus manos no tienen callos y lleva siempre las uñas limpias y recortadas. Podría decirse que por su cuerpo no ha pasado la vida de obrero que siempre ha llevado.

Pitbull iba donde podía. Vivía en casa del compañero de trabajo que le diera posada. Se movía por la zona de Indeco, una de las colonias más peligrosas de Tapachula, zona de fábricas y maquilas. Ahí, gracias a los enormes muros manchados con pintadas de la Mara Salvatrucha que protegen las industrias, la calle que hace de columna vertebral parece amurallada, una especie de límite entre dos países en conflicto. Pitbull trabajó de albañil, de ayudante de mecánico, de cargabultos en el mercado. Todo era provisional. Todo era acostumbrarse a aquel pueblo con aires de ciudad. Un tiempo para hacer amigos y volver a vivir en esa cuerda floja que lo mantiene siempre en el límite de convertirse en cadáver. Esa misma donde caminaba en El Salvador, decidiendo si no era mejor ser como sus amigos, meterse en la pandilla, ganarse el miedo con el que se trata a esa familia de desahuciados.

—No es que me quisiera meter a la pandilla, sé que es un pedo andar en eso, pero es que como nos parecíamos... Así, pues, que somos bichos que no estudiaron, que andamos sólo vagando y viendo cómo nos divertimos —esgrime Pitbull sus razones.

En Tapachula divertirse siguió significando lo mismo: caminar en la cuerda floja. Si no hay riesgo de caer, tampoco hay entretenimiento.

Se topó con otro de su estirpe, "un chavo ratero" que le hizo la oferta como quien ofrece un pedazo de pan. Eso bastó para que Pitbull volviera a las andadas.

—¿Qué onda, vamos a chingarnos algo por ahí?

—Vamos —respondió.

Robaron a mano limpia carteras y bicicletas a señoras y niños. Afuera de las escuelas, en la clasemediera colonia Laureles, en las calles que rodean el mercado. Una de esas carteras lo devolvió a El Salvador. La rapiñó, corrió, pero a la vuelta de la esquina había una patrulla. Pitbull no quiso dejar la bicicleta en la que huía. En lugar de escapar por callejones siguió por las aceras hasta que otra patrulla más lo alcanzó y lo llevaron a la comisaría.

—A ver, pinche marerito, a mi país no vienes a hacer tus fechorías. Te vamos a recomendar tres años para que aprendas a no venir a joder.

La apariencia no le ayudó. Pitbull tiene ese caminar insolente de los pandilleros, que doblan las rodillas y aflojan el cuerpo para balancearlo de lado a lado. El pelo al ras, y una mirada retadora que sale de su rostro redondo y que siempre ve de reojo, hacia arriba, como si estuviera a punto de atacar.

Ni siquiera intentó explicar al policía que no era ningún marerito, sino sólo un joven de Centroamérica. Lo único que se le pasó por la cabeza en aquel momento fueron los años.

—Tres años... Voy a salir casi de 21... Ya viejo.

En lo otro no reparó. Siempre que un policía lo detenía, le preguntaba lo mismo: ¿de qué mara? Lo que es costumbre, por definición, ya no llama la atención.

La amenaza fue sólo eso. Pitbull se fue a la prisión de menores de Tapachula durante ocho meses. Nadie lo visitó nunca. Ni El Chele, ni Auner, ni doña Silvia, su madre.

—Entré como pollo comprado —recuerda, tieso y temeroso.

La bienvenida no fue calurosa. En su primera ducha, por las malas le pidieron sus tenis y su bermuda.

Con el paso de los días aprendió a escuchar. Y lo que escuchó le resultó familiar. Cuando oyó palabras como perrito, chavala, boris o chotas, empezó a sentirse en casa. Era el lenguaje de la pandilla, esta vez de la Mara Salvatrucha. Entonces sí supo qué hacer. Se volvió a convertir en el muchacho jodón y temerario que siempre fue. Cuatro días tardó en que su jerga le abriera el acceso al grupo dominante de la prisión: el de los pandilleros centroamericanos.

Ahí, en la banda, estaba el líder, El Travieso, un pandillero guatemalteco de 18 años, preso a los 14, cuando ya llevaba tres homicidios, tatuados como lágrimas negras en su rostro; El Smookie, con sus dos gotas de la muerte y el ms en el labio inferior interno; El Crimen, también guatemalteco, también con dos lágrimas; El Catracho y Jairo, ambos hondureños.

—Todos eran de las dos letras, todos de Centroamérica, y éramos los meros chingones de la cárcel. Vendíamos la mota, los cigarros y la coca, y poníamos orden a todos los demás pendejitos.

¿De qué se trata ser joven? Pitbull parece decir: hay que ser temerario. Como Juan Carlos, el que reventó a la par suya en Chalchuapa; como El Travieso; como El Crimen; como sus amigos de toda la vida. Como él mismo, que ahora huye de nuevo. ¿Y para que le sirve ser temerario? Pues para ganar reputación. ¿Y cuándo ese joven es más respetado? Cuando tiene lágrimas negras en el rostro, cuando siendo niño tiene el currículum de un sicario, cuando dentro de la cárcel él es quien manda y no quien entrega su bermuda y sus tenis en las duchas.

—Lo primero que hice ya siendo de los chingones fue recuperar mis cosas y huevearles las suyas. Ja, ja, ja. Se cagaron los bichos cuando llegué con la otra raza a ponerles en la madre. Así era la onda, ni modo que anduviera con los vergones y no arreglara eso. Así que reventamos a esos cerotes en el baño —recuerda Pitbull en el albergue de migrantes.

Nos acercamos a la mesa a terminar la partida de conquián, el juego de cartas predilecto de los migrantes, con sus dos hermanos. Por un momento todos se olvidan de aquellos cadáveres que sin saber por qué les marcaron el destino en El Salvador.

Echan algunas risas. Pienso si no es así, con esa confianza convertida en insultos amables, que se expresan el cariño, la alegría de estar juntos en esta huida. Cuando uno de ellos lanza la carta incorrecta en este juego de velocidad y reacción, los otros se carcajean. Balbucean adjetivos. Pendejo, cerote, burro. El que los recibe también ríe. Ríen juntos.

Auner me aparta por un momento de la mesa. Quiere contarme la decisión que ha tomado.

—Nos vamos en bus por la sierra... Pero... La onda es que... Quiero ver si nos podés echar la mano, porque... Es que no conocemos ni nada.

Acordamos que en lo que se pueda así será. Viajaremos juntos hasta Oaxaca. Acordamos vernos por la mañana en el parque de Ixtepec. Nos despedimos.

El caer de una pluma

En la mañana el sol aún no calcina en este pueblo. Una marcha popular recorre las calles adoquinadas, encabezada por la camioneta pick up que hace las veces de vocera del periódico local. La gente de los puestos callejeros se asoma a ver a los marchantes, unas 100 personas. Esta vez el carro de las noticias ha prestado sus servicios para denunciar la supuesta violación por parte de ocho policías municipales a una prostituta local. No me extraña. Hace dos años estuve aquí y escribí un reportaje sobre una banda de secuestradores de migrantes conformada por municipales y judiciales.

—¡Puta madre! —exclamo— la violaron entre ocho.

Auner y El Chele bajan la cabeza. Murmuran "qué paloma" y siguen mirando las revistas del puesto. Pitbull tarda más en responder. Se queda pensativo hasta que lanza su evaluación.

—¿Y no era puta la chimada, pues?

Quién sabe qué es lo que hace que entre tres hermanos con los mismos orígenes haya uno que sea más paternal, Auner; otro que puede confundirse con adolescente cualquiera, El Chele; y otro que parece un ex convicto de toda la vida. Unos minutos de más un día en la tienda de la esquina donde se conoció a un amigo, un partido de fútbol, una golpiza en un mal momento por parte del padre. Supongo que es eso, algo tan sutil e impredecible como el descenso de una pluma.

Nos embutimos en el autobús de tercera que viaja repleto de indígenas hacia la sierra. Pocas horas tardamos en descubrir por qué esta ruta es utilizada por los migrantes que llevan los suficientes pesos para el boleto. La calle es una angostura de pavimento que sube, baja y se curva como un intestino. Bordea precipicios interminables. Corta cerros de piedra caliza. Es comprensible por qué el Instituto Nacional de Migración no incluye ésta dentro de su ruta de retenes.

Sin mucho espanto para un camino diseñado para aterrar al indocumentado, llegamos a Santiago Ixcuintepec. Es un pequeño pueblo indígena en medio de la bruma, la llovizna y la sierra tupida. Nos arrimamos al portal de la iglesia para descansar las 9 horas que tenemos libres antes de que el otro autobús salga rumbo a la ciudad de Oaxaca. Algunos jóvenes nos miran desafiantes, y Pitbull vacila si responderles con otra mirada más provocadora o seguir como debería, cabizbajo, asumiendo que huye y que este camino está del todo en su contra. Por suerte, no dice nada.

Tres indígenas se acercan con diferencia de minutos. Enjutos, con caras bondadosas y sandalias de caucho. Todos vienen con mentiras. Dicen que nos llevarán a sus casas, en un pueblo intermedio. Dicen que ahí dormiremos bien y tendremos un plato de frijoles con tortillas para llenar la panza. Que sólo cobran 150 dólares por el grupo. Que el bus que esperamos no saldrá. Son una panda de timadores. El bus sí saldrá, y su precio es de ocho dólares por cabeza. Este pueblito, como otros tantos que he visto en este camino, no tardará mucho en convertirse en un nido de rateros. Los migrantes son la presa perfecta. Huyen de las autoridades, se esconden, quieren ser invisibles.

Los muchachos voltean a verme sin saber qué contestar. Es obvio que las propuestas de los indígenas no les resultan malas. Avanzar es avanzar de todas formas.

—Hey, madrecita, aliviánenos con unas sodas —dijeron Los Chocolates a doña Silvia.

Los Chocolates eran dos hermanos pandilleros de Chalchuapa. Ambos de la 18. Pasaban las mañanas y los atardeceres frente a la tienda de doña Silvia, la madre de los hermanos Alfaro. Pedían un refresco regalado, con ese dejo de superioridad que recubre a los pandilleros en sus zonas. Fumaban marihuana y montaban guardia en su barrio.

Era el 19 de junio de 2008. Un día de lo más normal.

—Otra vez esos muchachos. Qué no podrán irse a poner... —doña Silvia intentó terminar la frase cuando escuchó ocho detonaciones y los alaridos de su hija mayor, que estaba afuera con sus pequeñas.

La madre salió corriendo. Encontró a su hija y sus nietas en gritadera y amontonadas en una esquina. Un taxi aceleraba dando vuelta en U. Los Chocolates, Salvador y Marvin, de 36 y 18 años, yacían desparramados en el suelo. Cara, pecho, piernas... Todo había sido agujereado por el metal.

El taxi había llegado con sus vidrios polarizados hasta arriba. Se estacionó frente a Los Chocolates, que descansaban en el murillo de la tienda. Como quien va a bajar el vidrio para pedir una dirección, el taxi se mantuvo inmóvil. En efecto, los vidrios se bajaron, los de adelante y los de atrás del lado derecho del coche. Salieron cuatro cañones de 9 milímetros. Empezó y terminó la masacre.

Silvia se quedó petrificada, con la mirada fija en la huida del taxi.

Escenas fugaces e incomprensibles. Ésa es la materia de la que se componen los campos de la violencia. No son zonas de traqueteos de metralleta, ni de hombres y mujeres en fuga constante. Son silencios y ocasos que se rompen por esa fugacidad en las banquetas donde los niños juegan, en las esquinas donde los jóvenes conversan, en las tiendas donde las madres despachan.

Después, como quien despierta a medianoche de una pesadilla, todo regresa a la normalidad. Silvia dijo a las niñas que entraran. Cerró la tienda. Nadie se quedó para ver cómo los forenses levantaban los cadáveres. Nadie se quedó a dar ninguna respuesta.

Pero a Silvia algo le daba vueltas en la cabeza. Ella creció en este país, en zona de pandillas. Ahí crió a sus hijos. En su mente, una cosa, quién sabe cómo, podía derivar en otra. Corazonadas de madre, supongo. Al día siguiente llamó a sus dos hijos, a Auner y a Pitbull —recién deportado desde Tapachula—, y les pidió que se fueran al municipio de Tacuba, a estar con el abuelo. El Chele seguía en México, y nadie le contó que dos pandilleros cayeron en el porche de la tienda de su mamá.

Quién sabe qué le cruzó por la cabeza a doña Silvia. ¿Sabía algo? Nunca lo averiguaron. Nadie los apuntaba aún, pero su madre presintió algo. Ella dio el pistoletazo de salida: huyan muchachos.

Auner y Pitbull hicieron caso. En Tacuba chapodaron, pastorearon vacas y afilaron machetes, pero aquello era muy aburrido. Para Pitbull era como volver a ser un joven campesino cuando intentaba por todos los medios ser un joven moderno, jugar maquinitas, comprarse camisas polo, conquistar a las chicas y ponerse aretes. Para Auner no era viable. Él tenía una mujer y el sueño de mantenerla. Su abuelo le pagaba en frijoles y tarros de arroz con tortillas. Eso no era suficiente.

Por aquellos meses de mediados de 2008 los dos se fueron a Tapachula. Auner durmió una última noche con su mujer. Pitbull fumó marihuana con sus amigos de Chalchuapa, por primera vez fuera de los barrotes. Al día siguiente se juntaron y montaron un autobús rumbo a Tapachula.

Allá se dieron la mano, se despidieron y continuaron con esa relación de hermanos campesinos que no se abrazan ni construyen destinos juntos. Hasta que el destino mismo los obliga. Uno albañil, Auner; el otro cargador, Pitbull. El Chele, en lo suyo, en sus esquinas de parques, sus chicas, su taller mecánico y su pelo engominado.

Una noche de agosto Auner volvía del trabajo caminando por el parque de Tapachula. Caminaba ensimismado con esa posición encorvada que mantiene el muchacho de rostro anguloso y barba de candado. Un rostro que debería de tener alguien con unos diez años más que los que él tiene. Cuando aquel aire caliente le atravesaba el pelo negro y tupido, el pasado lo obligó a juntar a sus hermanos. Auner recibió una llamada de su tío en el celular. Aquella tarde, el mayor de los hermanos escuchó la peor noticia de su vida como si fuera un problema cotidiano —Auner, hoy nos cortaron el agua; Auner, hoy me rompí una pierna.

—Auner, hoy mataron a tu mamá.

Doña Silvia Yolanda Alvanez murió a los 44 años de un balazo en la frente o de un balazo en su sien izquierda. Quién sabe cuál entró primero. Fueron dos muchachos. Uno manejaba la bicicleta, el otro iba parado en los tornillos de las ruedas. Aparcaron frente a la tienda. Ella lavaba trastos en la piedra. Caminaron silenciosos frente al hermano de Silvia, el tío de los muchachos. Se pararon junto a ella. Uno enfrente, el otro a la par. Le volaron la cabeza.

La melancolía del que huye

—¡Ve qué hijueputa este! —dice Pitbull, y levanta la voz con toda la intención de ser escuchado.

El autobús que va de Ixcuintepec a Oaxaca traquetea más que el anterior. Esto sí es romper la oscuridad. La luz de los faros genera en la selva que atravesamos dos remolinos de mosquitos y mariposas nocturnas. Pitbull cede ante la impotencia y se echa a dormir. Desde hace varias horas intenta que el motorista quite la monótona música norteña que nos ha impuesto desde que salimos. Pitbull quiere un disco que asoma en el tablero, uno de reguetón.

El Chele y Auner duermen atrás. Previendo que algún policía se suba, nos repartimos en asientos separados. Aunque la pretendida confusión poco hubiera funcionado. Los muchachos son casi fluorescentes en el autobús: tres jóvenes con pantalones flojos y zapatos tenis entre un montón de indígenas. Más que viajar, huyen. Eso se nota. Son los tres de sueño ligero. Son los que se despiertan a asomarse por las ventanas cada vez que el bus se detiene. No importa si es para que orine el motorista, salude a alguien en un pueblito o suba a otro que espera entre los árboles. Se asoman.

Amanece entre las montañas. La vereda de tierra se ha convertido en una carretera de curvas cuando abrimos los ojos. El Chele viajó en silencio. No pronunció palabra y mantuvo la mirada perdida entre los montes. Pitbull, mientras estuvo despierto, fue el mismo muchacho inquieto de siempre: volteó a ver para todos lados, lanzó una que otra broma, insultó al motorista, tarareó tonos que le vinieron a la mente. Auner eligió dormir casi todo el camino, pero ahora que despertó, una mirada triste se le escapa por la ventana. Con el ceño fruncido de quien recuerda, el mayor de los hermanos viaja con gesto de preocupación cuando me siento a su lado.

—¿Qué te pasa, viejo? —pregunto.

—Aquí, dándole vueltas a la cabeza.

—¿La familia?

—La familia.

—¿Qué pensás?

—Sólo que espero que estén bien... Que las amenazas que nos llegaron no fueran para ellos también... Es que como fueron así tan raras... Sin decir para quién iban, pues... Sólo que para la familia.

La familia, para Auner, son los muchachos que lo acompañan en este autobús, es su hermana mayor que se quedó atrás, y sobre todo es su mujer y su hija de dos meses. El resto, su abuelo, sus tíos, sus primos, todos los que callaron ante la muerte de doña Silvia, le importan un pito.

—A ésos que se los lleve la bestia si quiere.

Aquella noche calurosa de Tapachula, cuando Auner recibió el llamado de su tío, juntó a sus hermanos para que iniciaran la marcha fúnebre para despedir a su madre. Ninguno quiso contarme cómo vivió el momento. Sólo me dijeron frases cortas: fue duro, nos ahuevamos, bien, pura mierda.

Dos días viajaron como migrantes a la inversa, buscando el Sur, alejándose de Estados Unidos, pidiendo aventón, cruzando la frontera de México a Centroamérica por el río que los divide. Llegaron tarde, sólo para ver cómo metían la caja bajo tierra.

El Chele llevaba adentro la rabia de un niño asustado. Enojado, pero con más ganas de llorar que de pegar. Pitbull y Auner, sin decirse nada, querían matar. ¿Pero a quién?

Una lápida de silencio cayó sobre el cadáver de su madre. El tío que vio pasar a los sicarios enmudeció: no, no sé nada, no los vi, me quedé paralizado. Fue todo lo que dijo. El abuelo, el patriarca de la familia, desde su Tacuba campesina y con su Biblia de pastor evangélico como escudo, repetía su monserga: confórmense, déjenla en manos de Dios, así lo quiso él, dejen de preguntar.

Pasaron los meses. Ellos insistían, pero sólo les respondía el silencio. Las preguntas se fueron atenuando. La rabia se convirtió en tristeza. Las dudas quedaron ahí. ¿Habrá sido una venganza de los borrachos a los que Pitbull encerró? ¿Habrá sido la mara que no quería testigos de la muerte de Los Chocolates?

—Quizá una vieja que es bruja y que odiaba a mi mamá —agrega Pitbull.

La muerte no tiene una sola cara en un país como El Salvador. No siempre viene de un solo lado. Se puede presentar en forma de abanico. Sus mensajeros son tantos que cuesta pensar en uno solo. Es como cuando en el mar sientes que algo te picó en el pie. ¿Un cangrejo, una medusa, un erizo? ¿Un borracho, un marero, una bruja?

Los meses pasaron bajo el calendario del luto: dos meses de rabia y preguntas, otros dos de conformismo intermitente y uno más de tristeza a secas.

Después, los muchachos recogieron lo que sembraron. Aquellas preguntas que hicieron nunca parieron respuestas, pero sí amenazas. La misma semana su tío y su abuelo, desde Chalchuapa y Tacuba, recibieron la misma advertencia que trasladaron a Auner para luego volver a enmudecer.

—Muchacho, alguien los quiere matar, me dijeron que van a matarlos a ustedes tres y a toda la familia.

Nada más.

El verdugo clandestino regresó como siempre lo hizo en la vida de los hermanos Alfaro. Regresó a los meses, cuando el último estallido de violencia se había disuelto en el tiempo. Sin dar explicaciones, sin mostrar la cara. Las únicas decisiones que permite son afrontar o huir.

Sintieron la condena de su región, la fuerza con la que su país lanza los escupitajos hacia afuera o el bagazo de 12 cadáveres diarios en promedio en un pequeño país de poco más de 6 millones de habitantes. Ellos son escupitajo. Hicieron maletas y emprendieron el viaje. Se unieron a la romería de los vomitados centroamericanos. Se metieron en este flujo de los que escapan. Unos de la pobreza, otros de la imposibilidad de superarse. Muchos, de la muerte. Ésa que todo lo cruza y que toca a los jóvenes y viejos, a hombres y mujeres, a pandilleros y policías.

Dos historias de violencia

No puedo evitar pensar en otras historias que conocí en este camino. La sorprendente indiferencia con que las amenazas caen a la par de personajes distintos. Recuerdo el gesto similar de susto con el que una agente de la policía hondureña y un pandillero guatemalteco me contaban lo mismo: tuve que escapar. Y enfatizaban el tuve.

El pandillero se llamaba Saúl. Tenía 19 años, 15 de vivir en Los Ángeles, con su madre. Desde hacía cinco pertenecía al Barrio 18 en su gueto latino. Lo deportaron cuando ya no estaba activo —al menos eso me dijo—, por un robo que cometió contra una tienda 24 horas.

Lo conocí a medio México, cuando viajábamos hacia Medias Aguas colgados de las parrillas del tren que en la noche rompía cerros intransitables para cualquier otro vehículo. Iba por su quinto intento. Uno tras otro, sin descansar. Fumábamos haciendo cuenco con las manos. Él hablaba desbocado y hacía énfasis en una frase que, según interpreté, buscaba que yo entendiera que él no tenía opción, que hay gente en el mundo que no tiene dos ni tres alternativas. Sólo una.

El efecto del tren es siempre el mismo. Allá arriba no hay periodistas y migrantes. Hay gente colgada de una máquina que lleva sus vagones vacíos. Allá arriba sólo hay marginación y velocidad. Y todos somos iguales, porque el suelo está al mismo palmo de nuestros pies y porque el movimiento sacude a todos por igual. Es todo lo que importa.

Saúl volvió deportado a Guatemala, un país que no conocía. Hizo lo que pudo, llamar a su tío paterno de Los Ángeles con la única llamada que le dieron las autoridades migratorias de su país. Consiguió una dirección. Hacia allá fue, a buscar a un señor que no conocía.

Llegó a un barrio marginal, a la par de un río. Eso me contó. Entró caminando, como cualquiera entraría a cualquier barrio. Le pasó lo que le pasaría a cualquier joven inexperto en Centroamérica, que no sabe que éstos no son barrios cualquiera. Una turba de muchachos salió de un callejón. Le cayeron a patadas y le arrancaron la camiseta.

—¡Ajá, un chavala hijueputa! —gruñeron hambrientos cuando le vieron el 18 en su espalda.

Saúl alcanzó a gritar el nombre del señor al que buscaba.

—¡Alfredo Guerrero, Alfredo Guerrero!

La turba se calmó. Se voltearon a ver entre sí y lo arrastraron por la colonia como quien arrastra a un animal. El cuerpo magullado de Saúl fue lanzado a los pies de un hombre en el interior de una casa. En una mejilla el hombre tenía una M; en la otra, una S.

—Ajá, chavala de mierda, ¿para qué me buscás? —dijo el hombre.

—¿Alfredo Guerrero? —repitió Saúl.

—Ajá —contestó el hombre.

—Soy Saúl, tu hijo, me acaban de deportar.

El hombre —así lo recordó Saúl en aquel tren— abrió los ojos hasta más no poder. Después respiró hondo y volvió a tener aquella mirada de rabia.

—Yo no tengo hijos, chavala —zanjó su padre.

El hombre, sin embargo, le hizo el único regalo que Saúl recibió de su padre. Reconoció ante su barrio que ése era su hijo. Le entregó como obsequio un hilo de vida.

—No vamos a matar a este culero, pero le vamos a aplicar el destierro. Y si te vuelvo a ver, hijueputa, creéme que yo mismo te voy a matar.

Lo desterraron. Lo dejaron en calzoncillos, con su 18 expuesto, en otra zona de la Mara Salvatrucha, de la que Saúl logró salir embarrándose de lodo y aparentando ser un loco.

A la agente de Policía la conocí un año antes que a Saúl. Se llama —o se llamaba, quién sabe si logró llegar a Estados Unidos— Olga Isolina Gómez Bargas. Rondaba los 30 años. Su historia también era la de un terreno donde no hay que entrar. Su relato también llevaba tatuadas dos letras: MS.

Decidió huir de su país porque una bala iba a atravesarle la cabeza. La bala iba a salir de una pistola 9 milímetros, una que ella portaba en el cinturón cada día.

A su primer marido, también policía, se lo mató la Mara Salvatrucha en un operativo. Una leve descoordinación. Entró cuando los refuerzos aún no llegaban a una zona del barrio El Progreso, de Tegucigalpa. Una lluvia de 30 balas le dejó el cuerpo como colador. Ocurrió dos años antes de que Olga Isolina me llorara su historia en las vías, cuando escapaba de sí misma.

A su segundo marido, también policía, se lo mataron un año y medio después que al primero. Ella vivía en una colonia con fuerte presencia de la Mara Salvatrucha, pero había sabido cómo rebuscarse para que no supieran que era policía. Trabajaba en otras zonas. Regresaba a su casa vestida de civil cada fin de semana. A su marido la cautela le importó un comino. Él entraba al barrio vestido de policía y con la pistola en el cinto.

Un día, por atrás, tres balas en la nuca le explicaron al segundo marido de Olga Isolina que la soberbia y la violencia no se llevan bien. Desde entonces, ella empezó a mirar su pistola como una salida de aquel huracán.

—Me mato, mato a mis hijas y a mi perro para no dejar a nadie desamparado —pensó muchas veces acariciando la cacha de su 9 milímetros.

Hasta que eligió mejor separarse de su pistola. Salir de la policía e ir a buscar al Norte un trabajo donde no hubiera balas para suicidarse.

La violencia, así lo vivió Saúl, a veces viene de los que llevan tu sangre. La violencia, como bien sabe Olga Isolina, se puede traducir en tristeza. La violencia, bien lo saben los hermanos Alfaro, ahuyenta incluso cuando no tiene rostro.

Adiós, muchachos

El centro de la ciudad de Oaxaca se muestra colorido y dominical cuando nos bajamos del taxi. Hace unos minutos llegamos a la terminal de los buses provenientes de la sierra. Niños rubios pasean de la mano de sus globos a la par de sus padres, también rubios y sanos, que fotografían a las indígenas que venden artesanías en la plaza.

Auner, Pitbull y El Chele sonríen con recato ante aquello, como si no se lo merecieran. Abren los ojos y tuercen la nuca de un lado a otro. Uno sigue los pasos del otro, que a su vez sigue los pasos del anterior. Buscan guía en este pequeño mundo perfecto. Esta plaza de paletas y manzanas acarameladas. Caminan como un gusano torpe que no logra coordinar ninguna de sus patas. Parecen el extracto de una película blanco y negro en una de color.

Ya sabemos que aquí nos diremos adiós. Los acompaño en su última negociación. Su padre, desde Estados Unidos, les dictó un número de celular. Les dijo que es un amigo oaxaqueño que conoció en el Norte, con quien trabajó. Él les echará una mano. Se preguntan en qué los ayudará. ¿Es un coyote al que su padre le ha pagado para que los lleve seguros hasta su encuentro? Ojalá, suspiran los tres. ¿Es sólo un amigo que les dará comida y casa para que descansen antes de continuar? Bueno, algo es algo, repiten.

Les doy el celular para que salgan de la duda. Queda claro que en cuanto a migrar se trata, los tres son inexpertos. Escapar es otra cosa, no hay alternativa ni mucha estrategia. Sólo aquella que la prisa permita. En este camino hay lobos y caperucitas. Ellos no se mueven como lobos. Me queda claro cuando ni por un momento se preguntan qué hacer si el amigo de su padre es un coyote. Con uno de esos ases del camino hay que saber qué palabras utilizar, qué negociarle. Son expertos subiendo cuotas, cobrando servicios extras. Si detectan que enfrente tienen a un primerizo lo desvirgarán sin compasión.

La llamada termina. Auner me devuelve el celular con el vacío en los ojos. Es sólo un amigo. Un plato de comida, una cama caliente y algunos consejos.

Seguirán solos en su huida a partir de ahora. La noticia les cae como balde de agua fría porque, aunque puedan seguir tomando algún que otro autobús, los espera el tren. Tarde o temprano. Sus asaltantes, cuatro puntos más donde puede haber secuestros y la región norte mexicana, donde más operativos policiales de Migración ha habido en el último año.

Las tardes en la plaza de Oaxaca llenan de calma. Hojas secas tapizan el suelo o vuelan por ahí. Ancianos descansan en bancas forjadas frente a las que la gente pasa y saluda con alegría.

En una de esas bancas, en un remanso en la huida, luego de lanzar una mirada humilde y cómplice a El Chele y Pitbull, Auner me hace una pregunta.

—Disculpá, espero que no te ofenda, pero hay algo que no entendemos. ¿Por qué nos ayudás? ¿Por qué te importa?

Parece sencilla de responder. Porque voy a contar su historia. Pero en el contexto del adiós es un enorme nudo introducido de golpe en la garganta. Sin bisturí. A mano limpia.

Esa pregunta esconde otras miles. ¿A quién le pueden interesar tres condenados a muerte? ¿Por qué seguir a unos hermanos campesinos que sólo dejaron cadáveres atrás? ¿Qué tienen de raro los cadáveres? ¿Por qué ayudarnos? ¿Por qué, si hasta nuestro propio país nos echó? ¿Qué de importante puede haber en lo que ha sido escupido?

No hay tiempo de nada más. Un hombre prieto se acerca a la banca. Es el amigo del padre de los hermanos Alfaro. Hace un gesto rápido con la mano. Nos damos un fuerte abrazo con Auner, Pitbull y El Chele y los veo perderse en la plaza, entre niños y juegos. Ellos continúan escapando.

¿DÓNDE ESTÁN?

Los días pasan y la comunicación con los muchachos se reduce a un intercambio de mensajes de celular.

—¿Dónde están? ¿Cómo están?

—Bien. Vamos a tomar un bus para el DF.

Los días pasan. En Chalchuapa y Tacuba varios jóvenes siguen cayendo como Auner, Pitbull y El Chele estaban condenados a caer. Roberto, Mario, Jorge, Yésica, Jonathan, José, Edwin, todos entre los 15 y los 27 años, fueron asesinados en estos meses de agosto y septiembre.

—¿Dónde están? ¿Cómo están?

—Aquí vamos. Ya no nos queda de otra, vamos a subirnos al tren.

La comunicación se interrumpe. Mis mensajes se quedan sin respuesta. Hoy, principios de septiembre, hubo un secuestro masivo en Reynosa, frontera norte de México. Al menos 35 migrantes centroamericanos fueron bajados por un comando armado de Los Zetas cuando los indocumentados llegaban a esa ciudad montados como polizones en el tren de carga.

—¿Dónde están? ¿Cómo están?

Aquí se viola, aquí se mata

Mayo de 2009, estado de Chiapas

Si tuviera que ubicar cuál es el punto concreto de la ruta del migrante don-
de un centroamericano transita más desprotegido, donde pueden hacerle lo
que quieran, donde sus gritos nadie los escucha, nombraría La Arrocera. Si
me preguntaran por qué, diría que porque en un año en el camino supe de
cientos de asaltos ocurridos ahí, de decenas de historias de golpizas, escuché
testimonios de asesinatos y de mujeres violadas que gritaban en esos montes
pero nadie escuchaba.

Las gotas de sudor le escurrían por la barbilla, y bajo sus manos y rodillas sentía el monte seco y la tierra caliente de aquel llano donde la tenían en posición, dispuesta para ser violada. Su camiseta se la había hecho jirones uno de esos hombres con olor a pasto y aspecto de agricultor que salieron de la breña con escopetas y machetes. Serena a pesar de estar de perrito, como ella dice, Paola sabía que aún le quedaban dos cartuchos: su ingenio y su talante.

Sin voltear a ver a quiénes merodeaban su retaguardia, Paola, un transexual guatemalteco de 23 años, escuchaba los sonidos de los cinturones y negociaciones entre los bandidos.

—Dale tú primero, pues. Después voy yo.

Paola interrumpió la plática y los dejó atónitos.

—Miren, hagan lo que quieran, pero por favor, pónganse condones. Ahí hay unos en mi mochila, la rojita. Se lo recomiendo, porque tengo sida.

—Es que yo pensé que eran machos y que sólo a mujeres violaban —dijo, a pesar de que hace años se reconoce como mujer y de que si se le llama por su nombre de nacimiento ya hace mucho que no voltea la cabeza.

Hubo unos segundos de silencio. Paola cree que entre ellos se miraban desconcertados, pero no está segura, porque seguía ahí arrodillada, con el sol en la espalda, sin girarse. Digna a pesar de estar como estaba, con la cabeza levantada y los ojos perdidos en el horizonte.

—¡Levántate, pinche puto! ¡Váyanse a la verga todos ustedes! —les dijeron a ella y al resto del grupo.

Paola no tiene sida. Lo que tiene, luego de cinco años de prostituirse en su país y en la capital mexicana, es la medida tomada a los hombres perversos. Lo que tiene es su ingenio y su talante.

Todos continuaron su camino hacia el Norte, ya sin un cinco en la bolsa, por veredas perdidas entre los montes.

—Es que yo ya venía preparada, como dicen que siempre le pasa eso a una cuando viene migrando —termina su relato Paola.

Estamos junto a un tren estacionado en Ixtepec, unos kilómetros al norte de donde supo zafarse de aquella incómoda situación. Alta y morena, ha echado mano de lo que le dejaron en su mochila rojita, se ha maquillado, y se ha puesto una blusa negra y escotada y un pantalón vaquero. Ha sobrevivido a La Arrocera.

Éste es punto rojo para nosotros los migrantes, dicen unos. Éste es el lugar más perro para pasar, dicen otros. Pero la mayoría, sin saber que con el nombre de unas pocas hectáreas resumen 262 kilómetros de camino, lo llaman simplemente La Arrocera. Apodan a toda esa espesura con el nombre de un pequeño asentamiento, de unos 28 ranchos, que toma su nombre de la abandonada bodega de arroz que aún se destartala junto a la carretera.

Ahora Paola también sabe que siempre pasa algo, desde hace años, en ese lugar reducido a un nombre. Los 45 que llegaron con ella a Ixtepec fueron asaltados en ese tramo entre Tapachula, la primera gran ciudad cuando se entra a México desde Guatemala, y Arriaga, el punto donde se aborda el tren. Éste es territorio de maleantes. Eso lo saben ella y muchos migrantes centroamericanos más. Muchas autoridades y muchos que lo supieron tarde, poco antes de morir entre esos matorrales.

Lo supo la mujer guatemalteca que, antes de morir asfixiada en la colonia El Relicario, en Huixtla, con la boca llena de pasto seco y con su propia blusa atorada dentro de su garganta, sólo logró ver sobre ella al hombre que la agredía. Fue el 10 de noviembre de 2008. Ella era guatemalteca, eso dijeron las personas que aseguraron haberla conocido en Tapachula. A ella y también al hombre con el que andaba en El Relicario aquella noche, caminando sobre las vías en desuso que sirven de guía a miles de indocumentados. Él era un hombre con un escorpión tatuado en la mano. Ocurrió en El Relicario, entre casas de teja y paredes de bahareque derruidas e incrustadas entre crecidos pastizales.

Nadie conoce los detalles. Aquí, la policía rural no existía entonces, y ahora que existe son siete hombres del pueblo con garrotes que cuidan como pueden en sus ratos libres. Lo que se sabe es que aquella muerte no fue lenta. En la fotografía que se publicó en un pequeño diario de la zona, *El Orbe,* mezclada con la de otros dos muertos en media página, aparecía la muchacha con los ojos bien abiertos, puñados de zacate con tierra y hojas secas saliéndole de la boca, y la mitad de la cabeza que nace en la frente ya sin pelo, como si la hubieran arrastrado por el pavimento antes de meterla en la breña crecida entre los escombros, donde la encontraron. O como si le hubieran arrancado a tirones los mechones de pelo. Estaba desnuda y tenía las piernas abiertas y ligeramente flexionadas, como si hubiera tenido otro cuerpo entre ellas.

No hay investigación abierta. De ella sólo queda el relato de Orlando, el viejo enterrador del cementerio municipal de Huixtla, que saca la lengua lo más que puede para ilustrar que al cuerpo de la guatemalteca se le salió cuando logró extraerle la blusa de su garganta. Sólo eso queda, y una cruz púrpura, pequeña y púrpura, escondida en el camposanto. Y un epitafio: "Falleció la joven madre y sus gemelos. Nov. 2008." Y sus gemelos, dice.

Quién sabe las razones que tuvo el que la mató para elegir este lugar. Pero lo cierto es que, premeditado o no, le salió bien. Como hemos descubierto cada día desde que iniciamos el recorrido en esta espesura de Chiapas, los cadáveres son incontables; las violaciones, el pan de cada día; y los asaltos, un mal menor.

Llegamos en tiempos hostiles. Desde inicios de este año, y por primera vez, el Gobierno del estado de Chiapas ha puesto cara a los bandidos de esos senderos. Los hoy asaltantes empezaron hace años como jornaleros de los ranchos que veían pasar a filas y filas de indocumentados centroamericanos escondiéndose de las autoridades. Hasta que a alguno se le encendió el foco: si ocupan estas sendas para evitar a las autoridades, quiere decir que nunca se les ocurriría buscarlas ni siquiera para denunciar un asalto, una violación o un asesinato.

Los migrantes cruzan el río Suchiate y entonces empieza su intermitente viaje en microbuses o combis, como las llaman por aquí. Suben a una y se bajan antes de que llegue a alguna de las casetas de revisión migratoria que hay en la carretera. Se internan en el monte y caminan varios kilómetros hasta que, más adelante, detrás del control, retornan al pavimento y esperan otra combi. Al menos cinco veces lo hacen en estos 282 kilómetros, hasta que llegan a la ciudad de Arriaga, donde pueden abordar el tren de mercancías como polizones y viajar hacia Ixtepec.

Durante años los indocumentados han asumido este peaje de la delincuencia como un obstáculo inevitable. Lo que Dios quiera, repiten. Los coyotes empezaron a repartir condones entre las mujeres que llevaban y a los hombres les advertían que no se opusieran. Las historias de maridos, hijos, madres que han visto a sus mujeres vejadas han abundado durante más de una década en este México profundo, olvidado, escondido.

A principios de 2009, luego de una década de peticiones de organizaciones de derechos humanos, el gobierno chiapaneco hizo caso a las repetidas medidas de presión. Una visita de los cancilleres de Guatemala y El Salvador y una carta enviada por más de diez organizaciones, incluida la Iglesia católica, lograron que se diera el primer movimiento. Se creó la Fiscalía Especial para la Atención de los Migrantes, y el gobernador Juan Sabines giró órdenes a las comandancias de la Policía Sectorial de Huixtla y Tonalá para que patrullaran esas zonas. Por fin han empezado a escarbar en este vertedero de maldad impune. Y la porquería está saliendo a flote por todas partes. Y los encargados de recogerla se están dando cuenta de que son muy pocas las palas que tienen para levantar tanta inmundicia.

El comandante Máximo nos recibe en este caluroso día. Son los meses más cálidos en esta región ya de por sí sofocante. Mantener la camisa seca es imposible. El comandante Máximo es el responsable de la región que cubre desde Tonalá hasta Arriaga, la mitad superior de toda La Arrocera. Ordena que le traigan mapas, documentos y una jarra de limonada con mucho hielo.

—Bueno, muchachos —se dirige al fotógrafo Toni Arnau y a mí, antes de que le planteemos siquiera la primera pregunta—, como verán, hemos atacado el problema de raíz, y le hemos dado solución. Yo les digo que en mi área no hay ni un sólo asalto ni una violación más.

La pila de hojas que pone sobre la mesa se titula *Operativo amigo*. En su interior hay una página que nos llama la atención. Se ve a ocho sujetos, ninguno mayor de 35 años. Arriba se lee "Supuestos delincuentes agresores en los sucesos en el tren el día 23 de diciembre de 2008". Se supone que son asaltantes que, aún en Chiapas, dejaron la zona en la que se camina y ampliaron su área de pillajes al tren que sale de Arriaga. En ese asalto mataron a un migrante guatemalteco que se opuso. Machetes, balas y lanzamiento desde la locomotora en marcha.

—¿Y a cuántos han detenido? —pregunto al comandante.

—Creo que uno está a disposición de las autoridades.

Luego de eso, Maximino —a quien sus subordinados llaman Máximo— saca otro folio para quitarse el mal sabor, lo pone sobre la mesa y le da golpecitos con su dedo índice, que resuenan sobre la mesa de plástico.

—Éste es uno que acabamos de agarrar en la zona de El Basurero. Él se encargaba de desviar a los migrantes en el crucero Durango y mandarlos directo al asalto. A éste ya lo atrapamos.

Es la foto de Samuel Liévano, un demacrado ranchero de 57 años que tiene su pequeña parcela justo en ese desvío, donde la calle de tierra desemboca en la carretera principal. Ahí se bajan los indocumentados, para sortear la última caseta, la de los policías federales, que está justo antes de entrar en Arriaga. Liévano les indicaba que siguieran hacia El Basurero por las inhabilitadas vías férreas. Ese sitio es un botadero al aire libre y un famoso punto de asalto y violaciones de los confines de La Arrocera. Lo atraparon luego de haber engañado a dos hondureños que, esta vez sí, denunciaron el asalto en el albergue de Arriaga, de donde llamaron a Maximino.

Los denunciantes del viejo Liévano son dos muchachos negros. Llegan relucientes al albergue, sin una sola gota de sudor en su frente, a eso de las 3 de la tarde. Son de la ardiente costa atlántica hondureña, buceadores a pulmón, acostumbrados a achicharrarse en cada jornada de trabajo. Ahora, tras cinco días de espera a que la fiscalía los llame para el careo, están hartos y quieren seguir sus caminos. Elvis Ochoa, de 20 años, aventurero y experimentado, para el Norte: "Esto no es nada", dice y chasquea los dedos al estilo pandilleril de Los Ángeles, donde ya estuvo unos meses. Andy Epifanio Castillo, de 19 años, primerizo y cándido, ya tuvo su sobredosis y no quiere volver a poner un pie en México: "Es andar arriesgando la vida por conseguir una mejor", se lamenta con sus grandes ojos abiertos y los hombros encorvados. Si se van mañana, el viejo Liévano volverá a su rancho, a indicar el camino a los que se bajen en el crucero Durango, y las palabras de Maximino quedarán ahí, como testimonio de otro intento superficial de terminar con un problema estructural.

Los asaltantes, los que desplumaron a Andy y Elvis después de haber escuchado al viejo Liévano, aún siguen por aquí, uno con su 9 milímetros y el otro con su escopeta calibre 22.

Al salir del albergue, intentaremos entrar en la zona de asaltos con algo de protección. Maximino nos dio un recorrido por El Basurero, pero es inocente esperar que las cosas fluyan con la normalidad que fluyen para el indocumentado cuando se viaja en una pick up con cuatro policías cargados con fusiles Galil.

Nos queda una opción. La fiscalía especializada está en ronda de operativos. De esa oficina piden apoyo al Ministerio Público de los diferentes pueblos, que les asignan a agentes ministeriales. Entonces, se internan como migrantes a la espera de una emboscada, y luego se cuecen a tiros con los delincuentes.

Hace apenas tres semanas, cuatro policías infiltrados se toparon con un punto de asalto en El Basurero. Dos delincuentes salieron de la breña y empezaron su procedimiento.

—¡Quietos, hijos de puta, al que se mueva lo reviento!

Pero se movieron. Los policías desenfundaron sus pistolas, y los asaltantes dispararon las suyas y echaron a correr. Los dos fueron atrapados: Wenceslao Peña, de 36 años; y José Zárate, de 18; los dos mexicanos. Mientras huían, uno recibió un disparo en el cuello, y el otro, dos impactos en el muslo. Cuando la balacera terminó, sólo dos estaban intactos. Dos policías también resultaron heridos. Las balas expansivas de escopeta 22 los alcanzaron. Todos están aún en el hospital de Tonalá.

En la oficina del Ministerio Público, tres muchachos se derriten frente a un ventilador. Al ver que nos asomamos, entreabren la puerta, y uno nos pregunta "qué quieren". Le explicamos, y de la puerta sale Víctor, uno de los dos agentes ilesos de aquel combate. Lleva la camisa desabrochada en sus últimos botones. La panza estira la tela, y asoma por el cinto la culata de su 9 milímetros.

—Díganme —nos saluda.

—Venimos buscando lo mismo que le explicamos al asistente del fiscal Enrique Rojas. Llevamos una semana en la zona, intentando acceder a la ruta del migrante para ver la situación como les ocurre a ellos, pero no hemos conseguido nada.

—O sea, ¿qué es lo que ustedes quieren?

—Acompañarlos en una de las operaciones donde se infiltran.

Víctor lanza una fugaz mirada a su compañero que lleva cruzada al pecho la cinta que sostiene su fusil. Ambos esbozan una sonrisa ladeada.

—Nooo, eso es imposible, es muy peligroso, hasta para nosotros que vamos armados. Ahí se arma la tiradera, esos delincuentes no se la piensan para disparar. Nosotros caminamos armados, y vamos protegidos por un grupo encubierto de cinco agentes que nos siguen a unos kilómetros.

Le damos nuestros argumentos, le insistimos, pero a cada interlocución nuestra, una gota de sudor le resbala desde la cara hasta el ombligo, y agrega un nuevo contraargumento.

—Peor en la zona de La Arrocera (entendido esta vez sólo como la parte del municipio de Huixtla). Ahí hay bandas organizadas que operan con fusiles AR-15. Ahí entramos sólo con operativos más planificados. Nos alejamos conscientes de que la última opción es improvisar. No es usual que alguien quiera internarse en este lugar. Los cadáveres se cuentan cuando ya han sido evacuados. Los periodistas y las organizaciones de derechos humanos denuncian lo que escuchan en los albergues, pero lo que se vive en las sendas de La Arrocera prácticamente sólo lo conocen los migrantes y sus asaltantes. Ahí, y nunca mejor dicho, es la ley del monte.

El año pasado, los cancilleres de Guatemala y El Salvador recorrieron unos kilómetros del lugar. Se montó todo un espectáculo: cerca de 30 agentes de la Policía Federal los escoltaban, más dos cuadrillas de caballeriza de la Policía Sectorial que iban adelante barriendo la zona, mientras varias patrullas de la Policía Estatal esperaban en la carretera. Un ejército de uniformados. Honduras está preparando su visita guiada para este año bajo las mismas condiciones. De ahí salieron titulares que a Andy y a Elvis, a los fiscales infiltrados o a Paola les habrían sacado una sonrisa irónica: "En Chiapas se garantizan los derechos humanos de los migrantes", titularon con pequeñas variantes tres de los diarios que circulan aquí.

El comandante Roberto Sánchez —conocido como comandante Maza— nos recibe en las afueras de Huixtla. El calor no da tregua. Acaba de llover, pero parece que el agua se hubiera filtrado hasta las capas más profundas de la tierra para luego salir como vapor infernal.

Sánchez nos da todo su apoyo. La conversación es breve y fluye entre apodos, muertos e impunes. Que al Chayote, famoso asaltante en la zona, lo detuvieron hace cuatro meses, pero fue liberado porque los agraviados siguieron su marcha. Que el mismo Chayote habría preferido pasar unos años en la cárcel que acabar lapidado abajo de uno de los puentes de La Arrocera, seguramente por migrantes que se defendieron. Que El Calambres, de la cuadrilla del anterior, está detenido en Tonalá, pero que sus denunciantes —"¿qué creen?"— también prefirieron continuar. Es normal. Chiapas es el estado de México donde se registran más abusos a los centroamericanos por parte de los propios policías. Ponerse en sus manos en el mundo de los indocumentados equivale a pedir a un soldado que vaya a solicitar agua a la guarnición enemiga.

Mañana iremos al campamento de los ocho policías de caballeriza que desde hace tres meses patrullan el sector. Seguimos en el mismo embrollo: lo que tenemos es un recorrido por la zona peligrosa sin posibilidades de oler el peligro que los migrantes respiran a diario.

A PIE CON LOS MIGRANTES

Llegamos a las 6 de la mañana. Los patrulleros hacen su recorrido cuando el sol todavía no atormenta. En el campamento nos encontramos una sorpresa. Hay tres salvadoreños que pidieron posada para descansar un poco antes de seguir su ruta y bordear la primera caseta, la de Huixtla.

Ahí se desperezan, después de cuatro horas de sueño, Eduardo, el panadero de 28 años que huye de las maras; Marlon, el repartidor de pan de 20 que huye con su jefe; y José, el ayudante de 26. Les dieron posada esta noche en el rancho y les recomendaron no seguir hasta que el sol saliera, porque bajo la luna ni los uniformados se pasean por La Arrocera. Estoy convencido de que los policías han actuado con tanta amabilidad con los salvadoreños porque sabían de nuestra llegada.

Los tres migrantes se unen a los tres policías y a nosotros en la marcha. El recorrido empieza con un gesto de amabilidad entre el monte. Al salir del potrero que hace de base de esta cuadrilla de caballeriza, hay una casita de tejas y cemento descascarado. En el portal está un señor de unos 40 años, descalzo y sin camisa, que toma de bracete a su hija de unos 12 años. Ambos levantan y mueven sus manos diciéndonos adiós.

—¿Y ellos? —pregunto al policía que llevo a la par— ¿Amigos?

—Espías —responde—. Trabajan con las bandas de asaltantes. Son los que desvían a los migrantes para donde los esperan los asaltantes, y nos controlan cada vez que salimos de ronda.

Enfilamos por las vías que el huracán Stan destrozó en octubre de 2005 pero que aún sirven de guía a los indocumentados. A nuestra derecha, a pocos metros detrás de la barrera de vegetación, está la caseta migratoria de El Hueyate. Esto parece una selva vietnamita. Lo verde es espeso y nos cubre, el suelo es un lodazal, y los charcos, pequeños pantanos. Si se observa con detenimiento detrás de los matorrales, se siluetean callejuelas escondidas que llevan a ejidos o a ranchos perdidos. Parecen pasadizos secretos.

—Aquí fue —dice a secas uno de los agentes, mientras cruzamos un pequeño puente férreo, y señala la bóveda que nos queda bajo los pies.

Aquí fue donde el año pasado mataron a uno de sus compañeros. Un machetazo seco le rompió el cráneo cuando se topó con unos asaltantes. Un machete afilado que, para los delincuentes, es más un arma que una herramienta de trabajo. Lo ocupan para desmalezar la tierra, para asaltar, para defenderse. Lo llevan siempre en la mano, como una extensión natural de su cuerpo. El machete es su fiel compañero.

En el camino se escuchan ladridos de perros y tras las verjas de las casitas se ven ojos que salen a enterarse.

—Ahorita nos tienen bien vistos —prosigue el agente, antes de soltar otra de sus parcas referencias—. Lo que le dije de los huesos aquí fue, y a El Chayote lo encontramos allá.

Lo de los huesos fue un esqueleto que encontraron hace unos meses entre un pastizal. Los zopilotes merodean el área siempre, por la cantidad de ganado que muere, y no tardan en encontrar un cadáver que consumir. Por eso aquí huesos no son sinónimo de pasado. Y El Chayote, el asaltante, apareció metido en otra de las bóvedas que vemos desde este punto, acostado en el suelo, con una magulladura en la frente, que le había reblandecido la sien como si fuera de plastilina. Otras rocas estaban a su alrededor. Si el machete es lo suyo para muchos asaltantes de poca monta, la piedra lo es para los migrantes que se defienden.

Aquí se camina entre muertos, la vida se relativiza como un valor que se menea en una cuerda floja. Matar, morir, violar o ser violado pierden sus dimensiones. Es rutina. Punto de referencia: aquí, en esta piedra, violan; allá, en ese arbusto, matan.

—Allá separan a las mujeres del grupo cuando las violan —señala el agente una pequeña parcela de plataneros—. Y hasta aquí llega nuestra ronda diaria.

Hemos caminado apenas media hora, y hasta aquí llegan. Luego suelen regresar por el otro lado de la carretera, lo que llaman La Arrocera alta, cerros que se levantan de la planicie que ahora pisamos, al otro lado. Pero hasta aquí es una mínima fracción del camino del indocumentado. Hasta aquí es apenas el comienzo. La primera caseta, el primer punto caliente.

Este cruce lo conocen como La Cuña, una callejuela que sale a la carretera, adelante de El Hueyate. Un árbol de mango donde violan, una terracería donde algunos coyotes de Huixtla entran a dejar migrantes a asaltantes con los que están de acuerdo.

El agente sigue hablando mientras los salvadoreños, con la mirada, nos preguntan qué haremos.

—Por aquí todavía andamos buscando a un malhechor de ésos. Le dicen La Rana, tiene una cicatriz en el rostro y opera en la parte alta, pero no lo encontramos. Como nos tienen bien vigilados desde que salimos, siempre dan el pitazo cuando andamos de ronda.

Apenas termina la frase, estrechamos su mano sin explicaciones y le decimos que seguiremos hasta Arriaga, hasta el tren, con Eduardo, José y Marlon. Los agentes se desconciertan, piensan en la reacción del comandante Sánchez. Para las autoridades, un migrante muerto es normal, pero un par de periodistas es otro cantar, y nadie quiere esos cadáveres en su región.

Este terreno es accidentado, y en cuestión de minutos perdemos de vista a los agentes entre la maleza y los arbustos. Ahora y sólo ahora empieza el verdadero viaje. Avanzamos entre la espesura unos cinco kilómetros más, hasta que encontramos un sendero que lleva a la carretera. El retén ha quedado atrás, y Eduardo sale a la carretera a detener una combi para seguir hasta Escuintla, el siguiente poblado.

La caminata por La Arrocera nos ha dejado claro que los esfuerzos chiapanecos por limpiar la zona están lejos de ser exitosos. La Rana sigue por aquí, los asaltantes de los hondureños están más adelante, y los cadáveres aún son un recuerdo fresco. Pero lo que más nos ayudó a tener clara la situación fue El Calambres. Se llama Higinio Pérez Argüello, tiene 26 años, es reconocido por la comandancia de La Arrocera como asaltante de migrantes, y desde hace tres meses guarda prisión en el penal de Huixtla, donde aceptó recibirnos y conversar con nosotros un día de éstos si acatábamos su única regla: que lo que contara lo contaría en tercera persona, que se dijera ellos y no nosotros.

Una charla con El Calambres

Estaba acusado de violación, portación de arma prohibida y asalto. Se le acusó de haber violado a una migrante pero la denunciante desapareció. Le quedan los otros dos cargos, y espera la sentencia preso.

El director del penal nos habilitó su despacho para la charla, y ya antes nos había advertido de que era probable que Higinio aceptara. Su argumento fue desconcertante, pero comprensible en esta zona.

—Yo digo que hablará, porque aquí no tenemos a gente acusada de crímenes graves: están acusados de homicidio, violación o robo, pero nadie está por narcotráfico.

El Calambres es delgado, de facciones afiladas y brazos venosos, con una larga camisa que le da un extraño look de pandillero a pesar de sus campesinas maneras. De 1.65 metros de altura, tiene uñas largas y afiladas, ojos achinados, y un bigote escaso y asimétrico. Del cuello le cuelgan siete crucifijos y rosarios. Se sentó, se cruzó de brazos, clavó la mirada en el piso y empezó la conversación en código.

—Sí, yo conozco lo que pasa en La Arrocera. Yo vivía en un rancho por ahí. Sí, ahí asaltan los que andan ahí siempre chingando —inició.

—¿Quiénes andan chingando?

—Gente que vive o trabaja ahí. Yo he visto bandas organizadas. Ahorita anda una banda, una que se viene desde Tapachula a hacer sus cosas ahí. El Chino es el que se ha venido de allá abajo, y El Harry es el otro jefe, y ya hace tiempo que operan por ahí. Es su trabajo, andar cazando indocumentados.

—¿Y por qué sólo asaltan a los indocumentados?

—Porque saben que esas personas van de paso, no causan daño; en cambio, si asaltan a alguien de aquí, saben que es un problema, te metes en un problema. Los otros van de paso.

El Chino aún sigue por la zona. Se le conoce sólo por el apodo, y es un famoso delincuente de La Arrocera. El Harry es aún más mítico. Él fue uno de los primeros que inició con la dinámica de asaltos y violaciones, a él se le prendió el foco antes que a nadie. Lo atraparon, y estuvo preso en Tapachula, por asalto, pero logró pagar los 50 mil pesos de fianza y anda libre de nuevo. El Harry cayó junto con El Cochero (Filadelfo González) y El Diablo (Ánderson). Los dos están presos en el penal de El Amate, el centro de reclusión más grande de Chiapas, sobre el que el Estado no tiene control. Ahí adentro mandan los narcotraficantes, ponen cuotas a los nuevos internos, y no permiten el paso de custodios ni de autoridades a los módulos de celdas. Ellos dos eran la banda de El Harry. Gente ruda que desde 1995 se paseaba en motos expoliando a los indocumentados que no tomaban el tren por miedo a un operativo migratorio, que preferían caminar en el monte. El Cochero mostró su talante entre grandes delincuentes y logró ser jefe de uno de los módulos del penal, el módulo verde. Él lo administra, él cobra cuotas, él asigna celdas. Así lo decidió quien manda en la prisión —el Preciso general, le dicen en jerga carcelaria—, el narcotraficante Herminio Castro Rangel, al ver la violencia con la que El Cochero actuó cuando hubo que luchar durante dos días por decidir qué grupo se quedaba con el control de El Amate.

—Pero no entiendo, ¿cuánto puede sacar alguien asaltando migrantes?

—Depende de lo que lleve la gente, pero hay desde los que llevan diez pesos hasta los que llevan sus 5 mil u 8 mil pesos. Es que no sólo aquí los chingan, los vienen chingando desde allá abajo, así que algunos ya llegan sin dinero —responde.

—¿Y cómo es el negocio? ¿Si yo quiero agarro mi machete y empiezo a asaltar?

—Nooo, ahí mandan las bandas del lugar, ellos se reparten los lugares, y sólo ellos pueden operar. Si te metes, te sacan a balazos.

—Si uno se opone, ¿no se tientan para dispararle?

—¡Uuuh! No, no, pues, por eso los matan, porque se oponen.

—Habrá muchos muertos ahí que nadie ha encontrado, ¿verdad?

—¡Uuuh! Un chingazal.

Le expliqué a El Calambres lo que Maximino y Sánchez me habían dicho. Le conté que aseguraban que el problema estaba resuelto. El Calambres levantó la vista, cruzamos una mirada de obviedad por un segundo, y sonrió para sí mismo.

—Es que no es sólo uno el que anda ahí, son bandas, y no es sólo una. Ahí no para, no es que vaya a dejar de haber alguien. Si cae uno, entra otro. Ahí es terreno grande, miran la ley cuando va, ellos vigilan. Están en el alto, y la ley los va buscando, pero ellos ya están viendo a la ley, y esta gente conoce mejor su terreno que la ley. La ley no alcanza a rodear todo. Esa zona es muy grande. Y si los encuentran, se echan bala con la ley. Escopeta 22, AR-15, 357. Hasta chalecos antibalas tienen.

Y es que, como bien dijo aquel agente del Ministerio Público, La Arrocera en Huixtla es otra cosa; ahí hay bandas mejor preparadas. El Calambres asegura que esos grupos se dedican a los migrantes como negocio fijo, pero que a veces, "gracias a sus conectes", les ofrecen otros negocios: asaltar joyerías, robar carros, comercios. Que esas bandas no trabajan solas, que hay autoridades que se llevan su tajada de las cinco bandas. Lancé las últimas preguntas. Para responderlas, El Calambres se encogió, habló en susurro, bajó más la cabeza y ya no la volvió a levantar.

—Y entonces, lo de violar a las migrantes, ¿qué es? ¿La diversión luego del asalto?

—Sí, pues, una diversión para ellos... Una diversión.

—Claro, es fácil violar a alguien que sabés que no se va a quedar a denunciar.

—Sí, pues... Sí, pues.

Salen de sus casas por las mañanas, como si fueran empresarios rumbo a sus empresas. Salen de la colonia El Relicario, de la Buenos Aires, de El Progreso, Cañaveral, El Espejo, de Ejidos, y ponen su puesto de asalto y violación, y se reparten el botín y vuelven a sus casas a esperar una nueva jornada de trabajo.

Ya en Escuintla, un pequeño pueblo de casas bajas y puestos callejeros, Toni, el fotógrafo, se pelea con el motorista de la combi que nos ha traído y que, aunque sabe que los tres migrantes viajan con dos periodistas, no renuncia a cobrar más por el pasaje.

—¡Cinco pesitos, para el chesco, puta, unos pesitos de más!

Eso quiere, cinco pesos más por pasaje. A pesar de ser injustificada, sigue siendo una cuota decente para lo que suelen hacer estos otros asaltantes sin machete. Hay algunos que cobran hasta 200 pesos por un pasaje que a un oriundo le cuesta diez. No pagamos su impuesto, y seguimos en otra combi rumbo a Mapastepec. De nuevo la misma dinámica. Antes de llegar al segundo retén, pedimos bajarnos. Nos quedamos bajo un puente peatonal, donde preguntamos a un señor que espera su autobús si las vías del tren están muy lejos.

—Como a unos cinco kilómetros para allá, pero síganlas, no se vayan por este lado de la carretera, que hace como dos semanas los ladrones mataron a un migrante ahí.

Nos internamos en el monte una vez más con la idea en la cabeza de que si nos toca, nos tocará, de que es inevitable. Hay algo en lo que pocos reparan. Los migrantes no sólo mueren y son mutilados, no sólo son baleados y macheteados. Las cicatrices de su viaje no sólo quedan en sus cuerpos. Hay algo luego de tanta tensión que tiene que quedarse dando vueltas en la cabeza. Es casi un mes de viaje por México. Escondidos, temerosos, con la incertidumbre de no saber si el siguiente paso será el paso en falso, de no saber dónde aparecerá la Migra, el asaltante, el violador.

Pocos piensan en los traumas de esas miles de centroamericanas que fueron violadas aquí. ¿Quién las atiende? ¿Quién les cura esa herida oculta? Bien lo definió Luis Flores, encargado de la Organización Internacional para las Migraciones: "Aquí el gran problema no es sólo lo que se ve, va más allá. Se trata de toda una visión de las cosas, de una mentalidad. Las mujeres tienen un rol ante los asaltantes, ante el coyote y entre su propio grupo, y durante todo el viaje viven bajo esa presión, asumiendo una lógica: Sé que me va a suceder, pero ojalá que no".

Y su papel es el de un ser humano de segunda. Migrante y mujer equivale a blanco fácil. Y eso nos quedó muy claro cuando hace unos días visitamos en las oficinas de Migración a Yolanda Reyes, una hondureña de 28 años que desde 1999 vive en Tapachula como indocumentada. Tras tantos años, hizo su vida, la intentó normalizar, pero hay algo que no se borra: Yolanda seguía siendo centroamericana e indocumentada. El día que la conocimos ella terminaba de sacar sus papeles, tras todo un proceso de denuncia, luego de que su pareja, un policía sectorial de Chiapas, le metiera 11 machetazos, cuatro de ellos en la cara, por simple coraje, y mientras le gritaba con todas sus fuerzas.

—¡Puta, puta, vas a aprender, eres una pinche centroamericana y aquí no vales nada!

Tras dos horas de caminata, las camisas están empapadas. El sol nos ha tostado la frente, y las piernas empiezan a resentir la caminata. Estamos a la altura de Madre Vieja, un ejido igual que el resto: monte, lodo, silencio. Hace unos ocho meses encontraron aquí el último muerto de la zona.

Salimos a la carretera, pero el retén aún sigue a unos 400 metros. Dos horas de camino y sigue ahí. La razón es que tuvimos que internarnos primero en el monte, hasta encontrar las vías, antes de empezar a comer camino. Nos escondemos en el camellón que divide la carretera, entre un pastizal. Cruzamos hasta el otro lado de a poco, como animales asustados, hasta que logramos meternos en otra combi. Ya hemos bordeado dos casetas.

Apenas nos bajamos en Mapastepec, nos embutimos en otra combi, para seguir hacia Pijijiapan. La rutina provoca hartazgo. De nuevo le pedimos al motorista que nos baje antes del retén. Nos deja en El Progreso. Ya es mediodía. Cuando nos volvemos a perder entre los montes de nadie, volvemos a sentir el calor infernal. Ni Eduardo ni Marlon ni José hablan mucho ya. Sólo pensar que cuando esta caminata termine y el tren aparezca les faltará más del 90% de México por cruzar hace que uno quiera pedirles que se rindan.

Aquí cruzamos por ranchos privados. Hemos atravesado siete cercas de alambres de púas, diez ranchos de ganado, un río. Tomamos este camino por recomendación de un viejo al que encontramos en los primeros cinco kilómetros de este tramo. Ese viejo nos advirtió de que a veces asaltaban allá adelante, y que no lo fuéramos a acusar de cómplice si eso pasaba, que él sólo nos recomendaba el camino más corto para regresar a la carretera. Sonó mal, pero no importó. Había otro camino, pero era más largo. Solo queríamos agua y sombra, y la palabra atajo se impuso a la amenaza de asalto.

Llevamos otras tres horas caminando por estos ranchos. No sabemos si hemos enrumbado bien o si damos círculos. Había otra mejor opción, bajarnos en El Mango, un desvío adelante de El Progreso, pero ahí el asalto es garantía, nos dijeron. Al fin, en una casita destartalada, encontramos todo lo que necesitamos: un viejo que nos guíe y un pozo de agua. El viejo nos dice que tenemos suerte, que las cosas están más tranquilas, pero que pronto dejarán de estarlo. Hace dos semanas, la policía atrapó a padre e hijo, ambos asaltantes de Santa Sonia, una zona ubicada al otro lado de la carretera. Que debido a eso, los sobrinos de ese señor, también asaltantes, habían bajado la frecuencia de sus ataques.

—Es por un rato, mientras todo se tranquiliza, luego ahí van a andar otra vez.

Por fin salimos a la carretera y logramos enrumbar en combi hacia Pijijiapan. De nuevo nos bajamos de ésta para subirnos a otra que va a Tonalá. Preguntamos, y nos dicen que el retén allí es militar, que sólo buscan droga y armas, que no piden documentos. Estamos cansados y no nos importa un riesgo que muchos kilómetros atrás no hubiéramos asumido. Es un retén menos. Lo aceptamos con alegría, convencidos de que no nos bajarán, aunque sabemos que muchas veces sí lo hacen.

Pasamos. En efecto, sólo buscaban armas y droga.

Tras 40 minutos de combi, pedimos que nos bajen en el crucero Durango. Estamos a 20 minutos en combi de Arriaga, del tren, pero no, tenemos que bajarnos y caminar otras dos horas. El silencio empieza a convertirse en enojo. Reconocemos el lugar. Es por donde el viejo Liévano desviaba a los migrantes para que fueran asaltados.

El paraje cambia. Ya no se trata de ninguna espesura verde. Caminamos por piso de piedras sueltas, siguiendo las vías. Es un sitio más apocalíptico. Seco, yermo. Pasamos al lado del famoso basurero, un punto esperpéntico de asaltos y violaciones. Un basurero al aire libre repleto de bolsas y cartones multicolores que vuelan con el viento y se prenden en las verjas de los ranchos. Parece la escena que queda luego de una potente explosión.

Hemos caminado dos horas más. Tenemos llagas en los pies después de unos 45 kilómetros bordeando casetas. El puente férreo que da entrada a Arriaga aparece al fondo como una puerta industrial a una pequeña ciudad sin atractivos. Pero para nosotros es una visión única. Hemos caminado desde las 6 de la mañana hasta las 7 de la noche con la idea de un asalto en mente. El puente de Arriaga es lo único que queríamos ver.

Nos despedimos. Marlon, Eduardo y José se van al albergue mientras nosotros regresamos a Huixtla. Esta vez no hubo asalto en toda esa inmensidad conocida como La Arrocera. Quizá se han calmado los delincuentes. Tal vez El Calambres no tiene razón, y tras una banda no viene otra. Quizá la historia cambia aquí en Chiapas, y los fiscales y los comandantes están logrando su objetivo.

NADA ES LO QUE PARECE

Hace cuatro días que hicimos la caminata. Desde entonces he conversado con tres personas para saber cómo sigue el área, para conocer si los demás que han pasado han corrido con nuestra misma suerte.

Carlos Bartolo, encargado del albergue de Arriaga, me cuenta que sólo hoy han llegado cuatro asaltados. Uno de ellos es Ernesto Vargas, un joven de 24 años, de un pueblo salvadoreño llamado Atiquizaya. Le quitaron todo lo que llevaba: 25 dólares y 200 pesos. Fue un hombre con un machete el que lo revisaba, mientras su compañero le apuntaba al pecho con un revólver 38.

Llamo al comandante Maximino, quien me dice que está saliendo a un reconocimiento. Al parecer, una banda de asaltantes de La Arrocera se ha trasladado unos kilómetros al norte, a los límites con el estado de Oaxaca, y han establecido una casa de seguridad en el monte. Su consigna parece ser que si no pueden asaltar a los que van a pie, asaltarán a los que viajan en tren. Le pregunto si ya coordinaron con las autoridades del estado de Oaxaca, si ya les dijeron lo que saben.

—Es que a ellos no les interesa, no están metidos en el tema, no se puede coordinar con ellos.

Un día más ha pasado. Llamo al sacerdote Alejandro Solalinde, encargado del albergue de Ixtepec, donde llega el tren —La Bestia— que lleva a los que lo han abordado en Arriaga. Me cuenta que el que arribó esta mañana fue asaltado, después de muchos meses sin que ocurriera. Unos vándalos se subieron al vagón en el límite entre Chiapas y Oaxaca y, a punta de pistola y filo de machete, desplumaron a los viajeros.

Una vez más llamo al albergue de Arriaga. Hoy llegaron otros tres salvadoreños asaltados en Huixtla, y una mujer, una joven hondureña de 24 años, que contó que hace dos días fue violada. Fue en La Arrocera. Lo hicieron sus mismos compañeros de viaje, que dijeron ser migrantes cuando la convencieron de que los acompañara. La violaron los tres y le patearon el vientre hasta que perdió el conocimiento. Cuando despertó, ni ellos ni su amiga estaban. Como pudo, caminó hasta la carretera a pedir ayuda. Sangraba. Su hijo se le escurría por las piernas. Se lo mataron a patadas. Se lo mataron en La Arrocera.

LA BESTIA

Marzo de 2009, estados de Oaxaca y Veracruz

Viajar en tren como polizón es indignante. Allá arriba se te ocurren decenas de preguntas absurdas: ¿por qué vamos colgados del techo si los vagones viajan vacíos? ¿Por qué no puede ir más despacio? ¿Nadie nos va a proteger de ese asalto? ¿Qué terrible historia obligó a los que me rodean a montar sobre La Bestia? ¿Y por qué este viaje aterrador, nocturno y veloz termina por engancharte? Éste es el camino por excelencia del centroamericano indocumentado. Éste es su medio de transporte, éstos sus asaltantes y éstas, las vías donde las ruedas de acero han troceado piernas, brazos, torsos, cabezas. Migrantes.

El potente pitido suena profundo y prolongado en la oscuridad. La Bestia llega. Un toque. Dos toques. La llamada imperativa del viaje. Los que están dispuestos tienen que seguirla en este momento. Esta noche unas cien personas lo hacen. Se levantan de su sueño, se sacuden el cansancio acumulado, encajan en sus hombros las mochilas, cargan las botellas de agua y caminan otra vez hacia el inicio de un recorrido de muerte.

Las siluetas del grupo de los fuertes se distinguen entre las sombras que recorren las vías del tren. Son una treintena de contornos masculinos. Perfiles de guerreros. Desde sus manos, como extensiones del cuerpo, se dibujan troncos y varas de hierro de hasta dos metros. No están dispuestos a ceder en caso de que asaltantes del camino hagan su abordaje. Saben que entre ellos mismos, migrantes centroamericanos, pueden ir ya esos piratas de las vías, listos para atacar en la oscuridad selvática del recorrido entre Ixtepec y Medias Aguas, entre los estados de Oaxaca y Veracruz.

Parlamentan en las vías mientras la locomotora ordena en un solo carril los 28 vagones que están a punto de salir. La consigna es unánime: si es necesario, pelearemos. La mayoría de los cajones de acero están alineados; sin embargo, aún hay algunos en otra de las líneas férreas. Es momento de incertidumbre. Las cien sombras giran la cabeza de lado a lado, como si intentaran leer los movimientos. Se apresuran a lo largo de la vía y luego vuelven. Es necesario tomar una decisión antes de que las máquinas jalen la carga y los polizones que van hacia el Norte tengan que abordarla en marcha.

Éste será mi octavo viaje, pero acostumbrarse a este momento me ha resultado imposible. Es un vaivén de siluetas que corren y gritan; de fondo, el sonido metálico de La Bestia lo inunda todo, y no hay mucho tiempo para pensar. En el cerebro, una sensación entre el miedo y la emoción por algo nuevo. Sólo sabes que no quieres perder el tren, que no te quieres equivocar de vagón y acabar en la línea de cajones que no se moverá. Sólo piensas en ti mismo, en esa escalera que has elegido, en treparla, en que nadie se interponga.

En medio de las dos filas el grupo de 30 hombres elige su territorio: la línea de la izquierda. Uno tras otro suben por la escalerilla lateral y se posan en el techo del tren de mercancías. El vagón es suyo. Esos 20 metros serán su nido durante al menos seis horas de viaje. De sus parrillas se aferrarán durante todo el recorrido, para no caer y ser tragados por las ruedas de acero. Ese espacio es el que defenderán. Por eso destierran a un joven moreno, salvadoreño, de unos 17 años. Durante algunas horas del día, en el albergue de Ixtepec, a la orilla de las vías, el muchacho habló con un pandillero deportado que regresaba de Estados Unidos y que, aislado del resto, fumó marihuana gran parte de la tarde. Tienen desconfianza y prefieren no arriesgarse. "Vos no venís con nosotros", le dice uno de ellos a manera de orden, y el joven, ante la mirada de todo el grupo, decide ir a buscar otro lugar.

En este vagón, con el grupo de salvadoreños, nicaragüenses, guatemaltecos y hondureños que se han juntado en el camino, nos acomodamos el fotógrafo Eduardo Soteras y yo.

Las pocas mujeres que abordan el sólido gusano se acomodan en los balcones que hay entre vagón y vagón. Algunos, los menos, tienen plataforma abajo. El resto, sólo unas vigas metálicas sobre las que los migrantes tendrán que hacer equilibrios. Pero viajar ahí supone no tener que esquivar los cables y ramas que se entrometen en el camino de los que van arriba. También evitan las corrientes de viento que harán tiritar a muchos que se lanzan sin abrigo.

Arriba se acomodan los 30 albañiles, fontaneros, electricistas, agricultores, carpinteros y jardineros convertidos unas horas en guerreros por un viaje que ha cobrado un número indeterminado de vidas. Nuestro círculo más cercano lo componen unos hermanos con pinta de raperos que tras ser deportados van de regreso hacia el que consideran su país; un ex militar que quiere volver a su vida de albañil en el Norte; y también viaja Saúl, el muchacho que se exhibe confiado de su dominio de La Bestia. Sube y baja, amarra su bolsa de plástico a las parrillas y luego se lanza a recoger cartón de las vías para que la fibra de vidrio del techo no le penetre las nalgas como constantes picadas de zancudos. Los cuatro son guatemaltecos.

La locomotora echa a andar. Jala los 28 vagones. El golpe seco empieza desde la cabeza y resuena hasta la cola, en efecto dominó. Tac, tac, tac. Un vagón tras otro es arrastrado por la potente máquina, mientras los migrantes se aferran donde pueden. Muchos han sido mutilados en este primer movimiento cuando, ignorantes de las reglas de La Bestia, han apoyado su pie entre la juntura de los vagones: dos barras ensambladas una dentro de otra, con un sistema de amortiguación para cuando el tren frena o jala. Las muelas, les llaman. Ahí, entre el traqueteo del efecto dominó, el tren les ha triturado el pie como martillo a una nuez.

Pero este inconveniente está de sobra compensado por una ventaja invaluable: La Bestia se monta mientras está detenida. En otros puntos, como Lechería, Tenosique, Orizaba o San Luis Potosí, el tren hay que agarrarlo en marcha, porque los famosos garroteros, guardias privados de las compañías ferroviarias, impiden el paso a las estaciones, y los migrantes tienen que acechar su transporte más adelante.

En uno de mis viajes, Wilber, un veinteañero hondureño que guiaba a indocumentados por México, me dio un curso básico de cómo treparse al tren cuando ya está en marcha.

—Primero, lo medís. Dejás que las manijas de los vagones te golpeen la mano, para ver qué tan rápido va, porque esto hay que sentirlo, no sólo verlo. Engaña. Si te creés capaz, corrés unos 20 metros para tomarle el ritmo, agarrado de una manija. Cuando ya le tengás el pulso, te dejás ir con los brazos. Te levantás con los puros brazos, para alejar las piernas de las ruedas, y apoyás en las gradas la pierna que tengás del lado del tren, para que tu cuerpo se vaya contra el vagón y no te desbarajuste.

Cuando lo intenté en aquella ocasión estábamos en Las Anonas, un pequeño poblado entre Arriaga e Ixtepec. El tren pasó a unos 15 kilómetros por hora y yo cometí el error básico de los que han sido mutilados en este arranque: olvidé el detalle de la pierna y apoyé en la escalera la contraria. Estaba sostenido del agarradero con el brazo izquierdo y, más abajo, mi pie derecho se posó en la grada, mientras el resto de mi cuerpo quedó maniatado por ese nudo de extremidades. El tren me arrastró varios metros, porque el cuerpo perdió su punto de equilibrio. Por suerte, algunos se bajaron a desentramparme.

Sin embargo, Wilber cree que esos viajeros que quedan mutilados tan pronto en el viaje "tienen suerte", porque el tren va lento y pueden tomar una decisión.

—Yo vi cómo a uno el tren le pasó encima de la pierna —dijo Wilber tranquilo, como quien cuenta el resultado de un partido de fútbol—, porque no pudo agarrarlo cuando ya iba corriendo. Pero como no iba tan rápido, le dio tiempo de verse la pierna cortada y de meter la cabeza abajo de la siguiente rueda. Pues sí, si iba a buscar un trabajo allá arriba es porque no ganaba bien abajo, y ya sin una pierna, ¿qué iba a hacer?

¿Por qué no dejarlos subir mientras la locomotora no arranca? ¿Por qué, si se sabe que de todas formas subirán, obligarlos a abordar el gusano en movimiento? Es una pregunta que ninguno de los jefes de las siete empresas de ferrocarriles contestará. No dan entrevistas, y si se logra hablar con ellos por teléfono, cuelgan cuando se enteran de que se pretende conversar sobre migrantes.

El viaje inicia. La poca luz de los dos reflectores de las vías de Ixtepec desaparece mientras nos internamos en un paraje de llanos iluminados sólo por el resplandor amarillento y suave de una luna llena grande y misteriosa.

Éste es el transporte de los migrantes de tercera, los que viajan sin coyote y sin dinero para autobuses. Ellos repetirán al menos ocho veces esta dinámica de abordaje en el territorio mexicano. Dormirán en las vías en varios puntos, esperando que aquel pitido no se les escape y les haga pasar una noche, dos o tres a la espera del siguiente. Recorrerán más de 5 mil kilómetros bajo estas condiciones. Ésta es La Bestia, la serpiente, la máquina, el monstruo. El tren. Rodeado de leyendas y de historias de sangre. Algunos, supersticiosos, cuentan que es un invento del diablo. Otros dicen que los chirridos que desparrama al avanzar son voces de niños, mujeres y hombres que perdieron la vida bajo sus ruedas. Acero contra acero. Una vez escuché una frase en uno de estos viajes nocturnos: "Éste es primo hermano del río Bravo, porque la misma sangre tienen, sangre centroamericana".

El tren es todo un código que descifrar. ¿Qué vagones van a salir? ¿Cuál es la máquina que va para Medias Aguas y cuál es la que regresa a Arriaga? ¿En cuánto tiempo sale? ¿Cómo evitar a los maquinistas? Ante un asalto, ¿es mejor ir en los vagones de en medio o en los de atrás? ¿Qué sonido indica: ¡agárrate!? ¿Cuándo bajar? ¿Qué hacer si el sueño te vence y necesitas dormir? ¿De dónde te tienes que amarrar? ¿Qué indica que un asalto ha empezado?

El tramo de Ixtepec a Medias Aguas es un tramo de 200 kilómetros que el tren hace en seis horas como mínimo, pues curvea las carreteras, se aleja de ellas, para pasar por escenarios desolados. Ahí, en medio de esos montes, recarga cemento o agrega más vagones. De eso, del tiempo que pare en esos sitios, dependerá si el trayecto será de las seis horas habituales o si se excederá hasta dos días antes de llegar a su destino. A pesar de ello, este recorrido es entendido como intermedio. Los recorridos cortos son de unas tres horas, y los largos, de más de diez.

Arriba, mientras todo se contonea, es el mejor momento para conversar con un migrante. Te reconoce como igual. Estás en su territorio, y es tu colega si has hecho un pacto de solidaridad con él. Compartir cigarrillos, agua, comida o firmar un acuerdo para atacar en caso de necesidad. Ese pacto terminará cuando el tren se detenga en su siguiente punto, y ahí es donde se tiene que decidir si se renueva o no.

Conversar es la mejor forma de no dormirse y no convertirse en un personaje más de las anécdotas del camino que hablan de mutilados tirados en campos oscuros y solitarios a la espera de auxilio mientras se desangran de los muñones.

Esta tarde, mientras esperábamos la llegada del tren, conversamos con Jaime Arriaga. Es un hondureño humilde. Tiene 37 años, y es el clásico campesino que se fue con un sueño muy diferente al del joven migrante que busca un carro, ropa diferente, darse algún lujo y parecerse a su primo que regresó vestido con una camiseta de Los Ángeles Lakers. Jaime salió en enero de este año de su humilde aldea en la costa caribeña de Honduras, y en su mente sólo traía una imagen: su humilde casa, en su humilde aldea, rodeada de dos manzanas de sembradillo de maíz, arroz y frijol.

Era su segundo intento. El primero le permitió pasar dos años en Estados Unidos. Ahorró. Logró construir en su aldea una casa de cemento y teja que le costó 17 mil dólares. Y regresó a Honduras para quedarse porque ya tenía lo que quería: su casa y sus cultivos. Pero seis meses le duró la inversión de dos años: "Un huracán, una tormenta de ésas que siempre caen en esa parte de Honduras, me destruyó todo". Todo: la casa y la milpa.

Y entonces, como la primera vez, Jaime empacó un poco de ropa y algunos dólares, y se despidió de su mujer.

—Ya sabés que la única manera de volver a lograr lo que he perdido es en Estados Unidos.

Pero antes de llegar a Estados Unidos está este camino, que a veces arrebata más de lo que ya se ha perdido. Esta tarde, en el patio de la casa del sacerdote Alejandro Solalinde, en Ixtepec, Jaime hablaba bajo un árbol de mango, sentado en una silla de plástico, con su pie izquierdo apoyado en la tierra. Su otra pierna termina en muñón. Carne blanda que aún cura. El tren le arrancó el pie derecho el 16 de enero.

A Jaime lo venció la desesperación. Quería avanzar y avanzar. Ver florecer su milpa lo antes posible. Pero La Bestia se ensaña con los impacientes. Estaba cansado, había dormido poco y acababa de llegar de Arriaga, tras 11 horas de tren. Con el cansancio cerrándole los ojos, se subió en la máquina que salió hacia Medias Aguas y que sólo arrastraba cajones. Ni un vagón bueno. Una combinación mortal.

Los cajones son literalmente eso, cajas rectangulares de acero, sin balcones entre vagón y vagón, sin parrillas arriba en las que meter los dedos para sostenerse. En medio de cada cajón solo están las muelas del tren, y una pequeña barra de hierro sobre la que los impacientes se paran y se sostienen como crucificados de la pared del cajón. El suelo discurre abajo, a pocos centímetros de los pies de los que viajan en esas junturas. El recorrido es de seis horas. Seis horas en cruz, aguantando, apretando los dedos. El tren llega a alcanzar los 70 kilómetros por hora. A veces en curva. Y no hablamos de la velocidad de un carro. El tren hace que esa velocidad sea una experiencia diferente. No es un automotor arrastrado por cuatro ruedas. Es un gusano sólido de hasta un kilómetro de largo que se retuerce y contonea mientras avanza y chilla. Una máquina imponente.

En ese trayecto Jaime habló con su primo y otros dos nicaragüenses que lo acompañaban en aquel vía crucis. Hizo algo de ejercicio de brazos para intentar despertarse. Y casi lo logra. "Un minuto cerré los ojos", cuenta. Más bien se le cerraron. El cansancio, tras varios días de camino para rodear casetas de carretera hasta llegar a Arriaga y un tren de 11 horas bajo el inclemente sol chiapaneco hasta llegar a Ixtepec, es mucho cansancio. Mucho sueño. Un viaje donde se descansa poco y mal. No se duerme bien en las noches en el monte durante las paradas en las caminatas. Un ojo está cerrado y el otro medio abierto, escrutando la oscuridad.

Cuando despertó, Jaime se sintió caer, y asegura que en ese momento la vida se ralentizó. Él flotando en el aire. Él dándose cuenta de que iba directo hacia las vías. Él y sus rezos: "Dios mío, guárdame". Y luego, todo volvió a ser ruido y velocidad. Quedó pegado como esparadrapo al suelo. La Bestia es colosal. Rompe el aire, crea corrientes cuando pasa, y esa corriente hizo que Jaime quedara pegado a los soportes de cemento de las vías, con la cabeza a centímetros de las ruedas de acero.

—Sólo escuchaba: riiin, riiin, riiin, cómo pasaba el tren. Casi me quedo sordo.

Cuando la mayor parte de vagones habían reventado los tímpanos de Jaime, se creó una corriente diferente que lo despegó de los soportes y lo levantó como una pluma que flotó durante unos segundos hasta ser tragada por el efecto de vacío e introducida en las vías. Entonces, el último vagón le pasó por encima a su pierna derecha, y luego la cola de aire de la máquina lo escupió hacia el monte, tal como se lo había tragado.

—Yo sentía que estaba bueno. No sentía dolor.

Es lo normal. La historia se repite en todos los migrantes mutilados con los que he hablado. Al principio no duele. Luego, antes o después, el dolor hace que se te contraigan los músculos del rostro, y un repentino e intenso calor invade tu cuerpo hasta hacerte sentir que la cabeza va a explotar.

Jaime sintió que algo le faltaba cuando intentó pararse. Se dobló y volvió a caer. Estaba mutilado. Su pierna terminaba en huesos estrujados y pellejos que aún sostenían su pie amoratado, casi por caerse. Quiso salir del monte ayudado por unos palos, pero esas hilachas de piel se enredaban con la maleza y lo retenían. Sacó su navaja y se terminó de separar lo que el tren le había mascado. Arrancó un harapo del pantalón que se había molido con su carne y se hizo un torniquete.

Logró caminar una hora siguiendo las vías. "No sentía dolor." Cuando ya no tenía fuerzas de caminar y se sentía mareado, había logrado llegar hasta un punto donde una callejuela de tierra cortaba las vías. Ahí quedó tirado durante diez horas. Escuchando y viendo, sin poder moverse. Solo. El tren atraviesa montes, corta llanos, bordea pueblos. Si alguien se cae del tren, sobretodo en tramos rápidos como éste entre Ixtepec y Medias Aguas, nadie lo socorrerá. Logrará salir de ahí si lo logra. Así de sencillo. Si no, morirá desangrado, y nadie más volverá a saber de él. Ninguna estadística lo incluirá y se considerará un desaparecido sólo si un familiar pregunta por él en el consulado de su país.

A las 4 de la tarde, Jaime estaba rodeado de zopilotes que esperaban por un pedazo de carne. Fue entonces cuando una pick up se detuvo. Tres hombres bajaron, y uno más, escuchó Jaime, se excusó: "Yo no voy, padezco del corazón y si lo veo, capaz que me muero primero que él, porque está vivo".

Lo llevaron al hospital, lo sedaron, lo amputaron hasta la rodilla. Cuando despertó, alucinaba. "Le veía unos cachos en la cabeza a la enfermera, como si fuera el demonio." El dolor llegó esa noche. Jaime soñó que jugaba fútbol, que pateaba una pelota con el pie que ya no tenía. Su cuerpo dormido hizo el movimiento, y se despertó en medio de un intenso dolor, de un calor que le recorría el cuerpo desde el muñón del que aún brotaba sangre. El grito fue tan estruendoso que varias enfermeras se presentaron en el cuarto.

—Que descansen —dice Jaime a modo de consejo para los que viajan como él, cuando la conversación termina a la sombra del árbol de mango. El tren nunca se arruina. Estados Unidos no se va. Es mejor llegar tarde que nunca llegar.

La tensión del viaje

El tren se detiene en La Cementera, una sucursal de la empresa de concreto Cruz Azul, incrustada en esta selva. La máquina despega vagones y se cambia de carril para recoger otros que luego alinea en la columna de acero. Es momento de hacer guardia. Los hombres del vagón se levantan y fijan sus ojos en las veredas que circundan el tren.

Los asaltantes del camino se incorporan entre los polizones cuando la maquina hace paradas o los maquinistas, a veces de acuerdo con estos piratas, bajan la velocidad de las locomotoras para que puedan trepar. En este vagón, los hombres levantan sus varas y palos. Los dejan a la vista, para que se sepa que si hay asalto habrá respuesta. Un indígena guatemalteco sujeta la rama que lleva como si fuera un fusil, y apunta a la oscuridad. La silueta engaña.

El grupo divisa una algarabía lejana. En los vagones de atrás se ve movimiento y una lámpara que se enciende y se apaga, cada vez más cerca de nuestro territorio.

La señal clara de que hay asalto en la noche, me dijo una vez un migrante, es cuando la luz de una linterna se mueve sobre los techos. En una ocasión, mientras hacía este mismo recorrido, ocurrió eso: a lo lejos, se veía la circunferencia resplandeciente de la linterna sobre el tren. Avanzaba y desaparecía entre los vagones, seguramente cuando los asaltantes bajaban a los balcones a recoger el dinero. Luego, el circulito luminoso volvía a emerger y a avanzar. Esa vez logramos librarnos gracias al ingenio de un salvadoreño que recomendó al fotógrafo que encendiera todas sus luces, incluido un reflector portátil, de un solo golpe y en dirección hacia los asaltantes. Así fue. El círculo luminoso dejó de avanzar. Se quedó inmóvil unos minutos y luego, en una parte de lenta velocidad, lo vimos saltar del tren y perderse entre los árboles.

Los asaltantes del tren, salvo cuando han ocurrido abordajes específicos para secuestrar mujeres, y se trata del crimen organizado, son delincuentes comunes, habitantes de rancherías cercanas a las vías. Amigos del pueblo, débilmente armados, con un revólver calibre 38 y machetes. Pero también son asaltantes despiadados, sabedores de que si hay oposición, se trata de matar o morir. De lanzar o ser lanzado a las vías.

La guardia se monta rápido. Un guatemalteco vigila la parte trasera del vagón mientras otro compatriota se encarga de la delantera. Saúl, el joven de 19 años que se exhibía confiado de su dominio de La Bestia, se cubre con la capucha de su sudadera. "Para parecer más barrio", argumenta. Al fondo, en la cola del tren, se divisa el movimiento de lámparas, pero aún es muy pronto para saber de qué se trata.

Saúl enciende un cigarrillo y repite en voz alta la consigna: "¡A la puta, si es un ladrón que se deje venir, aquí lo atendemos!". Es su quinto intento por regresar al país del que fue deportado hace cerca de mes y medio. Allá pertenecía al Barrio 18, la pandilla más numerosa de Latinoamérica. Hizo algunos asaltos menores por los que cayó preso.

Suma cuatro intentos fallidos, atrapado por la Migra mexicana. Lleva miles de kilómetros sobre La Bestia. Y una consigna: "Hay que tener respeto a este animal. Si has visto lo que yo he visto, hay que tenerle respeto". Así, joven duro como es, hombre prematuro que huye de su país porque la otra pandilla, la Mara Salvatrucha, tiene dominada la colonia donde vive, Saúl sabe dónde esta parado, y sabe que el techo del tren no es mejor que lo que ha vivido.

—Siempre da miedo, siempre.

La escena que nunca se le borrará de la mente es la de una hondureña de unos 18 años con la que viajó en su primer reintento hace unas semanas. Ella cayó en medio del alboroto que se formó cuando todos pensaron que había un operativo de Migración más adelante. Cayó.

—La vi cuando se iba para abajo, con los ojos bien abiertos —recuerda. Y después sólo alcanzó a escuchar un fino alarido que se extinguió de golpe. A lo lejos, vio rodar algo.

—Como una pelota con pelos, supongo que su cabeza.

El sacerdote Alejandro Solalinde es el artífice de que esos operativos hayan disminuido en el sur mexicano. Protestó ante el Instituto Nacional de Migración. No era posible que se hicieran de noche, en lugares montañosos. Una escena que apabullaría a cualquiera: la noche, el sonido constante del tren que combina el ruido del golpe metálico con unos chillidos finos, tétricos, que a veces parecen el grito lejano de una mujer, y de repente, a los costados, una iluminación cegadora. Decenas de reflectores, y gritos: ¡bajen, bajen, bajen! Y el tren deteniéndose, y sombras lanzándose sobre las vías, donde las llantas de acero aún pueden rebanar. No es posible, argumentó Alejandro Solalinde, tienen que encontrar otros métodos, porque muchos quedan mutilados en la estampida. Ciegos que corren, ciegos que saltan, ciegos que empujan.

Desde entonces los operativos en el sur han cesado. Más adelante, luego de rodear la capital mexicana y atravesar un lugar llamado Lechería, ya no son dominios de Alejandro Solalinde, y aquellos sobresaltos nocturnos aún se dan.

Las linternas se acercan. Cuando avancen dos vagones más será posible saber de qué se trata. Saúl enciende otro cigarrillo.

—Hicimos un pacto de que no nos van a asaltar —continúa Saúl. La 38 tiene seis balas y a un par se pueden llevar, pero después les va a caer toda la raza y les va a aplicar la ley del tren.

La ley de La Bestia que tan bien conoce Saúl y que sólo deja tres opciones: resignarse, matar o morir.

—Fue hace un mes, cuando me agarraron en Reynosa, ya en la frontera. Esa vez, entre Arriaga e Ixtepec, al tren se subieron tres vatos. Cabal, dos con machete y uno con la 38 de tamborcito. La onda es que esa vez no íbamos de acuerdo los del vagón, pero cuando el de la pistola le pasó por el lado a un hondureño que iba ahí... Cobrando el dinero andaba el de la pistola, y tonto, pues, él se tiene que quedar apuntando en la esquina del vagón, y mandar a uno con machete a recoger... La onda es que el hondureño le agarra la pierna y lo bota, y la gente rapidito se le aventó a los dos del machete...

Y ahí viene, la ley del tren.

—...primero los reventamos a verga. Después, el mismo hondureño le dijo a un su amigo: hey, ayúdame. Y agarraron al de la pistola, uno de los brazos y otro de las piernas, y lo aventaron entre los dos vagones. Partidito en dos lo hizo el tren. Lo mismo le hicieron al otro. Cuando iban por el tercero, un salvadoreño les dijo que mejor lo dejaran, para que fuera a contar que la raza no se iba a dejar. Lo tiraron a un lado del tren, pero había como un barranco ahí. Yo creo que igual se murió también.

¿Cuántos cadáveres se habrán fundido con la tierra que rodea las vías? Bien dijo una vez Alejandro Solalinde que estos terrenos son un cementerio anónimo.

Las luces de las linternas ya están cerca, y los vigías logran divisar de qué se trata: "¡Hey, guarden los palos, son los maquinistas que andan cobrando!" Tres de los maquinistas llegan a nuestro vagón. La gente se cubre el rostro como puede, se sienta de espaldas y mira hacia los costados del gusano.

"A ver, muchachos, no vaya a ser que haya operativo más adelante, en Matías Romero, y podemos parar o seguir de largo, pero a ver cómo se van a portar con nosotros", dice uno. Quieren dinero. Van por los tejados como cobradores de autobús, pidiendo billetes y monedas por un viaje del que no pueden garantizar nada. Nadie en nuestro vagón les contesta ni les extiende un cinco. "¡Hijos de la chingada!", refunfuña otro, "allá adelante se los va a llevar la verga". Nosotros no nos identificamos. Los maquinistas detestan a los periodistas. Eduardo Soteras esconde la cámara en su impermeable y deja salir el lente para captar el momento en que extorsionan a los de más adelante.

Los de este vagón son viajeros experimentados, saben que si hay retén no dependerá del maquinista parar o no. Tiene que detenerse.

No puede pasar de largo y dejar a militares y policías federales con sus luces encendidas.

La locomotora vuelve a empalmar vagones. El viaje continúa. De nuevo el efecto dominó. El arrastre de cada una de las cajas de acero mientras todos se aferran a las parrillas.

El frío empieza a meterse hasta los huesos por entre la tela de los suéteres, y hiere la piel como diminutos cristales lanzados con violencia. Algunos caen dormidos. Se amarran como pueden, meten sus cinturones o lazos entre los huecos de las parrillas. Entonces, aquellos techos repletos de gente silueteada por la luz de la luna parecen un campo de refugiados. Entumecidos, envueltos en su propio cuerpo, se abrazan a sí mismos.

La regla del camino vuelve a aplicarse. Si es malo, puede ser peor. Saúl se encaja unos guantes de tela mientras lanza su pregunta retórica.

—¿Vos creés que esto es frío?

La respuesta no es necesaria. En ciertos momentos, una corriente helada recorre el interior del cuerpo y provoca temblores.

—Esto no es nada. Yo he visto a gente a la que se le han congelado los dedos y se han caído del tren en la cordillera del hielo.

Pronto, Saúl y los demás tendrán que experimentar esas temperaturas. Después de Medias Aguas viene Tierra Blanca. Después, Orizaba. Tras eso, viene la cordillera de hielo. Diez horas o hasta dos días en el lomo de esta máquina hasta llegar a Lechería, bordeando cerros nevados. Y, para terminar de hacer épico ese tramo, 31 túneles en los que La Bestia se introduce, túneles donde no es posible verse ni la mano frente al rostro. "Aquello sí es frío", ridiculiza Saúl lo que ahora sentimos. Aquel frío, el de la cordillera, llega a ser de hasta cinco grados centígrados bajo cero.

Media hora más ha pasado, y la tenue iluminación de las calles vuelve a despertar a los dormidos. Estamos en Matías Romero, a medio camino entre Ixtepec y Medias Aguas. De nuevo la alerta se activa. El tren no está en marcha, y puede haber asaltantes. Los viajeros que van en los balcones también se ponen alerta. El maquinista había lanzado una advertencia de operativo y, aunque lo más seguro es que fuera sin fundamento, hay que estar alerta. Un operativo de

Migración en este punto dejaría libres sólo a los más ágiles. Estamos en los patios de la estación de este pueblo. Barda a un lado y barda al otro. Filas de vagones nos flanquean. La huída sería una carrera de obstáculos.

De repente, un grito violento llama la atención de todos los del vagón.

—¡Ajá, hijueputa, ya nos volvemos a ver!

Es Mauricio, un ex militar guatemalteco de 42 años, que va en su décimo intento por regresar a los dólares, a su vida como albañil en Houston que le quitaron hace tres años, cuando lo deportaron. Le grita al pandillero que fumó marihuana gran parte de la tarde en el albergue de Ixtepec, antes de que la máquina hiciera su llamado nocturno.

La razón de la rencilla es simple: el pandillero robó a Mauricio un pantalón que dejó secando en el albergue. Las implicaciones pueden ser muy graves: Mauricio prometió venganza en el tren. La situación es preocupante: el pandillero viajaba en el último vagón del gusano. Se acercó hasta el nuestro para intentar convencer a un señor salvadoreño de que él, su esposa y su hija de 12 años se fueran atrás con él y sus amigos, que los protegerían si hubiera operativo. ¿Por qué quiere el pandillero llevarse justo a esa familia? ¿Con cuántos amigos viaja?

Ante el grito de Mauricio, el resto del grupo responde como si hubiera escuchado tambores de guerra. Una lluvia de piedras se cierne sobre el pandillero, que corre despavorido, mientras otros de los viajeros se encargan de convencer al señor de que habría cometido una estupidez si hubiera aceptado la propuesta de irse con ellos.

Luego, como minutos antes de empezar este viaje, los guerreros vuelven a parlamentar. Por un momento, la decisión que toman está a punto de generar una batalla: Mauricio, Saúl, un guatemalteco que lleva consigo una vara de hierro de dos metros y tres hondureños irán hasta el último vagón a dar al pandillero y sus amigos dos opciones: se bajan o los bajamos. La expedición se está armando. Piedras, palos y vítores: "¡Vamos a romperle el hocico!". En eso, La Bestia marca sus tiempos y recuerda a los viajeros que en este camino la voluntad de lo que pasa o deja de pasar es sólo suya. Arranca. Efecto domino: Tac, tac, tac... El viaje continúa.

La siguiente parada será Medias Aguas. El viaje ya lleva dos horas de retraso por las paradas en La Cementera y Matías Romero. Pronto amanecerá.

Los primeros rayos del sol se asoman por atrás de los montes, y atenúan la oscuridad. El frío es más insoportable, y las ráfagas de viento congelan. La cara se siente entumecida, rígida. Los dedos se tensan, ya no quieren apretar. Y el metal frío por donde hay que escurrirlos no ayuda en nada. Sólo nos rodean campos de bruma, donde apenas destaca la copa de algún árbol. Campos inundados por neblina. Un espesor grisáceo, impenetrable, que abarca hasta donde la vista se pierde.

Estamos cansados tras ocho horas de tensión y frío. Las ropas están húmedas. Esa neblina las ha penetrado. Ocho horas de posturas incómodas y alertas intermitentes. Amanece cuando entramos en Medias Aguas. La estación de estaciones, donde la ruta del Atlántico y esta del centro en la que venimos se juntan. Donde los migrantes empiezan a tener sólo una opción, un tren. Una ruta, hasta que se vuelva a separar en Lechería, tres paradas más adelante.

El potente pitido suena profundo y prolongado y alerta a los viajeros que, como hicieron ocho horas antes, se sacuden el cansancio, se encajan sus mochilas y bajan por las escalerillas de la máquina antes de que ésta se detenga. La mayoría de secuestros masivos ocurren en este momento, cuando los trenes cargados de víctimas entran a las ciudades dominadas por bandas del crimen organizado. Es mejor abandonar lo antes posible el tren.

La mañana es fría. Aquí no hay albergue, y tampoco lo habrá en las tres estaciones siguientes. Todos buscan una parcela engramada donde descansar. La sombra de un árbol que los cubra del sol que saldrá en unas horas. Un poco de agua, algo de comida. La calle de tierra que en Medias Aguas corre paralela a las vías se llena de mendigos centroamericanos que piden cualquier cosa para llevarse a la boca. Después, con algo o nada en el estómago, dormitarán con los ojos a medio cerrar hasta que La Bestia los vuelva a llamar, y el viaje hacia Estados Unidos inicie otra vez.

LAS ESCLAVAS INVISIBLES

Febrero de 2009, estado de Chiapas

Lo más extraño para el observador es que terminan por acostumbrarse. El miedo se convierte en impotencia, luego en rabia y al final en conformismo. La sordidez de las vidas de estas mujeres que conviven en los burdeles del sur de México se ve amortiguada por sus espeluznantes pasados. En ellos nada era normal, el sexo se parecía más a la violación; la familia, a los victimarios; y el cuerpo, a una tarjeta de salida de un infierno hacia el otro. Todo cruzado por esa fina red de coerciones a la que llaman trata. Centroamericanas migrantes atrapadas en la prostitución, lejos del Norte, y de esa entelequia llamada sueño americano.

Ríen con saña en la mesa del fondo. En una esquina de este galerón de metal, asbesto y malla ciclón, en la última mesa de plástico blanco, las tres mujeres se desternillan al recordar la noche anterior. La razón de la algarabía no queda clara. A unos metros de ellas, sólo una frase logra escucharse completa: "Cayéndose andaba el viejo pendejo". Y las risotadas vuelven a estallar. Es difícil imaginar que esas mismas mujeres escandalosas son las que luego llorarán al hablar de su pasado, al recordar cómo llegaron aquí.

Se ríen de un cliente que anoche, en su intento por bailar con una de ellas y alcanzarle una nalga, un pecho o una pierna, daba tumbos por el antro, hasta que terminó en el suelo.

El centro *botanero* (así llaman en la zona a estas cervecerías) donde resuenan las carcajadas, es un predio techado de unos 50 metros de largo por 20 de anchura, con 35 mesas blancas y piso de cemento. Las 25 muchachas que trabajan aquí han empezado a llegar. Al fondo, desde la barra de cemento, ya se despachan baldes de cervezas y pequeños platos con trocitos de carne de res o diminutas porciones de sopa o alitas de pollo. La botana.

Las que ahora al mediodía aparecen por la calle de tierra que llega hasta la puerta del local son ficheras, meseras que trabajan por fichas. Literalmente. Círculos de plástico que les dan por cada cerveza que un cliente les invita. Al final de la noche, cuando falte poco para que el cielo claree, irán a la barra y cobrarán las fichas que se han ganado bailando con los clientes o sentándose en sus piernas o sólo escuchándolos. Cada cerveza, si es para ellas, cuesta 65 pesos (unos 6 dólares). Y si no hay cerveza, no hay compañía. Pero las que se ríen al fondo son bailarinas. Esperarán a que llegue la noche para subir al escenario del antro de al lado, conectado al centro botanero por un traspatio terroso, y bailar dos piezas retorciéndose en el tubo de metal hasta quedar desnudas.

A este centro botanero lo llamaremos Calipso, uno más entre las decenas de antros que retumban cada noche en esta zona. No diremos dónde se ubica porque ése fue el trato para entrar en él. Pero el sitio exacto es lo de menos. Calipso está en una de las bautizadas como zonas de tolerancia de la frontera entre México y Guatemala. Está del lado mexicano. Todos son iguales, con las mismas dinámicas y la misma carne. Decenas de antros de prostitución y bailes eróticos que hacen de estos pueblos y ciudades sitios frecuentados por animales de la noche. Tapachula, Tecún Umán, Cacahuatán, Huixtla, Tuxtla Chico, Ciudad Hidalgo... Todas son poblaciones donde la diversión huele a baratos aceites de fruta mezclados con sudores, tabaco y alcohol. Todos son antros donde el sexo es lo que vende. Y todos, también el Calipso, son sitios en los que es muy complicado encontrar a una mexicana, pero donde las hondureñas, las salvadoreñas, las guatemaltecas y las nicaragüenses abundan. Aquí, a pesar de estar en México, la *mercancía*, como se suele llamar a las chicas, es centroamericana.

Los dueños manejan con hermetismo sus sitios. A fin de cuentas, emplean centroamericanas indocumentadas, y la mayoría de lugares tienen un ala con pequeños cuartuchos donde esas mujeres, tras bailar en la barra, tras fichar con un cliente, terminan encerradas con él, no sin que antes éste pague en la barra por el servicio. Por ocuparla. Aquí, en esta frontera, las prostitutas, para decir que estaban en uno de esos cuartos, dicen "Me ocupé". Como si hablaran de dos, una que maneja a la otra, como si el cuerpo que tuvo sexo con ese hombre fuera un títere que ellas ocuparon para el momento.

A Calipso llegué de contacto en contacto. De una ONG que pidió no mencionar su nombre en este reportaje a Luis Flores, represen-

82

tante de la Organización Internacional de las Migraciones (OIM), a Rosemberg López, el director de Una Mano Amiga, que trabaja en la prevención del VIH, y que conocía a la administradora del Calipso porque es uno de los antros donde lo dejan dar sus charlas. Él intercedió y ella cedió, luego de una conversación cara a cara y de repetir varias veces las razones, intenciones y temas de los que se hablaría con las muchachas.

Aun así, esta administradora es una aguja en este pajar. En otros bares ni a Rosemberg le permiten entrar, y ya ha habido intentos de linchamiento contra periodistas que han querido filmar las zonas de tolerancia. Esta administradora no sólo accedió, sino que se encargó de decir a las muchachas que no tenían por qué desconfiar, que no se trataba de ningún policía encubierto. Una aguja.

El ostracismo se ha convertido en un firme candado ahora que un viejo pero desconocido fantasma atormenta a muchos dueños de bares que prostituyen a niñas y mujeres centroamericanas contra su voluntad. Desde que en 2007 se aprobó la ley para prevenir la trata de personas, las organizaciones civiles han aumentado su presencia en foros, y el título "trata de blancas" suena cada vez más. Y ese título no significa otra cosa que el tráfico de mujeres jóvenes para dedicarlas a la prostitución sin su consentimiento. Y ese fantasma es viejo porque la trata ocurre en esta frontera desde hace décadas. Pero sus mecanismos son finos, y su telaraña, difícil de descifrar.

Lejos de la imagen prejuiciosa que uno puede generarse —hombre mal encarado custodia a niñas enjauladas—, la trata en esta frontera es un complejo sistema de mentiras y coerciones que ocurre a diario y de espaldas a la vida de los habitantes de estos sitios. Por eso es tan importante hablar con las chicas de Calipso, porque ellas ayudan a entender sobre el terreno este mundo donde la trata es un fantasma. Víctimas o no, ellas contarán lo que deseen. Desconfiadas con toda razón y reservadas ante la palabra trata, una a una, esas tres mujeres que aún se desternillan se sentarán a regalar sus testimonios alrededor de una mesa.

Las carcajadas más estruendosas sin duda son las de Érika, un nombre ficticio, como todos los de las prostitutas con las que hablaremos. Un fino chorro de voz con un deje infantil que aumenta en volumen hasta convertirse en una risa aguda que sale de una boca abierta de par en par y es acompañada por el palmeo de sus manos. Tez blanca, cabello rojizo, rizado, sostenido hacia atrás por una diadema. Hondureña, de Tegucigalpa. 30 años. Bailarina. Rolliza, de piernas y torso grueso, pero de cuerpo curvilíneo. Bajita y alegre. Burlona.

"A ver, papaíto, ¿qué es lo que va a querer? ¿En qué le podemos ayudar?". Érika se sienta en la mesa. Pide una cerveza. Es la 1:30 de la tarde. Después de ésta, tomará una tras otra hasta más allá de la medianoche.

Salió de su país con 14 años y dejó a los gemelos que parió cuando tenía 13. "Iba para el Norte." Y el Norte en este camino siempre es Estados Unidos. "Lo que todos buscamos, una mejor vida." Venía con otros cinco niños. A ellos "les pasaron accidentes, y mucho escuchamos que a las mujeres las violaban". Érika prefirió quedarse en Chiapas. Lo hizo en Huixtla, un municipio de esta zona de burdeles, de este triángulo donde habita ese fantasma del que pocos, muy pocos hablan con claridad. Llegó un lunes o miércoles, no lo recuerda bien. Llegó al hotel Quijote a pedir trabajo.

—¿Pero cómo una niña de 13 años queda embarazada y decide migrar?

Érika voltea a ver hacia atrás, hacia la mesa de donde siguen saliendo risotadas. En Calipso hay otras dos mesas llenas. En una de ellas, los hombres ya bailan con dos ficheras, y las alitas de pollo y trocitos de carne son despachados con prisa desde la barra.

—Salgamos de aquí, no me gusta que me vean llorar mis compañeras.

En este mundo de piedra las lágrimas son un defecto.

Afuera es una calle de tierra que se dirige hacia otro antro. Un callejón sin salida. Adelante, un burdel más y una casa de huéspedes. Un eufemismo para llamar al complejo de cuartos donde las prostitutas llevan a sus clientes.

—Es que nunca conocí a mi familia. O sea, que yo soy de Honduras, pero soy de esa gente que no tiene papeles, pues. Nunca tuve un acta de nacimiento. O sea, como si uno fuera un animal.

Le contaron que su mamá trabajaba en el mismo ambiente. "En la putería, como yo". Dice que cuando era un bebé, su mamá la regaló a una señora que se llama María Dolores. Y de esa señora Érika se acuerda muy bien. "Esa vieja puta tenía siete hijos, y nosotros, mi hermanito gemelo y yo, no éramos como sus hijos, sino como sus esclavos." Hermanito le dice siempre, aunque él sería un hombre de 30 años ahora, si no hubiera muerto cuando tenía 6.

¿Cómo era su vida? De esclava, como dice ella. Con cinco años, el trabajo de Érika era ir por las calles de su comunidad vendiendo leña y pescado. Si la niña regresaba con algo, si Érika no lograba venderlo todo, le esperaba María Dolores con un cable eléctrico y la azotaba hasta abrirle surcos en la espalda. Luego cubría esas heridas con sal, y obligaba a su hermano a que se las lamiera. Un día de ésos, un día de lamer su espalda, su hermano murió ahí, en el suelo donde ambos dormían. De parásitos, dijeron. Érika está convencida de que esos parásitos salieron de los surcos de su espalda.

Llora y rechina los dientes con rabia. Al lado se estaciona una camioneta. Tres clientes más entran a Calipso.

—El día que mi hermano se murió yo también enfermé, me llevaron al hospital, y nunca más me llegaron a traer. Después de eso, empecé a vivir como un borrachito de la calle, entre basureros.

Dos años anduvo así. Vendiendo esto, cargando aquello, pidiendo por ahí, durmiendo en cualquier esquina. A los 8 años se topó con María Dolores, la señora de los latigazos, que la convenció de volver a su casa. "Yo estaba chiquita, no entendía muy bien, así que me fui con ella". Los golpes disminuyeron, pero la vida empeoró. Omar, uno de los hijos de la señora, tenía ya 15 años, y Érika empezó a ser violada por el muchacho.

—Por eso yo me pregunto: ¿cómo voy yo a entender de sexo normal si me acostumbré a que él me amarrara de pies y manos y entonces me hacía el sexo?

Sentada en un bordillo de la calle de tierra, sollozando afuera de Calipso, Érika empieza a dibujar el perfil de las migrantes centroamericanas que dan vida a la noche fronteriza. Muchas de ellas sin estudios, provenientes de una vida de desintegración familiar, maltrato y agresión sexual, llegan niñas a los burdeles, incapaces de distinguir entre lo que es y lo que debería ser. Carne de cañón.

"Si no partís de la realidad social de nuestros países, no vas a entender", me había explicado el guatemalteco Luis Flores, encargado en Tapachula de la OIM, que desarrolla proyectos en la zona y atiende a centroamericanas víctimas de trata. Convertidas en mercancía. "Vienen violadas, acosadas, de familias disfuncionales, donde muchas veces su padre o su tío las han violado. Muchas nos han dicho que ya sabían que en este viaje las iban a violar, que es una cuota que hay que pagar. Se calcula que ocho de cada diez migrantes mujeres de Centroamérica sufren algún tipo de abuso sexual en México, según el gobierno guatemalteco (seis de cada diez, según un estudio de la Cámara de Diputados mexicana). Viajan con eso, sabiendo que las abusarán una, dos, tres veces... El abuso sexual perdió sus dimensiones. Desde entonces entendí el fenómeno de la trata. Saben que son víctimas, pero no se asumen como tal. Su lógica es: sí, sé que esto me pasa, pero ya sabía que me pasaría".

Hay, como dice Flores, una expresión acuñada en este camino de los indocumentados: cuerpomátic. Hace referencia a la carne como una tarjeta de crédito con la que se puede conseguir seguridad en el viaje, un poco de dinero, que no maten a tus compañeros, un viaje más cómodo en el tren...

Érika, la niña violada desde los ocho hasta los 13, parió a sus gemelos cuando le faltaban seis meses para cumplir los 14. El relato de pandemónium sigue, como si su única continuidad posible fuera empeorar.

—Yo no sabía qué era el embarazo, sólo sentía que engordaba. La señora me acusó de puta. Le dije que era de su hijo. Y me dijo que yo era como mi madre, una prostituta, y que yo también iba a dejar a mis hijos como perros. Entonces, me volvió a tirar a la calle. Me sacó desnuda, como por cinco cuadras, del brazo, hasta el parque, ahí me dejó, y desde ahí tuve que volver a empezar.

Y volver a empezar fue volver a la limosna, a la basura, a las esquinas. Ahí parió, en esas calles, y entonces decidió probar suerte. Dejó a sus hijos con una vecina de la que durante años fue su verdugo, y emprendió el viaje hacia Estados Unidos con otros cinco niños. Ahí es cuando, tras escuchar que éste es un camino de muerte y vejaciones, tras ver a sus amigos mutilados, decidió quedarse. No sabe si fue un lunes o un miércoles cuando llegó al hotel Quijote.

"La mayoría empieza como meseras comunes. Luego se hacen ficheras y terminan prostituyéndose, generalmente llegan hasta ahí con engaños", explica Flores una lógica que también se podía leer en el libro del investigador Rodolfo Casillas, *La trata de mujeres, adolescentes, niños y niñas en México, un estudio exploratorio en Tapachula*. En este texto también se establece el escandaloso rango de edad desde el que se prostituye a las niñas: "De 10 a 35 años, difícilmente de más. Aunque el problema de la trata se recrudece entre las que son menores de edad, principalmente las que tienen entre 11 y 16 años".

Desde el restaurante del hotel Quijote Érika escuchaba propuestas.

—Llega un cabrón y me dice: "Vámonos, yo te consigo lugar en un bar, vas a ganar más". Entonces si te apendejás, sí es un problema. Un montón de hombres te dicen eso: yo te alojo, te consigo papeles, te consigo trabajo, pero vas gastando en comida, transporte, hospedaje.

La bailarina hondureña se guarda sus detalles. Como la mayoría de testimonios de trata, se cuentan en tercera persona, y nunca se sabe si un relato de otra es un trozo de la autobiografía de la que habla. Incluso entre ellas la trata es un fantasma. Si le ocurrió, le ocurrió a otra.

Érika asegura que no se dejó engañar. "No me apendejé". Que fue ella, por su propia voluntad, la que dejó el Quijote y se fue a un antro. Que aquella niña con un parto fresco se plantó frente a la dueña del local y le impuso sus reglas: "Yo vengo a trabajar de bailarina, pero no me vas a tener encerrada como a las demás. Yo no soy pendeja. Aquí trabajo cada noche, termina, y me pagan de una vez. Es que como me crié en la calle, sé defenderme".

Entonces, hay que preguntar por las otras.

—¿Cómo tenían a esas otras mujeres?

—Estaban encerradas, no las dejaban salir. Sólo un tiempo de comida les daban. El hombre que las llevó ahí les dijo: "Buena onda, vas a trabajar, pero tenés que pagar". Es que la persona que te lleva pide un dinero por una al dueño del bar, y eso te lo va a sacar el del bar a ti. Te llevan a venderte, pues. A mí nunca me hicieron eso. A las demás sí, porque son pendejas.

Esta razón se repite como justificación de los testimonios: la culpa es de las que se dejan. Pero las que se dejan, como explica Flores, son muchachas inocentes, sin educación, que no saben de denunciar nada, que son fáciles de amenazar. ¡Si te escapás, llamo a Migración y te meten presa! "Es un problema de docilidad", explica el guatemalteco. De 250 migrantes violadas que la OIM detectó en un proyecto de atención, sólo 50 se dejaron asistir, no denunciar, sino ser asistidas médica y sicológicamente. El resto asumió que era inútil, que les volvería a pasar, que faltaba mucho camino.

El mundo de la migración, aunque hay actos de solidaridad entre migrantes centroamericanos, es un mundo de sálvese quien pueda. El camino es duro, y los momentos para la ternura son escasos. Muchas de las reclutadoras de carne nueva para los prostíbulos son las mismas centroamericanas que contra su voluntad llegaron a trabajar en ellos y que, años después, reciben algún dinero por convencer a otras muchachas en sus pueblos, a prometerles lo que a ellas les prometieron: serás mesera y ganarás bien.

Flores tiene un nombre para esto: efecto espiral. "Yo, hondureña, salvadoreña, guatemalteca, llegué aquí a los 15, tuve que pasar por eso, y ahora tengo mi empresa que es hacerle eso mismo a otras."

Érika recuerda con asco sus primeros días de prostitución. Aquellos cuando en el antro cerraba el trato con el cliente con el que fichaba, y se iban al motel de enfrente durante media hora. Con la habitación inundada por el olor a cerveza y sudor se dejaba hacer. Y ellos a veces creían que eran sus dueños por esa media hora, que ella era como una casa y ellos la habían alquilado durante ese tiempo, y la podían habitar como les placiera. Y recuerda que aquello, muchas veces, terminaba en lo que ella de niña tan bien conoció: golpes, insultos.

Se observa los ojos reflejados en el pequeño espejo circular que sacó de su cartera. Aspira con fuerza el cigarrillo mientras mira a la nada, como si cambiara de registro para volver de un pasado de ignorancia a un presente de costumbre. Lleva 16 años en esto. Desaparece la vulnerabilidad. Vuelve la misma mujer burlona y se despide chocando la mano y después el puño cerrado. Entra a Calipso contoneando su cuerpo blanco y curvilíneo.

Casillas y Flores explican que las hondureñas y salvadoreñas se cotizan bien en estos negocios porque, a diferencia de las mexicanas de esta zona indígena del Soconusco chiapaneco o de las pequeñas mujeres morenas de la autóctona Guatemala, las primeras tienen cuerpos menos compactos y tez menos oscura.

A las tres de la tarde, Calipso está más lleno. Otro grupo de hombres regordetes ha llegado al centro botanero a ocupar otra mesa. La música pop de la rocola contrasta con el ambiente de bigotes espesos y barrigas prominentes. Keny entrega lo que lleva en una bandeja a una de las mesas, y la administradora la intercepta. Habla con ella un momento, y la salvadoreña de pequeños ojos negros y redondos camina hacia mi mesa.

Esto no ocurre en todos los lugares. Calipso, dentro de lo que cabe, es un buen sitio para trabajar. Aquí, los proxenetas no deciden sobre ninguna de las chicas. Si quieren hablar, hablan. Si quieren ocuparse, se ocupan. Nadie las obliga. En otros sitios, incluidos los lugares públicos, sobre cada centroamericana que se ofrece hay dos ojos puestos.

En una ocasión, recuerda Flores, mientras intentaba entrevistarse con estas mujeres, se acercó a una que hacía esquina en la plaza central de Tapachula. Le explicó que estaba recopilando entrevistas para su organización, que si podían hablar. La respuesta de la chica fue la de una persona bajo vigilancia. "No puedo, me pega mi patrón", se excusó emulando con sus gestos la negociación con un cliente. Sonrisa, no, no, gracias, adiós.

Keny pide agua. Las cervezas las tomará más tarde. Hoy es viernes, y el rendimiento de la noche es casi tan importante como el del sábado para sacar buenos pesos. La diferencia es que el viernes llegan los oficinistas, que descansan los dos días del fin de semana; el sábado en la noche, en cambio, muchos obreros acuden a cerrar su semana de trabajo abrazados a una centroamericana.

La voz de Keny es un susurro. Un sonido reconfortante que proviene de algún lugar muy profundo de su caja torácica. Un punto ronca y desgastada, arrastra pausadamente su voz y cierra sus pequeños ojos negros cuando desea hacer un énfasis. Por ejemplo, cuando dice: "Estoy aquí porque no tengo a nadie en otro lado". Y deja caer los párpados y se alacia su cabellera larga y negra.

Su vida estuvo marcada por ese enorme imán que tira desde arriba a Centroamérica. Cuando era apenas un bebé, su abuela emprendió camino. Cuando tenía cuatro años, su papá se fue para el Norte. Cuando tenía 14, una mañana despertó, y su mamá tampoco estaba. Se fue para *arriba*. Cuando cumplió 15, su hermana mayor también fue atraída. Ella quedó en manos de unos tíos.

Pero resume, y resume mucho, "esos tíos no me daban de comer, se quedaban el dinero que mi papá mandaba y me criaban a golpes". Su abuela, que bajó uno de esos días con papeles estadounidenses, vio el régimen en el que su nieta vivía y prefirió sacarla de ese martirio y entregarla a unos amigos para que la cuidaran. El cambio no cambió nada. Con esa familia estuvo hasta los 16, cuando la señora murió de un infarto. A partir de entonces, el señor o la golpeaba o la tocaba. Llamó a su hermana mayor —tres años mayor— que, en su intento por llegar a Estados Unidos, recaló en Ciudad de Guatemala, con dos hijos más del que ya llevaba.

Ahí, en la Zona siete de esa capital, vivió sólo unos meses con su hermana y su cuñado. Un ataque de celos de su hermana terminó en una pelea, donde a Keny casi le arrancan un pecho con un cuchillo. "Me dejó irreconocible, y me tiré a la calle, a trabajar de mesera en una cantina."

Trabajó en una y en otra. Llegó a Puerto Barrios, a probarse como bailarina en el Hong Kong, todavía con una camisa con el estampado de un dinosaurio de caricaturas en medio. Ahí, entre burlas, sus compañeras le enseñaron a bailar, a conquistar hombres cada noche, a fumar marihuana y crack, a maquillarse, a aspirar cocaína y a tomar, a tomar mucho. "Salí de ahí con camisas muy escotadas."

Del otro lado de la frontera, del lado mexicano, una de las chicas del Hong Kong regresaba de tanto en tanto con más dinero del que ganaban las bailarinas en Puerto Barrios. "Es que en Huixtla pagan más", les decía a las más jóvenes, como Keny, que tenía 17. Y se entusiasmó.

Terminó en México, en un antro de Cacahuatán, El Ranchón, durante años muy famoso, y ahora cerrado porque algunos clientes vendían droga. El Ranchón está por revivir este año. Ahora se llamará Ave Fénix.

Keny lleva siete años moviéndose de lugar en lugar, de Huixtla a Tapachula y de ahí a Cacahuatán. De antro en antro en antro.

—¿Te prostituís o sólo fichás?

—Lo hice al principio. No me gustó porque es estar con alguien por quien no sientes nada. No sabés qué persona te vas a encontrar adentro del cuarto. Hay quienes te golpean. Me ha pasado que ya estando en el cuarto se comienzan a poner agresivos, y una a veces se niega, y ellos empiezan con los golpes. Ahora sólo me quedo con la bailada, las fichas, la bebida.

Las tarifas varían en esta frontera de prostitución. Una jovencita vale más que una vieja. Y aquí jovencita es sinónimo de menor de edad, y una vieja es la que pasa de los 30. Las demás son el montón.

Una de estas tardes, de regreso de una entrevista en Tapachula, abordé un taxi y pregunté al chofer por muchachas jóvenes, de unos 20 años, que se prostituyeran. Se llevó la mano a la frente, y respondió: "Tarde, amigo, con mi primo teníamos un negocio de muchachas. Las llevábamos a hoteles y casas, todas jovencitas, pero no de 20, de 14 o 15 te conseguíamos, mexicanas y hondureñas, y te las llevábamos a tu hotel. Dos horas por 1,500 pesos. Yo me quedaba la mitad".

Las tarifas varían. A más edad y más rasgos indígenas, se cobra lo más bajo, unos 400 pesos la media hora. A menos edad y tez más blanca, la tarifa puede llegar a 2 mil pesos. Flores, el de la OIM, tiene su propia ecuación: "Migrante más indígena más guatemalteca es igual a sirvienta o prostituta de bajo cobro. Migrante más hondureña más jovencita es igual a lo que llaman edecán o teibolera".

En Calipso la música pop ha dado paso a música norteña de El Gallo de Oro, Valentín Elizalde. La conversación continúa.

—¿Era cierto lo que te dijo tu colega en el Hong Kong? ¿Ganás más aquí que en Guatemala?

—Sí, definitivamente. A veces vengo a trabajar de mesera de día y bailarina en la noche, y hago unos mil o 2 mil pesos diarios.

En la frontera hay una casa de atención a mujeres que han sido víctimas de violación y trata cuando subían hacia Estados Unidos. Sus encargados hablaron del tema, pero pidieron no ser identificados como institución. "Ya sabe, hay muchas mafias metidas en esto", argumentaron. Dijeron que, de todos los casos atendidos, había dos razones principales por las que las mujeres decidían quedarse, no escapar. Uno de esos motivos es que siempre ganan más que lo que ganaban en Centroamérica. Luego de un mes de estar forzadas, explicaron, empiezan a resignarse, y a verle el lado amable, a ver que tienen dinero para mandar a sus casas, y se dejan caer en esta vida de noche, de vicios, y su vulnerabilidad inicial se convierte en un carácter de piedra. Y terminan revestidas por un caparazón que las protege de toda la porquería que tienen que enfrentar.

—¿Y tu familia sabe en dónde estás?

—Me comunico sólo con mi padre, pero no sabe en lo que estoy. Mi hermana lo sospecha. Cree que soy mesera, no saben que bailo, que he llegado a ocuparme. Tengo que irme a El Salvador, no quiero que mi hijo de 9 meses crezca y me vea así, pero por mi cuenta. Allá nadie sabe cómo soy. Aquí todos conocen lo que he hecho. Allá solo seré otra madre soltera. Mi familia no puede enterarse de esto. No lo entendería.

La segunda razón por la que las mujeres no huyen, explicaron los encargados de esa organización fronteriza, es la vergüenza. El pasado. Explicar en dónde estuvieron. Y el miedo. Que les descubran su mentira. Flores lo explica con otro ejemplo, con una amenaza que circula en estos bares: "Sacan a una niña indígena de su tierra, le dicen que va a ser mesera, y la venden como prostituta. Le quitan sus documentos y le aseguran que si escapa, que si no obedece, contactarán a su familia y le mostrarán fotos de ella en las piernas de un hombre en el bar. Dile a una guatemalteca que toda su aldea se enterará de que no era mesera, sino prostituta, y pídele que se regrese. Verás que no quiere".

Desde su última frase, los pequeños ojos negros de Keny dejan caer un hilo de lágrimas que se limpia con una servilleta y con un sutil movimiento impide que se le corra el maquillaje.

—En estos años, ¿te has encontrado con mujeres que están a la fuerza?

—Han venido por su propia voluntad, porque ellas quieren. He escuchado comentarios de mujeres que las venden, pero cuando ya ven el lugar, se quedan. He hablado con algunas de ellas, y me dicen que se quedaron porque les ha gustado el dinero. Entonces es por su propia voluntad.

Otra vez el fantasma. Otra vez la fina red que hace que la trata no parezca trata. Culpa de la muchacha. Ella quiso quedarse. Los métodos de chantaje de los tratantes se camuflan como propuestas en las mentes de mujeres acostumbradas a sufrir y a ser valoradas como mercancía. Al final, nadie tiene la culpa. Las cosas son como son. Así han sido siempre.

La trata es confusa hasta para aquellos para los que no debería serlo. En Tapachula está una de las oficinas de la Fiscalía Especial para Delitos contra las Mujeres y Trata de Personas (Fevintra). Sólo hay tres en todo México. Eso a pesar de que en un informe publicado el 2 de febrero de este año, la Oficina de las Naciones Unidas contra la Droga y el Delito aseguró que en México la negligencia de las autoridades y el escaso reconocimiento del crimen hacen que la trata sea un delito en aumento. Sólo tres oficinas en un país de 31 estados, a pesar de que el Instituto Nacional de Estadística y Geografía registra que alrededor de 20 mil niños y niñas son esclavizados en explotación sexual en este país.

Aunque por convenios internacionales México debería haberlo hecho en 2003, no fue hasta septiembre de 2007 cuando entró en vigor una ley que contempla la trata como un delito y obliga a las autoridades a prevenirla. Sin embargo, a esa ley aún no la acompaña el reglamento que dicta cómo deben operar los perseguidores de ese crimen ni tampoco se ha creado la comisión intersectorial que debería dictar estas normas y crear un sistema de información.

Desde su despacho, David Tamayo, el "fiscal anti-trata" de Tapachula, la ciudad atestada de bares y de historias de niñas obligadas a actuar como mujeres en la cama con un desconocido, contestó con quejas y tibiezas.

—¿Qué tan común es que reciban casos de trata de centroamericanas?

—Han llegado muy pocos. Este tipo de delito casi no se denuncia, porque quienes intervienen, Migración, y otras instituciones, no los canalizan acá, las deportan, y se pierden las denuncias. Es un fenómeno preocupante, pero fantasmal, no se ve. Sólo de cuatro asuntos hemos conocido.

—¿Y cuántos procesos han ganado?

—Están en proceso, todos.

—¿Puedo hablar con un fiscal que lleve un caso?

—No, es confidencial.

—Siendo fiscalía, ¿no actúan de oficio?

—No. Sólo se politizan las cosas. Nuestra tarea es la divulgación de la ley y la prevención. La policía es la que trata de ser operativa. A veces nos avisan, a veces no. Por la cuestión de fuga de información. Es otro problema que enfrentamos, nunca nos avisan de los operativos. Los grupos delictivos están incrustados en las policías.

—¿Son redes criminales bien organizadas?

—Es característico de los cárteles. Abarcan todos los delitos de orden federal: secuestro, narcotráfico, trata de personas. No conocemos concretamente qué grupo es el que está en esto. Es imposible identificarlos.

Y eso es una mentira rotunda. Uno de estos días visité en Ciudad Hidalgo, el municipio bañado por las aguas del río Suchiate, a un miembro de la alcaldía. Le comenté que buscaba historias de mujeres en prostitución, y accedió a llevarme a un bar llamado Las Nenitas. Enclavado entre callejuelas de tierra, a las 2 de la tarde sólo dos mujeres estaban tras la barra. Tesa nos atendió. Era una guapísima hondureña, alta y morena, enfundada en botas de plataforma, un pantalón ceñido y una blusa escotada hasta el escándalo. En Las Nenitas, contó el funcionario, todas se prostituyen. Comenté a Tesa mi interés en hablar con ella, sin mencionar la palabra trata. Dijo que sí, que hablaría conmigo otro día, y me dejó un número de teléfono que nunca contestó.

Al salir del bar, el funcionario explicó que el dueño del antro era un zeta muy reconocido en Ciudad Hidalgo. O sea, un miembro de esa banda criminal que opera por independiente y como brazo armado del Cártel del Golfo. Que cómo sabía eso, le pregunté. Contestó que Ciudad Hidalgo era muy pequeña, y que el dueño siempre que sale, porta un fusil AR-15 y se hace acompañar por tres guardaespaldas armados. Dijo que en la ciudad esa banda controlaba la trata, enviaba gente a reclutar muchachas a Centroamérica y a veces secuestraban migrantes y las vendían a camioneros como material de usar y tirar. Por una noche. "No diga mi nombre, por favor", fue lo último que dijo el funcionario.

Respecto a lo que argumentó el fiscal de que es imposible identificar a esas bandas, habría que agregar que hay una abismal diferencia entre querer y poder. Entre intentar y temer.

Son las 4 de la tarde, y Keny se levanta de la mesa y se calza un delantal para llevar cervezas a los clientes. Hoy hará doble turno. Más tarde dejará el pantalón, las chancletas y el delantal, y los cambiará por unas sandalias de plataforma negras y un chillón traje amarillo, con botones en un costado, para poder arrancárselo sobre la pista de baile.

Connie regresa al antro y se cruza con Keny cuando ésta se aleja. "Qué ondas, vieja", se saludan. Connie no trabaja de mesera. Lo suyo es la noche. Fichera y bailarina. Vino esta tarde porque la administradora se lo pidió, y viene a lo que viene. A recordar.

Yo no me quedo aquí

Su mirada es de profunda desconfianza. "¿Qué quiere? Explíqueme dónde va a salir esto". Connie es una mujer segura que se cubre las espaldas. Ya me lo habían advertido: es de armas tomar.

"Yo vine aquí con mis cinco sentidos, nadie me trajo", apunta, enrumbando la conversación. Tiene 18 años, y cuando llegó, cuando dice que lo tenía todo calculado, era una niña de 15. Conversa menos que Keny y Érika, pero los detalles que regala poco a poco permiten desmenuzar otros aspectos del fantasma que recorre la frontera.

Dice que un compatriota suyo, un guatemalteco que trabajaba en esta zona como mesero, le dio la llave de salida. Le dio la idea para escapar de un mundo que ella quería dejar luego de ver la suerte que le espera a una joven de su edad en las calles de su barrio. Un mes antes de que hiciera la maleta rumbo a los prostíbulos de Tapachula, donde llegó primero, su hermano había caído muerto a media calle. Tres disparos. Era cobrador de una ruta de autobuses de la capital guatemalteca. Tenía 16 años y una pandilla lo quería reclutar. La Mara Salvatrucha, la pandilla más peligrosa del mundo según el FBI, le ofreció encargarse de extorsionar a los conductores de los autobuses. De ofrecerles seguridad a cambio de una cuota o inseguridad a cambio de su negativa. El hermano de Connie rechazó la propuesta. Ante la negativa, tres balazos: pecho, abdomen y cabeza.

—Ese mismo mes, la Mara mató como a 15 niños en mi colonia, todos entre 14 y 16 años —recuerda Connie. Yo ya no podía vivir en paz.

Mientras niños y niños caían abatidos por el plomo, su vida transcurría: su padre se emborrachaba cada noche y la acosaba, como hacía desde que ella tenía ocho años. Su madre, como Connie explica, se encargaba de "embarazarse y embarazarse". Ella es la mayor de sus ocho hermanos.

Muchas niñas centroamericanas, explicaron los cónsules en Tapachula de El Salvador y Honduras, escapan de situaciones de marginalidad. De circunstancias que, traducidas a hechos, son el miedo a una pandilla o una vida familiar peor que la que podrían llevar como niñas de la calle. Son aquellas circunstancias que relativizan, que les permiten ver la prostitución, la violación, la trata, con los prismáticos de una realidad distorsionada. Una realidad donde los niños caen muertos por decenas, los padres son acosadores y los barrios, zonas de guerra.

Por eso, dentro de su mundo, Connie, que desde niña trabaja en prostíbulos, recorta la realidad y divide lo que le parece normal a lo que le parece inusual para responder a la pregunta de cuál es su peor recuerdo desde que llegó.

—Hubo un tiempo en que me fui a trabajar a Huixtla, a otro negocio de allá, y me detuvo Migración en Huehuetán. Me enfermé de los nervios, me dio depresión. Nunca había estado en un lugar así, con tanta gente. Era la única mujer entre tanto hombre, me acosaban. Eso es una prisión. El encargado de Migración me daba a entender que si yo le daba sexo, él me dejaba ir.

En Chiapas, según ha documentado la CNDH, ocurre que a veces las autoridades migratorias actúan como acosadores de las mujeres. ¿Quién quiere denunciar un caso de trata a un agente que te ofrece sexo a cambio de libertad? Y la negligencia no termina ahí. El Instituto Nacional de Migración, como ya explicaba el fiscal anti-trata, es el que muchas veces impide que estos testimonios de trata lleguen a un juzgado o a los cónsules.

El cónsul guatemalteco no quiso hablar del tema. Nelson Cuéllar, el salvadoreño, sí aceptó sentarse a explicar por qué hay cosas que aquí no funcionan. Dice que en sus tres años como funcionario en Tapachula sólo ha visto dos casos de trata. Pero dice que en ambos, al final, frente al agente del Ministerio Público, eligieron no denunciar. Por lo demás, enterarse de la trata de blancas depende de la suerte, no de la cooperación de otros.

—Cuando hacen las redadas en centros de tolerancia no nos informan. Las repatrian a sus países. Migración debería avisarnos antes de deportarlas, para entrevistarlas, ver si han sido víctimas. Pero las regresan como si fuera un migrante normal al que agarraron caminando. Es más, se maquilla todo por parte de ellos.

Una de estas calurosas noches fui a una zona de tolerancia muy popular en Tapachula: Las Huacas. Antes de eso, había conversado ingenuamente con el secretario de Seguridad Pública Municipal, Álvaro Monzón Ramírez. Sólo a él le pedí autorización para poder establecer como base de esa noche el quiosco de la policía municipal que está frente a los prostíbulos. A nadie más. Cuando llegué a Las Huacas sólo un antro estaba abierto. Los demás habían cerrado, algo inusual para la noche de un jueves. Al preguntar a un encargado que cerraba su negocio, me contestó: "Vinieron unos policías municipales a avisarnos de que hoy habría redada y de que vendrían policías con agentes de Migración y varios periodistas".

La noche siguiente regresé a Las Huacas sin avisar a nadie. En esa ocasión, como a la una de la madrugada, todas las prostitutas centroamericanas del antro donde estaba corrieron en estampida hacia una puerta negra en el fondo que da a la nada, que las saca a un riachuelo que hace de traspatio de la zona. Luego, una de ellas me explicó que un agente de Migración había llamado a la dueña del antro de enfrente para avisarle de que habría operativo.

Connie pide su segunda cerveza y se muestra algo inquieta. Los clientes llegan poco a poco, a pesar de que todavía no anochece. Tiene dos hijos menores de cinco años y, a fuerza de baile y de cama, ha logrado traer a México a toda su familia. Toda: su madre, su padre, sus siete hermanos y una sobrina.

Aunque sean migrantes que apenas han cruzado el río Suchiate, algunas de las centroamericanas que dan vida a estos prostíbulos son el sustento de sus familias. Por eso, explica Connie, "muchos niños y niñas de Guatemala se vienen con gente que llega allá a ofrecer a uno que van a ganar buen dinero".

Así, niñas y niños. Nada más el pasado 13 de febrero, policías federales y miembros de Fevintra allanaron una casa en Tapachula. Adentro encontraron encerrados a 11 niños, todos en un cuarto maloliente donde dormían en lonas, sobre el piso. Las autoridades acusaron al dueño de la casa, un mexicano de 41 años, de obligarlos a trabajar hasta 14 horas en las calles, como su ejército de esclavos, en la venta de globos, cigarros y golosinas. Lo acusan también de negarles agua y comida, y de propinarles golpizas si no vendían lo suficiente.

Es hora de dejar ir a Connie. La hora estelar se acerca, y pronto tendrá que subir al escenario o sacar fichas a varios hombres. Ella todavía es joven, y en una buena noche consigue hasta 6 mil pesos. Keny, en cambio, con 24 años es una del montón, y en una buena noche saca la tercera parte de lo que obtiene Connie.

Antes de irse, Connie voltea a verme, y responde una pregunta que al parecer quería que le hiciera. ¿A qué te dedicás ahora? ¿Qué harás en el futuro?

—Yo ya no me ocupo. Lo hice al principio, pero ya no, no me gusta. Y no pienso quedarme aquí. En unas semanas me voy. Mi novio me dice que él me va a sacar y que va a mantener a mi familia. No quiero que mis hijos me vean así.

Por desgracia, nada de eso pasará. Sé que Connie es una de las que se ocupa en el bar. Sé que hace sólo unas noches entró al cuarto con un hombre y que lo volverá a hacer hoy. Y lamentablemente, cuando dijo lo que dijo, Connie no sabía que su novio la abandonaría unos días después.

La noche en Calipso arranca y sigue su curso normal por unas horas. El antro se divide en dos. A un lado del traspatio, el centro botanero, donde unos 40 hombres gritan, bailan con las ficheras o se las posan en sus piernas. Al otro lado, la luz neón y la pista de baile, donde diez hombres esperan el espectáculo. Cuando la noche avanza, el lado de las botanas se vacía, y el de la barra se llena con los clientes que se trasladan. Los que quieren seguir la noche.

En Calipso, Érika, Keny y Connie han tomado posiciones y se ganan el dinero como tienen que hacerlo desde que eran niñas, cuando llegaron aquí ya con experiencia en vivir vidas que se destartalan a cada vuelta de rueda.

Pasada la medianoche, Keny la salvadoreña baila sin ropa sobre el escenario e intenta controlar sus movimientos después de 23 cervezas. A Érika, la hondureña, 30 cervezas la han soltado y, subida sobre una mesa, restriega sus nalgas desnudas en la cara de un hombre bigotudo al que se le ha caído el sombrero. Le ha invitado unas cinco cervezas, cinco fichas, y es hora de empezar a compensarle. Connie la guatemalteca baila en mini falda y enormes tacones con el hombre prieto y barrigón con el que luego se irá a un cuarto.

Mañana, con otros nombres, con otros hombres, la escena volverá a empezar en Calipso y en decenas de antros de la frontera. Las centroamericanas volverán a agitarse. Como lo hacen todas las noches, como lo hacen desde niñas.

Los secuestros
que no importan

Noviembre de 2008, estados de Veracruz, Tabasco y Oaxaca

Con el gran problema nos topamos al principio. El primer reporteo que reali-
zamos cambió de golpe el año que teníamos por delante. Ya no sólo eran
—ni son— tiempos de asaltos y de violaciones en parajes alejados de todo. Ya no
se trata sólo de mutilados. Los machetes dieron paso a los fusiles de asalto; los
rincones en el monte, a casas de seguridad; los asaltantes comunes, a Los Zetas;
los robos, a los secuestros. El panorama ha cambiado, pero las autoridades son
las mismas y los migrantes siguen sin importar.

Llovía en Tenosique cuando El Puma y sus cuatro pistoleros reco-
rrían las vías del tren y exigían dinero a los migrantes que buscaban
viajar como polizones. Era un viernes de finales de octubre. Las inundaciones por las lluvias torrenciales de los días anteriores habían retrasado
el paso de ferrocarriles, y unos 300 indocumentados se amontonaban
en las lodosas márgenes de los rieles.

El Puma es un hondureño de unos 35 años, con una 9 milímetros
en el cinto y un fusil de asalto AK-47 colgado de su hombro. Sus acom-
pañantes, también hondureños, lo acuerpan con un machete y un
"cuerno de chivo" cada uno, nombre con el que en México se conoce
al AK-47. Tenosique, estado de Tabasco, a unos 30 kilómetros de la
frontera que divide a Guatemala de México, entre selva y selva, entre
el Petén y la Lacandona, es propiedad de El Puma. "Trabaja para Los
Zetas", dicen los que se han topado con él. Para subir al tren hay que
pagarle. Quien no paga no viaja. Quien se resiste se las ve con él, con
sus escoltas, sus machetes y sus ráfagas de plomo.

La mayoría pagó. Los que no tenían dinero se retiraron a pedir limosna al pueblo. El Puma pidió por radio al maquinista que parara y
se acercó a darle su parte, mientras los migrantes se acomodaban en el
techo o en los balcones que hay entre vagón y vagón. En el del medio
se ubicaron los cuatro polleros —guías para los indocumentados que

pueden costeárselos—, con unos 20 clientes. La mayoría de los que se subieron al gusano de metal eran hondureños, con una significativa presencia también de guatemaltecos y salvadoreños. Los nicaragüenses se podían contar con los dedos de una mano. Salvo los 20 del vagón central, todos viajaban a su suerte, sin pollero. Aún llovía.

La máquina avanzó, dejó atrás Tenosique y se internó en la selva, sólo a veces interrumpida por rancherías de ganado. Lejos de los pueblos y de las carreteras.

En Pénjamo, una de esas rancherías, el viaje empezó a empeorar. José, un salvadoreño de 29 años, fue el primero en ver cómo ocho hombres aprovecharon la lenta marcha del ferrocarril para subir. "Tranquilos —dijeron al grupo de José—, nosotros también vamos para el Norte." Pero José concluyó que le habían mentido cuando vio que, tras descansar unos minutos, cuatro de ellos sacaron pistolas 9 milímetros, los otros cuatro desenfundaron sus machetes y todos se encajaron sus pasamontañas.

"Adiós", dijeron. Dejaron en paz a los salvadoreños y saltaron al siguiente vagón para asaltar a sus ocupantes. Cuando los encapuchados llegaron al cajón de Arturo, un cocinero nicaragüense de 42 años, ya llevaban con ellos a dos muchachas que pretendían secuestrar. Arturo se fijó en una de ellas porque era de piel blanca. Le pareció bonita. A la otra no pudo verla bien.

Tapachula, Tenosique o Ciudad Hidalgo, todas ciudades fronterizas del sur de México, son puntos de prostitución forzada. Sus burdeles, donde un balde con seis cervezas puede costar 60 pesos e incluir un baile sobre la mesa, están repletos de centroamericanas que callan cuando se les pregunta por qué están ahí.

El primer muerto fue un hondureño que viajaba con Arturo. Iba en el balcón, y desde el techo le pusieron una pistola sobre su cabeza. Entregó cien pesos a los hombres con pasamontañas, pero uno de ellos desconfió, bajó al balcón y lo revisó. La malicia le costó la vida. Le encontraron dinero en un calcetín. "Listo el hijueputa", sentenció el que apuntaba antes de atravesar de un tiro la nuca del migrante que, ante lo inminente, se había volteado para cubrirse.

El siguiente vagón era el de los polleros. Hubo silencio durante unos minutos. Luego, balacera. Unos 15 minutos de detonaciones. Polleros contra asaltantes. Los polleros habían entregado dinero, pero se negaron a dejar la mujer que les pedían. Un cuerpo con pasamontañas cayó del tren que había disminuido su velocidad. Los demás bajaron a asistirlo, a pesar de que el hombre parecía muerto cuando rodó por el desnivel de las vías. Nadie sabe qué pasó con aquella muchacha que a Arturo le pareció bonita ni con la otra. Los polleros ganaron una batalla.

La revancha fue en Palenque, unos 50 kilómetros al norte de Pénjamo. Cinco de los asaltantes volvieron por la migrante. Mataron a otro hondureño de nuevo en el vagón de Arturo. Sin razón alguna. Lo rajaron de un machetazo en el estómago y lo lanzaron del tren, mientras repelían el fuego de los polleros. Dejó de llover durante la segunda batalla, que fue también ganada por los guías.

Los asaltantes se movían rápido. Lograban adelantar en vehículos a un tren que va a unos 70 kilómetros por hora en los tramos deshabitados. Pero la marcha del ferrocarril no ayudó. Los motores se pararon en una zona conocida como La Aceitera, media hora después del segundo tiroteo. La oscuridad de la noche se interrumpía por la luz amarilla de los faroles del pueblo. La locomotora juntaba la nueva carga y el sonido de herrumbre completaba el ambiente. Todos los migrantes estaban de pie, volteando la cabeza, mirando hacia todas partes. Entonces se reanudó el intercambio de balas, los polleros cedieron el vagón y la muchacha en manos de los encapuchados, que se internaron con ella en el monte. El botín hizo que se confiaran y dieron la espalda al tren. Pero los polleros también saben arremeter: mataron a un segundo asaltante, recuperaron a la mujer, abordaron el ferrocarril antes de que acelerara y minutos después se bajaron con el grupo completo. Abandonaron el tren para buscar otra forma de seguir. Era obvio que los asaltantes volverían.

Y volvieron. En Chontalpan, unos 30 kilómetros más al norte. Y regresaron reforzados. Tres camionetas blancas acapararon la vía: una delante del tren, atravesada en los rieles; otra en el medio, recorriendo la máquina de punta a punta por un costado; y la tercera obstruyendo atrás. Volvieron a un tren sin polleros y se desquitaron con los que quedaban. "Eran Los Zetas", afirma Arturo. "Eran Los Zetas", afirma José. "Eran Los Zetas", afirman otros tres que estuvieron ahí.

El tren se vació. Cientos de personas corrieron a los potreros a esconderse, mientras unos 15 hombres armados intentaban cazarlos. Durante la estampida al menos un migrante cayó atravesado por un disparo. Varios fueron heridos. Tres mujeres estaban ya encañonadas adentro de una de las camionetas. La venganza terminó. Los vehículos se fueron. El tren se puso en marcha, y los migrantes lo volvieron a abordar para dirigirse hacia Coatzacoalcos y luego hacia Tierra Blanca, ambas ciudades en el estado de Veracruz. Territorio de Los Zetas, zona de secuestros masivos. Aún les faltaba lo peor.

El otro negocio de Los Zetas

La historia del tren que partió de Tenosique es un libro de instrucciones para quien sepa leer entre líneas. En él se describen las claves que de un tiempo para acá han particularizado este tramo como la zona más caliente en medio de un recorrido total que nada tiene de amable.

Los defensores de los migrantes que viven en estos puntos de paso ruegan alarmados que alguien haga algo. Gesticulan, piden que se apaguen las grabadoras, que se guarden las cámaras, y describen lo que ahí todos saben: decenas de indocumentados centroamericanos son secuestrados a diario por Los Zetas y sus aliados, a plena luz del día, y son confinados en casas de seguridad cuya ubicación muchos conocen, incluidas las autoridades locales.

La lógica comercial es sencilla: más vale secuestrar durante unos días a 40 personas que paguen entre 300 y 1,500 dólares de rescate cada uno que a un gran empresario que entregue en un solo monto la misma suma, pero donde se corre el riesgo de llamar la atención de la prensa y de la policía. Autoridades nacionales, como la Quinta Visitaduría de la Comisión Nacional de Derechos Humanos (CNDH), encargada de la migración, admiten la gravedad del problema.

Éstos son los secuestros que no importan. Éstas son las víctimas que no denuncian. Éstos son los secuestradores a los que nadie persigue. El gobierno mexicano en lo que va del año tiene registro de 650 personas que han sido plagiadas. Pero ése es tan sólo el número de casos en los que alguien ha pedido ayuda. Un recorrido por la ruta convierte el dato lanzado por el gobierno en un mal relativo. No es una exageración afirmar que sólo en uno de los puntos de plagio de migrantes, en cualquiera, en un mes se rebasa la cifra oficial de secuestros de todo el país. En los primeros seis meses de 2009 personal de la CNDH visitó estas zonas y recogió testimonios de indocumentados secuestrados. Reunieron casi 10 mil de esos relatos de viva voz de quienes los sufrieron. La misma CNDH aseguró que si hubieran tenido más personal, la cifra se habría duplicado o triplicado.

A los migrantes nadie los espera a ninguna hora. A veces pasan más de una semana sin conseguir dinero para dar un telefonazo a sus familiares. Transitan por donde menos autoridades hay. Casi nunca denuncian porque temen ser deportados. Son como un conejo cojo a la vista de un halcón.

Del viaje del tren donde hubo cientos de asaltados, donde hubo al menos tres muertos y varios heridos y tres secuestrados no se escribió ni una letra en ningún periódico. Nunca llegó ni la policía ni la Fuerza Armada. Nadie ha puesto ninguna denuncia.

Tenosique, como punto de partida; Coatzacoalcos, Medias Aguas, Tierra Blanca, Orizaba y Lechería como sitios neurálgicos, y Reynosa y Nuevo Laredo, fronterizas con Estados Unidos, como último peaje, componen la ruta de los secuestros. Todas, menos Lechería —donde el tren se desvía hacia el interior del país—, son ciudades cercanas a la costa atlántica, todas dentro del dominio de Los Zetas, según el mapa del crimen organizado trazado por la División Antinarcóticos de ese país.

En cadena descendente, desde los despachos en la capital mexicana hasta los albergues del sur, lo que pasa está dicho, para quien lo quiera escuchar. "La situación del migrante viene complicándose. Es alarmante. Se multiplican los testimonios de los secuestrados. Ocurre a plena luz del día, a grupos grandes. Llegan con armas, secuestran a algunos. El Estado mexicano es responsable de la integridad y la vida de quienes se encuentran en su territorio. Hemos hecho llamados enérgicos. Es increíble que esto siga pasando", se queja Mauricio Farah, encargado de esa visitaduría.

El reconocimiento existe de parte de la CNDH, y se lo ha hecho saber al Estado, pero las autoridades prefieren señalar al otro, negar o callar. Eso, a pesar de que decir secuestro a estas alturas no es decir mucho. La red que permite esto es una telaraña compleja de conexiones, donde hasta los polleros se han visto sometidos.

UN IMPUESTO PARA LOS POLLEROS

Quien cuenta detalles pide siempre algo a cambio: otro nombre. Aunque la entrada ilegal a Estados Unidos es el fenómeno migratorio más grande del mundo, aunque cientos de miles de centroamericanos atraviesan México cada año —el Instituto Nacional de Migración atrapa a cerca de 250,000 al año—, los animales del camino se conocen: Los Zetas con polleros, polleros con asaltantes, asaltantes con encargados de albergue y encargados de albergue con autoridades.

Ismael —nombre ficticio— es de la región. Trabaja desde hace dos años en un albergue, y antes tuvo un empleo que le obligó a conocer cómo opera el crimen organizado. Busca con la mirada una mesa alejada de todos y la señala: "Hablemos ahí, es que los informantes de los grupos que secuestran van infiltrados como migrantes, y muchas veces son centroamericanos. Escuchan y preguntan a los migrantes si tienen familia del otro lado, si tienen quién les pague el pollero en la frontera".

—¿Qué te puedo contar? —pregunta.

—Tengo ocho testimonios de secuestrados en diferentes puntos, y todos dicen que sus secuestradores se han identificado como Los Zetas. ¿Lo serán de verdad?

—No necesariamente. La cosa es así: nadie puede decir que es zeta sin permiso de ellos, pero no necesariamente lo son. Muchos son delincuentes de la zona que trabajan para ellos, controlan que los polleros hayan pagado la cuota.

Mantiene el gesto serio de siempre. Lo conozco desde hace varios meses. En su rostro parece que sólo los labios se mueven. La algarabía del albergue no lo perturba. Un grupo de migrantes se baña, otros lavan ropa, algunos juegan fútbol y las máquinas del tren chillan en las vías mientras acomodan la carga. Ismael sigue impávido, pero se da cuenta de todo. Por momentos, sin dejar de hablar, mueve los ojos y sigue con la mirada a un indocumentado. Es normal que sea tan seco de maneras a pesar de que converse acerca de secuestradores, de una gran banda criminal. Convive con ellos y sus víctimas desde hace dos años. Incluso ha esquivado las balas de algunos que intentaron matarlo cuando los persiguió en vehículo para rescatar a una nicaragüense raptada.

—¿Qué cuota?

—Es que esto viene desde arriba, desde la frontera norte, por el lado de Tamaulipas (donde se encuentra Reynosa). Entiendo que ahí está alguien conocido como El Abuelo, que es quien controla a todos los polleros que quieran pasar por ahí, y él ha hecho negocio con Los Zetas. Entonces, él paga una cuota para que sus polleros puedan circular en esta zona y llegar a Reynosa. Y necesitan gente que esté viendo que quien no pague no pase.

—¿Y los secuestros?

Un indocumentado se acerca a recoger su mochila, que está en la mesa. Ismael calla y lo mira de reojo. Espera hasta que el intruso se va y entonces responde.

—Empezó como algo contra los polleros que no pagaban. Les quitaban a *sus pollos* y, ya que los tenían, pedían rescate a sus familiares en Estados Unidos por medio de un depósito rápido en Western Union u otra empresa de ésas. Y luego se hizo costumbre y empezaron a agarrar a migrantes que vienen solos.

—¿Cuándo empezó?

—Desde mediados de 2007 nos empezaron a llegar testimonios.

Al final de la conversación, Ismael insiste en que algunos polleros conocidos suelen pasar cerca del albergue.

—Ellos te pueden contar con detalle.

Atardece y todo se pone de color naranja. Aparece un pollero. Ismael me advierte de su presencia. Los tiene controlados, los conoce y observa sus movimientos, pero no puede presentármelo. Una relación de confianza entre encargados de albergues y polleros es algo que suele verse muy sospechoso. Sin embargo, allana el camino para que alguien más me lo presente.

—Entonces, ¿eres periodista? —me pregunta el pollero mexicano.

—Sí, y sé que hace seis meses estuviste secuestrado por Los Zetas en Tierra Blanca. Sólo quiero que me lo contés, no me digás tu nombre.

Señala con la mirada y con un movimiento de cabeza un tronco que está bajo un árbol de mango, me invita a que vayamos. El tronco está a unos 20 metros de las vías, en un predio baldío, y hay que saltar una pequeña cerca de alambre para llegar. Nadie pasa por aquí. Nos sentamos.

—Ya sólo subo gente por la ruta de Tapachula (más cercana al océano Pacífico), porque del otro lado están Los Zetas y ya me agarraron.

—De eso quiero hablar.

—Es que uno tiene que tener un patrón en el Norte, para trabajar, pero esa vez yo traía el celular descargado; entonces me detectaron, me agarraron y me subieron a la camioneta. Llevaba a seis personas. Me dijeron que para quién trabajaba. Lo dije, pero no me creyeron, y empezaron a torturarme, a apagarme cigarros en la espalda.

Cuando se convence de que nadie nos mira, se levanta la camiseta blanca y sucia. Seis cicatrices redondas en la espalda baja son la evidencia de que no miente.

—¿Qué pasó luego de que te torturaron?

—Me pidieron dinero y tuve que darlo, porque si no, me quitaban a la gente, y era gente conocida, gente de confianza, dos guatemaltecos y cuatro salvadoreños de Santa Ana. Si no pagaba, los secuestraban y los torturaban. Al que dice que no tiene nadie que pague por él, lo calientan; sé de gente a la que le cortaron dedos y orejas. Y a muchos los matan.

—¿Y cómo sabés que eran ellos?

—Se dice que no lo son, que son bandas de delincuentes que trabajan para ellos. Los verdaderos Zetas controlan desde la frontera norte.

Asegura que se enteró de esto en enero. Si es así, este pollero y los agentes de la División Antinarcóticos de Estados Unidos se dieron cuenta al mismo tiempo. En el informe publicado ese mes, se reconoce que esta organización criminal cobra derecho de piso a los coyotes en sus zonas.

—Y tu patrón, ¿qué habría hecho si hubieras hablado con él?

—Paga para que te suelten.

—Entiendo que estos patrones tienen contacto con Los Zetas, como el famoso Abuelo.

—He oído hablar de él. Controla la zona de Nuevo Laredo y Reynosa. Es que el patrón paga impuesto. Están también El Borrado, Don Toño y Fidel. Te arriesgas mucho como pollero. Porque si el patrón no reporta que ahí vas, te tablean todo, te madrean, te secuestran, si es que no te matan. Ha habido muchos muertos. A uno lo mataron en Coatzacoalcos, y a Rigo en un lugar llamado Las Anonas, los dos eran polleros. Los que controlan van en el tren, y muchos son centroamericanos. El que a mí me delató era hondureño. Se subió al tren en Medias Aguas (entre Coatzacoalcos y Tierra Blanca).

—¿Cómo funciona? ¿Cuánto paga el patrón?

—Paga 10 mil dólares al mes y, cuando tú vas, tiene que avisar que trabajas para él y cuántos pollos llevas. Entonces no te hacen nada. Esto empezó el año pasado, empezaron en Coatzacoalcos, y entraron a Tierra Blanca a principios de enero, porque saben que ahí se juntan las dos rutas (la que viene por la costa atlántica y la que viene por la zona céntrica, más cercana al Pacífico).

Es un manojo de nervios. Hace muecas, no para de mover las manos y los pies. Muchos polleros son adictos a la cocaína, anfetaminas o a pastillas con cafeína que utilizan para mantenerse activos en las noches en vela.

—¿Y la policía de esos lugares?

—¡Están conectados! Esa vez que me levantaron a mí y a otra gente, la policía estaba viendo y no hizo nada. Después de eso no trabajo para nadie. Por eso ya no estoy pasando gente, porque si me ven, me van a matar.

Unos 25 indocumentados están dentro del albergue de la iglesia. La mayoría descansa en los camastros, unos cuantos lavan ropa y los menos dejan pasar el tiempo sentados y con la mirada clavada en la nada. Casi todos se han rendido. A las 10 de la mañana ya había 15 anotados en una lista para que Migración llegue a recogerlos y los repatrie. Casi todos vinieron en el mismo tren que trajo a Arturo y a José desde Tenosique.

Ésta es una localidad industrial, uno de esos poblados del interior que parecen medio fábricas y medio pueblos, pero jamás ciudades. Una autopista central, flanqueada por grandes bodegas industriales, se combina con calles de tierra. Casi 300 mil habitantes hacen su vida en este lugar cuyo meridiano es una callejuela donde las viviendas son de lámina y madera, donde apenas hay paso para vehículos, pero en la que las vías del tren dibujan esa columna vertebral a la perfección. Coatzacoalcos, en náhuatl, significa "el escondite de la serpiente".

Tras una noche entera sobre el tren, los indocumentados que llegaron al albergue hicieron lo que hacen en cada escala: preguntar y escuchar. Y de lo que se enteraron llevó a que la mayoría anotara hoy su nombre en el listado. "En la mañana metieron a punta de pistola en una casa de ahí enfrente a 15 de los que esperaban en las vías", relata para unos 14 oídos un hondureño enlistado. No es raro. "Al menos 10 diarios se rinden y se entregan a la Migra aquí", asegura Eduardo Ortiz, encargado de la CNDH en la zona mientras cumple con su visita rutinaria al albergue.

Tras una noche de tiroteos, secuestros, muertos, camionetas blancas y correteadas, se han enterado de que llegaron a la peor parte. Ahora saben lo que pasa en Coatzacoalcos y saben que sus próximas estaciones serán Tierra Blanca, Orizaba y Lechería.

Un grupo de migrantes sostiene junto a las literas una especie de reunión en la que el tema central es lo difícil que está la ruta debido a los secuestros. Unos relatan, otros sólo observan con el interés del que escucha lo que le puede ocurrir. "A aquel compadre lo levantaron aquí y ahí va de vuelta, pero yo me quedo", señala el hondureño a un hombre que descansa solo en la cama baja de un camarote. Se llama Pedro, tiene 27 años y también es hondureño. Se ve triste.

Cuenta que fue hace tres meses. Todo empezó aquí, en Coatzacoalcos, en una casa frente a las vías. Dice que fue un engaño bien orquestado. Asegura que lo intentará de nuevo porque no le queda de otra. Sugiere que quien tenga parientes en Estados Unidos no lo diga en el camino. A nadie. Nunca.

"Fue una señora a la que le dicen La Madre, que ofrece un coyote que lo lleva a uno por 2,500 dólares. Así lo llevan engañado a uno hasta la frontera, Reynosa. Hasta ahí te tratan bien, pero ahí te secuestran. Ahí te amenazan con pistola, te agarran a golpes. Creo que son de Los Zetas. Me sacaron 800 dólares y 2,500 a mi esposa. Y de ahí te sueltan. Un mes y 18 días me tuvieron ahí. Y los policías están con ellos", dice, y vuelve a encogerse en la cama para ya no salir de su silencio.

Hay sitios donde se respira el miedo. Para un migrante, Coatzacoalcos es uno de esos lugares. Un testimonio desencadena otro: "A mí me secuestraron en mi anterior intento"; "yo me escapé ayer de un secuestro"; "vi hace tres meses cómo levantaron a dos muchachas". Esta mañana, del grupo de diez reunido junto a las literas han surgido siete historias de secuestros vividos en carne propia o como testigos.

Le cuento a Ortiz, el encargado de la CNDH, que en el cuarto contiguo hay muchas víctimas de plagio, que incluso hay gente secuestrada a unas cuantas cuadras, en alguna casa de la marginal por la que serpentean las vías. No se sorprende, aunque habla con contundencia. Es su pan de cada día.

—El dominio de las bandas organizadas —dice Ortiz— se ha incrementado, por decir, un 200 por ciento. Tenemos muchas denuncias, el modus operandi es igual aquí que en Tierra Blanca. Hay secuestradores que van y cobran hasta 15 rescates, lo que me hace pensar que las compañías de remesas saben a quién le pagan, no es posible que alguien vaya por 30 envíos. Y hemos tenido casos fidedignos donde los policías municipales han detenido a un migrante y lo entregan a los delincuentes.

—Tengo tres testimonios —le cuento— donde alguien que fue secuestrado asegura que de su grupo alguno se escapó y que al volver, muy golpeado, les dijo que venía de denunciar a la policía local que en la casa quedaban migrantes, y que la policía los llevó a entregarlos a los secuestradores.

—Sí, ya no es cuestión de omisión. Nosotros sabemos que los entregan, no hemos escuchado acerca de esa mecánica de que los devuelven, pero eso es lo de menos, hay coparticipación. Con los cónsules de El Salvador y Honduras en Veracruz y el delegado del INM, hemos estado reunidos con el presidente municipal de Tierra Blanca, es común que desconozca el hecho y hay malestar cuando hablamos de casos de secuestrados. De hecho, al mes siguiente de que me dijeran que eso no pasaba, hace un mes, el Ejército incursionó en una casa de seguridad y rescató a 28. Desde hace unos meses actúan a la luz del día, haya o no presencia de la autoridad, eso no los inhibe. Hay migrantes que nos han dicho: "¡Iba pasando la patrulla, voltearon, vieron cómo nos tenían apuntados con pistolas, en el piso, y siguieron de frente!" ¡Es un hecho real, hay testigos que han visto hasta a cien personas en la misma casa! Todos los vecinos le pueden decir cómo es el modus operandi, todos lo han visto, y nadie dice nada. ¡No pasa nada! Va a seguir pasando a los que vengan. Nadie nos quiere oír.

Erving Ortiz, el cónsul salvadoreño en Veracruz, denunció en agosto de este año que "unos 40 indocumentados son secuestrados cada semana" en todo el estado. Lo hizo luego de que el Ejército incursionara en la casa de seguridad de Coatzacoalcos. Esta vez los dos periódicos más influyentes del país, *Reforma* y *El Universal*, lo publicaron.

Intento por décima vez contactar al presidente municipal de Tierra Blanca, Alfredo Osorio, pero nunca contesta. Su secretario particular, Rafael Pérez, me prometió unos minutos al teléfono para hoy, pero ya no responde su celular. En la alcaldía, una secretaria contesta el teléfono y asegura que ambos funcionarios estarán fuera una semana. Marco al despacho de prensa del INM y me contesta la misma encargada que lleva cinco días diciéndome que busca al funcionario ideal para hablar sobre los secuestros. Sin embargo, hoy actúa como el secretario de Osorio y me dice que la persona indicada —de quien nunca supe el nombre— está fuera del trabajo y lo estará varios días. Dice que no sabe cuándo volverá. Mientras, varios continúan secuestrados a unas cuadras de donde marco los números del presidente municipal y del INM. Es tan cotidiano que no necesito hablar con ellos para estar seguro de que si fueran honestos y hubieran aceptado mis llamadas, tendrían que haber contestado con un rotundo sí a mi pregunta: ¿saben que aquí se secuestra de forma sistemática a migrantes?

El 4 de abril de este año, la jefa del INM, Cecilia Romero, recibió el mismo documento que el secretario de Gobernación, Juan Camilo Mouriño. Era un documento de 40 páginas, y su segundo capítulo se titulaba "Secuestros y crimen organizado". Contenía una explicación general de lo que ocurre y tres testimonios de víctimas. Lo envió Leticia Gutiérrez, directora de la Dimensión Pastoral de la Movilidad Humana, organismo de la Iglesia católica, que coordina 35 albergues del país, entre ellos los de Tierra Blanca, Coatzacoalcos y Reynosa. Los destinatarios nunca respondieron.

La pregunta oculta en las palabras del cónsul Ortiz es evidente: ¿cómo es posible que siga pasando algo que conocen los alcaldes, los países de origen, los medios de comunicación, el Estado mexicano y hasta el gobierno de Estados Unidos?

La CNDH sólo puede recabar pruebas y, más o menos al cabo de un año, emitir una recomendación, una queja contra una institución estatal por una acción directa: esos agentes, de esa corporación, en esa fecha, y ante esos testigos, cometieron esa violación de derechos humanos. Es difícil para ellos quejarse de una omisión. Es complicado demostrar que por ahí pasaba la patrulla justo cuando los delincuentes secuestraban, y los migrantes que quieren quedarse a denunciar caen con cuentagotas. De lo que el funcionario de la comisión describe una lógica retumba: todos lo saben, nadie hace nada. Seguirá pasando.

TIERRA BLANCA

También en Veracruz las inundaciones han aletargado la marcha de los trenes. Hay pocos migrantes en las vías de Tierra Blanca. Hoy no hay nubes. Hace mucho calor.

A unos cien metros se ven dos jóvenes. Sin duda son migrantes. Uno, de unos 20 años, está acostado en una hamaca, afuera de una tienda. Otro, de unos 15, sentado en un tronco a la par de su compañero. El fotógrafo Edu Ponces y yo caminamos por las vías. La sensación es de vacío, porque el patio de maniobras es enorme y hoy no hay vagones. Me desvío y me dirijo hacia ellos cuando estamos a unos 50 metros. El menor —moreno, casi negro, 1.50 metros de estatura— pone su brazo en el tronco y alarga una pierna. Levanto la vista hacia ellos cuando los tengo a 30 metros. Abre los ojos igual que su compañero, que permanece congelado. Enfilo directamente para hablarles. Da un salto de gato e intenta echarse a correr.

—¡Hey, compa, soy periodista!

Se detiene.

—¿Qué pasó? ¿Te asusté?

—Es que aquí está bien caliente —responde.

Luego, obvio, habla de Los Zetas.

A los cinco minutos, un joven de unos 18 años se acerca, harapiento y con olor a pegamento de carpintero. Llevaba un rato echado en la esquina opuesta a nosotros. Nos veía desde allá junto con otros dos borrachos que, tras fumarse un cigarro de marihuana, han caído desplomados y se han quedado con los ojos abiertos y la mirada fija en el cielo.

—Hey, tú eres pollero —me dice el muchacho mientras intenta reavivar el fuego de su cigarro.

—No, no lo soy.

—Sí, ya te he visto aquí.

—¡Que no!

—Sí, eres pollero, y voy a llamar al comandante de Los Zetas para que venga a llevarte.

Un arrebato de cólera me invade. Sujeto con fuerza el brazo del muchacho y camino deprisa por las vías para alejarlo de nosotros. Sólo quiero que nos deje conversar en paz con los migrantes. Grita que lo suelte, que sólo bromeaba. Edu me pide que lo deje ir. Lo hago y el muchacho repite su amenaza de que llamará al jefe zeta local. Nos alejamos un poco de las vías. Mejor no saber si sus palabras son ciertas.

Nos acercamos a tomar un jugo a la orilla de los rieles. Es obvio que no somos de aquí. El vendedor quiere saber qué hacemos. Le explicamos. Es amable. Nació en Tierra Blanca y fue migrante en Estados Unidos. Sin especificar nada, pregunto, como si habláramos del tiempo, si hay zetas en Tierra Blanca. "Ya sabes, hay cosas de las que uno no puede hablar porque ustedes se van, pero uno aquí vive, y luego no vaya a ser que pregunten: ¿quién dijo eso de nosotros? Y controlen por dónde camine uno y le den para abajo". Sin querer decir, dijo más. Ha llegado la hora de irnos de las vías.

Sólo una persona en Tierra Blanca respalda con su nombre su testimonio de los secuestros. Es el diácono Miguel Ángel, encargado de la parroquia y de la pequeña casa que funciona como albergue. Lo que dice es una repetición de lo que se dice en Coatzacoalcos, sólo que con menos claridad, con más temor. Pasa, siempre pasa. A la luz del día. Decenas de migrantes. Tan común que no hay mucho más que decir. Las preguntas son respuestas en sí mismas. El diácono nació y vive en Tierra Blanca. Tiene hijos. Tiene esposa. "Aquí todos nos conocemos", dice.

Tras hablar con él, localizamos a una persona con la que nos habían recomendado conversar. La regla de Osiel (nombre ficticio) es clara: sin grabadora. Así se habla en zona de Los Zetas si se vive en ella.

Conversamos en una casucha repleta de trastos viejos y recuerdos de primeras comuniones y velorios, pero a estas alturas es difícil obtener información nueva, incluso bajo estas normas de secretismo. "Te puedo decir que aquí todos conocen al mero mero; Chito le dicen, y vive ahí en el cerro, es el que secuestra, pero nadie lo va a denunciar", aporta Osiel.

En Coatzacoalcos, alguien muy conectado con lo que pasa en Tierra Blanca nos había lanzado una advertencia: "Si llegan ahí preguntando por los secuestros, Los Zetas tardarán unos ocho minutos en saberlo; si hablan con las autoridades del pueblo, tardarán tres". Es hora de irnos del pueblo.

En 2006 era común escuchar en el sur mexicano historias de migrantes que, con terror, se quejaban de los operativos en el tren. Aquellos donde, casi siempre de noche, los agentes de Migración, policías federales o militares encendían sus luces de manera repentina, la máquina paraba y todos se echaban a correr. Era un sálvese quien pueda. Muchas veces esos operativos ocurrían en sitios que flanqueaban los vagones con dos empinadas pendientes. Había hasta dos operativos semanales en cada ruta.

Durante ese año y 2007 hubo un incremento en las denuncias que dejaban del lado de los bandidos a las propias autoridades: militares, policías de todas las corporaciones, agentes de Migración. Entre mayo de 2006 y abril de 2007, la Facultad Latinoamericana de Ciencias Sociales encuestó a 1,700 indocumentados centroamericanos que transitaban por México. Reportaron haber sido objeto de 2,506 violaciones a sus derechos humanos. La CNDH documentó tres casos en los que se utilizaron cárceles comunes para detenerlos.

Una migrante que sufrió esa situación fue abusada sexualmente dentro de la celda por dos mujeres mexicanas. Un salvadoreño que también vivió su detención en una prisión municipal amaneció muerto de neumonía tras haber pasado toda la noche esposado a un barrote. En otras dos recomendaciones se habla de torturas perpetradas por autoridades gubernamentales. Un menor fue apaleado y orinado en un centro de detención de Migración cuando lo atraparon luego de que intentó fugarse. Un grupo de centroamericanos fue obligado por militares a caminar descalzo durante kilómetros mientras dos guatemaltecos cargaban con todos los zapatos y recibían golpes cada vez que dejaban caer alguno.

No es que los policías y militares hayan pasado a ser protectores de los migrantes, pero las denuncias de vejaciones de este tipo han disminuido, en sintonía con el aumento de los testimonios que involucran al crimen organizado. Las voces de la CNDH y de los encargados de albergues fueron escuchadas, y los operativos donde muchos perdían piernas y brazos disminuyeron, pero los mismos promotores de esto ven sorprendidos cómo una batalla ganada coincidió con el inicio de otra que ni el gobierno mexicano ha conseguido descifrar: la lucha contra el crimen organizado y su capacidad para corromper al aparato estatal.

La misma Procuraduría General de la República reconoció hace dos meses en un documento que en estos años de gobierno se ha pasado de un problema "esporádico" a uno "sistemático" en los secuestros. Claro, se refirió a los secuestros de ciudadanos mexicanos. Además, aceptó que casi nunca nadie denuncia, no sólo por temor a los secuestradores, sino también "a las propias autoridades locales, a quienes se les vincula con protección a los grupos que deberían perseguir". Si un capitalino, que vota y tributa, no denuncia, ¿querrá hacerlo un indocumentado perseguido?

En 2008 los asaltos siguen a la orden del día, pero eso se queda como una queja leve, como una cuota obligatoria y normal para el que quiere llegar a Estados Unidos. Este año lo que llama la atención son los secuestros, y a un paso acelerado sus víctimas aparecen por todas partes.

Es 30 de septiembre en Ixtepec, Oaxaca, lejos, muy lejos de la ruta más caliente de los secuestros. Aquí están Gustavo y Arturo, de 16 y 18 años, ambos de la aldea El Cimarrón, en Puerto Barrios, Guatemala. De allí salieron y para allá van de regreso.

Los secuestraron. Fueron Los Zetas, dicen. Hace dos días que recuperaron su libertad. Fue en las vías de Orizaba, entre Tierra Blanca y Lechería. Pasó a las 4 de la mañana. Siete hombres armados los levantaron: "¡Vaya, hijos de puta, al que corra lo baleamos!". Fueron tres días de plagio. Fueron 500 dólares de rescate. Fueron varias horas de golpes y amenazas, encerrados en un cuarto. "Nos pateaban, dijeron que a los que no dieran un número de teléfono les iban a sacar un riñón", cuenta Arturo. Dice que los querían marcar con un fierro de caballo en forma de Z, calentado con un soplete. Que un gordo al que conocieron en Arriaga y del que se hicieron amigos era uno de ellos. Que a él le habían contado que tenían familiares en Estados Unidos. Les dijeron que una noche antes de su llegada habían liberado a unos 30 migrantes.

"Los escuchábamos hablar y parece que eran un grupo nuevo, que estaba uniéndose a Los Zetas", dice Arturo. El negocio va viento en popa, no es raro que se necesite a nuevos agentes.

En una de las noches que estuvieron secuestrados, vieron que algunos de sus captores regresaron ensangrentados. "¡Eran como cien migrantes con piedras, machetes, palos y nos dieron una madriza!", escucharon el relato de uno de ellos: "Pero esto no nos volverá a pasar, ya nos va a llegar el cargamento de armas de allá arriba, y entonces sí les vamos a partir su madre".

Los amenazaban con sacarles más dinero, pero Gustavo rogó: "Ya pagamos, déjennos ir, les prometemos que no volveremos a pasar por aquí, nos vamos a regresar". No se molestaron en sacarlos de noche. Ni en carro. Los llevaron caminando a punta de pistola, a las cuatro de la tarde, hasta la estación del ferrocarril. Gustavo y Arturo recuerdan que mientras pasaban las ventanas y puertas de las casas se iban cerrando.

NOSOTROS SOMOS LOS ZETAS

Julio de 2009, estado de Tabasco

Esta crónica surgió del hartazgo. Tras un año de escuchar su nombre en cada lugar al que fuimos, decidimos ir a buscarlos. Pero, ¿dónde? ¿Dónde se encuentra a Los Zetas? Optamos por una pequeña localidad del estado de Tabasco, al inicio de la ruta que dominan. Fuimos a Tenosique y cuando los encontramos nos sorprendimos. Los encontramos en unas niñas que vendían refrescos, en unos policías, en un periodista, en unos delincuentes de las vías. En un pueblo con miedo que descubrimos de la mano de un agente encubierto.

Luego de más de una semana en esta zona, no me queda otra que decirle que su vida tiene que ser muy complicada. ¡Diablos! Lo pienso y no entiendo cómo sigue vivo.

El agente encubierto sonríe con orgullo mientras me mira fijamente y sostiene un silencio misterioso. Voltea a ver hacia la puerta, a pesar de que sabe que estamos solos en este pequeño café con estructura de pecera, rodeado por cristales desde los que podemos ver hacia afuera y nos podrían ver de no ser por el árbol de mango que nos oculta en la mesita del fondo.

—Con inteligencia —responde al fin—. No me muevo en una camioneta del año, de esas grandes. Nunca porto mi arma a la vista y no aparezco en eventos más de lo necesario.

Un evento aquí no puede ser otra cosa que el asesinato de algún policía de uno de los pueblos de esta franja del sureste mexicano, o la escena del crimen que queda detrás de una balacera entre militares y narcotraficantes, o la intervención armada en un rancho perdido entre el monte donde esos criminales, los que mandan aquí, Los Zetas, tienen a un grupo de centroamericanos encerrados. El celebérrimo *secuestro exprés*.

—Pero a veces parece imposible conseguirlo. Esto es como un... ¡Hay que vivir de puntillas! Nunca se sabe quién es quién. No es posible estar seguro de si el que vende tacos sólo vende tacos o si los vende como coartada para vigilar la calle —insisto cuando aún estamos en el preludio de la conversación.

El agente lo sabe. Él vive bajo estas reglas del sigilo. Los ojos escrutan el derredor todo el tiempo, atentos a si ese carro pasó dos veces o si aquel hombre nos mira de reojo. Él lo sabe y por eso sólo aceptó que nos juntáramos cuando le di la referencia de un conocido. Todo un trámite que pasó por convencer a un funcionario estatal para que llamara a otro en Tabasco que es uno de los pocos hombres de confianza del agente. Y aún así, este hombre no empezó a hablar hasta revisar de arriba a abajo mis documentos de periodista. Veía la foto y luego a mí, la foto y a mí. El sigilo y el anonimato, ésas son las normas de oro que se ha autoimpuesto. No ser nadie, parecerse a otro cualquiera del rebaño que vive atemorizado, bajar la mirada y no levantarla del pavimento ardiente de los pueblos que rodean Villahermosa, la capital de Tabasco, el estado fronterizo con la zona norte de Guatemala. El trato bajo el que aceptó recibirme pasa por no revelar el sitio exacto ni la corporación a la que el agente pertenece.

Él vuelve a sonreír. Le causa gracia ver en mi rostro el reconocimiento de que él trabaja en un terreno donde su enemigo manda y vigila. Todo el tiempo. Con decenas de ojos a su servicio.

—Por eso es necesario moverse despacio, entrar lentamente, no de golpe, y tener mucho cuidado a la hora de preguntar. Mucho cuidado —responde, termina su café de un trago y pasa a lo concreto—. Y al final, ¿fueron ayer al rancho que les dije? ¿Pudo tomar fotos el fotógrafo?

—Sí, sí fuimos. Tomó las que pudo. El escenario era escalofriante.

El rancho cementerio

La lluvia fue la que hizo que el rancho La Victoria terminara de parecer un montaje. Aquello era como si un delincuente se disfrazara con un parche en el ojo, un enorme gabán negro y una pistola a la vista.

El rancho era toda la escenografía del secuestro que podemos esperar que salga de nuestro imaginario.

Cuando llegamos, tres policías judiciales custodiaban a los dos agentes del Ministerio Público (MP) que colgaban el letrero de "Clausurado". Más allá de la portezuela de entrada, a unos tres metros de las vías del ferrocarril, estaba la casa central del rancho. Una típica vivienda sureña estadounidense, hecha de delgados tablones de madera, con dos cuartos centrales rodeados por completo por un pasillo donde en otro contexto suelen ubicarse las mecedoras para pasar las tardes. Todo pintado con un verde esmeralda descascarado por el tiempo.

Ésa era la armazón. Lo tétrico era el decorado. En el dintel principal del porche colgaba un cráneo de vaca. Al lado de la nave central, unas cien latas de cerveza estrujadas, del mismo modo que en la parte trasera varias latas de sardinas, frijoles y atún tapizaban el suelo. Y en el cuarto más amplio, el de la izquierda si se miraba la casa de frente, luego de acostumbrar la pupila a la oscuridad, se podía ver un piso con manchas desparramadas y aserrín. La habitación expelía un fuerte y fétido olor a humedad, y había regados desperdicios difícilmente identificables. Jirones de ropa, pedazos de lata, algo que parecían trozos de madera. Más difícil aún era identificarlos desde afuera, porque uno de los agentes del MP nos impidió el ingreso. Apenas aceptó que el fotógrafo Toni Arnau tomara un par de imágenes desde la puerta, luego de insistirle unos minutos.

Ahí, en esa locación de película de terror, es donde el día jueves 3 de julio liberaron a 52 indocumentados centroamericanos que llevaban una semana apiñados en la habitación por un comando —Estaca, como le llaman en su jerga— de Los Zetas, que regenta este pequeño pueblito llamado Gregorio Méndez.

Dos migrantes que viajaban sobre el tren en el inicio de su viaje por México lograron escapar cuando, justo enfrente del rancho, el maquinista Marcos Estrada Tejero detuvo la locomotora sin razón alguna, y 15 hombres que cargaban armas largas arrearon a los demás hacia el rancho La Victoria, en medio de esta nada rodeada por veredas y monte. Los dos que escaparon encontraron más adelante, días después, a un comando militar que realizaba un patrullaje poco rutinario. Les contaron lo sucedido, y los 12 soldados dieron parte para que se armara un operativo con otros 12 policías estatales de Tabasco y 30 de Chiapas. El maquinista está preso. Lo detuvieron cerca de Veracruz cuando manejaba un tren donde más de 50 indocumentados iban encerrados en los vagones obligados por supuestos zetas. A Tejero lo acusan de trabajar para Los Zetas que fueron atrapados en La Victoria, encabezados por el hondureño Frank Hándal Polanco, que salía en un taxi a la hora de la intervención. Ocho zetas fueron detenidos, y otros siete escaparon hacia el monte con sus fusiles AR-15. En el rancho se decomisaron pistolas 9 milímetros y fusiles M-16.

—Lo peor es cómo los tenían —cuenta en voz baja uno de los agentes del MP —. Estaban en *shock*. Y todos presentaban golpes en la espalda baja. Una franja morada. Luego nos enteramos de lo que pasó.

Ya en el rancho, los migrantes sabían que se habían encontrado con el lobo del cuento. Estaban en manos de los famosos zetas. Lo sabían porque el protocolo de presentación había sido gritado desde la toma de rehenes. "¡Somos Los Zetas, al que se mueva lo matamos!". En estos pueblitos no hacen falta tarjetas ni credenciales oficiales. Si alguien dice que es zeta, es zeta. Si alguien lo dice y no lo es, suele terminar en un cementerio.

Adentro de La Victoria, los criminales organizaron su show de presentación. En grupos de cinco arrodillaron a los indocumentados, contra la pared del porche, y les empezaron a partir la espalda baja a tablazos, un método de tortura militar identificado en México. Ésta es una de las marcas de Los Zetas. Por eso no extraña que el verbo tablear sea conocido en el mundo de los zetas. El mismo mundo de los migrantes.

Entre ellos las reglas son inviolables, y las consecuencias, fatales. Una de esas noches, la segunda de cautiverio, dos migrantes escaparon del rancho aprovechando el inusual descuido del guardia de la puerta. Se internaron en el monte. Un monte que ellos conocían poco, y sus captores, como la palma de su mano. Un comando fue a buscarlos. A los pocos minutos, volvieron con uno de ellos. Lo hincaron frente a la puerta del cuarto, y Frank Hándal dijo en voz alta:

—¡Miren lo que les va a pasar si andan con pendejadas!

Un disparo en la nuca terminó con la vida del hondureño Melesit Jiménez. El otro migrante aún corría cuando sus dos perseguidores le atinaron un disparo en la nuca y otro a la altura del abdomen. Poco después de que el cuerpo de Melesit se desplomara frente a los 52 indocumentados, se escucharon de lejos las dos detonaciones.

Los siguientes días, ya con un grupo manso, los zetas se dedicaron a violar a las dos mujeres hondureñas del grupo y a divertirse tableando de vez en cuando a alguno de los hombres, mientras esperaban que los depósitos de entre 1,500 y 5 mil dólares llegaran a una sucursal de transferencias rápidas como rescates enviados por los familiares.

Un secuestro masivo más. Ocurrido apenas unos días después de la presentación del informe especial sobre secuestro de migrantes que hizo la Comisión Nacional de Derechos Humanos de México. Un barullo de periodistas que se codeaban por un espacio para meter la cámara de videos o fotos se apiñó en la sala donde se dijo, con la voz ronca del ombudsman mexicano, que con su escaso personal habían documentado en seis meses casi 10 mil casos de secuestro de viva voz de indocumentados que señalaban "a Los Zetas en contubernio muchas de las veces con policías". Decenas de titulares aparecieron al día siguiente en portadas de diferentes medios. Luego, todo volvió a la normalidad, al silencio.

Los secuestros en este mundo de peregrinos sin papeles son ya tan comunes como los asaltos en La Arrocera o las mutilaciones provocadas por las altas velocidades de los trenes que parten del centro de la república y sacuden a los polizones que viajan prendidos de ellos. Es tan común que ya no venimos a buscar esto a Tabasco. Después de meses de ver cómo Los Zetas se desperdigan por todo el país, de quedar cada vez más claro que se constituyen como un cártel independiente, de escuchar su nombre y oler su miedo en los pueblos del sur, del centro y del norte del país por donde circulan los migrantes, venimos a entender quiénes son, cómo funcionan y, sobre todo, cómo consiguen su principal activo para poder operar a sus anchas: el temor. Generar temblores en policías, taxistas, abogados, migrantes. Hacer marca de su consigna —Nosotros somos Los Zetas— y poner al interlocutor a bailar su baile con sólo esas cuatro palabras.

Eso se respira aquí, en Tabasco, una de sus principales plazas y donde inicia su control sobre coyotes y migrantes. Eso se percibe con ese sexto sentido tan real, tan en la piel, con el que uno sabe cuando está por ser asaltado en alguna esquina oscura. Se percibe, como nos ocurrió al entrar a Gregorio Méndez, en la cara de terror que puso el taxista cuando le pedimos ir hasta el rancho La Victoria, y él respondió: "No, no puedo ir ahí, no nos dejan, ahí no puedo ir", y tomó su taxi y se largó. Se palpa en la mirada de los hombres de la camioneta negra que rondaban en la esquina mientras esperábamos que un camión nos internara en los montes de rancherías, y en la pregunta temblorosa del motorista de ese camión, cuando antes de aceptar llevarnos dijo en voz baja: "Pero ustedes... No serán... Es que no quiero problemas con nadie".

Antes de abandonar el rancho, se notaba también el nerviosismo de los tres policías judiciales. Mientras los del MP aún colgaban el cartel de "Propiedad incautada", uno de ellos dijo entre suspiros, mientras sostenía su AR-15 con firmeza y perdía su mirada en los montes de atrás.

—No podemos enseñarles las tumbas, porque ellos andan por allá, en el monte, vigilándonos.

Como siempre, vigilan. Ya me lo había advertido el agente encubierto: "Seguro que andarán por la montaña, porque deben de tener más armas enterradas en el rancho".

Y es que ahí cerca, entre la maleza, es donde dos hondureños encadenados, para que no escaparan de la Migración, desenterraron a los dos asesinados en el rancho. A Melesit, ya con gusanos en la herida de la nuca, lo sacaron esa misma noche, cuando un hondureño dijo que sabía dónde estaba ese cuerpo, una ametralladora Uzi y dos cargadores también bajo tierra. El otro cadáver se recuperó cinco días después, cuando los dos hondureños encadenados que desenterraron a Melesit fueron desenmascarados en la estación migratoria de Tapachula, adonde habían trasladado a los centroamericanos para su deportación.

Se escuchó un barullo en la celda de hombres y, cuando los agentes de Migración se acercaron a revisar, se encontraron un linchamiento en proceso. Eran los 50 indocumentados hombres que intentaban matar a los dos hondureños, zetas los dos.

—¡Ellos son zetas, ellos traían armas y nos tableaban en el rancho, ellos son del grupo! —gritaba la turba a los agentes.

Entonces los sacaron, aceptaron ser zetas y los devolvieron a Tabasco, a declarar, a ubicar al segundo muerto, al que ellos mismos habían matado y enterrado.

Los Zetas son como un cáncer que hace metástasis con rapidez en todo lo que los rodea. Migrantes reclutados como zetas, militares reclutados por la banda, y policías, y taxistas, alcaldes, comerciantes...

CUESTIONARIO AL ENEMIGO

—Pero entonces, ¿todo lo del rancho La Victoria fue una casualidad? Es decir, no fue un operativo exitoso, sino dos migrantes que por cuestiones del azar encontraron a un pelotón y contaron que tras ellos quedaban 52 más —cuestiono al agente, que vuelve a sonreír, esta vez con una mueca cómplice, que deja muy clara su respuesta. Una sonrisa de obviedad.

—¿Por qué crees que me muevo como me muevo, despacio, paso a paso? Porque aquí Los Zetas se enteran de muchos de los operativos antes que las mismas jefaturas militares. Tienen orejas en todas partes. Y cuando hay golpes como éste, es por una de dos razones: o porque todo ocurrió así, rápido, sin planificación, por un pitazo sorpresivo que en este caso dieron los migrantes, o porque se elabora un operativo silencioso, sin andar contándole a todas las corporaciones, paso a paso.

Todo fue una casualidad, cuestión de tiempo, de voluntades, de humores. Si aquellos dos que huyeron hubieran temido ser detenidos por los soldados. Si en lugar de detenerse y denunciar hubieran corrido por el monte. Si minutos antes se hubieran parado a descansar ocultos a la vera de un árbol, al margen de la vereda, y el pequeño pelotón hubiera pasado de largo, nadie habría sabido siquiera de la existencia de un rancho llamado La Victoria en las afueras del pueblito Gregorio Méndez.

—Ya te dije, tienen muchas orejas repartidas —continúa el agente quien, como buen infiltrado, siempre sabe sorprender—. Dime, ¿había en el rancho policías judiciales?

—Sí, tres.

—Pues bueno, a uno lo están investigando porque trabaja para Los Zetas.

Durante más de media hora estuvimos haciendo preguntas y comentarios a un policía que quizá esté con Los Zetas. Esto es lo que les permite actuar como les da la gana. Así es como logran ser avisados de casi todos los operativos en su contra. De esta manera consiguen enterarse de a qué hora, qué día, dónde y quiénes.

Por eso es difícil actuar en su territorio. Por eso Toni Arnau sólo consiguió sacar su cámara por breves minutos en todo el viaje. Por eso el agente se mueve con cautela. Porque Los Zetas todo lo ven.

Ya es bastante incómodo andar por estos lugares. Ya es bastante atemorizante pasearse por una de las calles de Tenosique, el pueblo donde inicia esta ruta. Ahí, una de estas tardes, un funcionario nos trasladó en su vehículo. Mientras transitábamos por la avenida principal que parte ese municipio de 55 mil habitantes, nuestro piloto señalaba a ambos lados de la arteria cada vez que nos cruzábamos con un negocio grande de muebles, medicamentos o lo que fuera.

—Al hijo del dueño de ese local lo secuestraron el mes pasado. Al dueño de ese negocio lo secuestraron y lo mataron hace cuatro meses. En esa calle secuestraron al ex presidente municipal, Carlos Paz, en mayo, y parece que la esposa del dueño de aquella farmacia también está secuestrada por Los Zetas.

Aquello es una vitrina de secuestros, un paseo turístico por un pueblo tomado por los narcos, donde las referencias abundan, pero en lugar de ser la esquina donde se tomaba café tal célebre personaje local, apuntan al negocio donde ocurrió el último secuestro o la cuadra donde sucedió la última ejecución.

Los Zetas, cuando dominan, dominan todo. Hacen monopolio del crimen: secuestros, extorsiones, sicariato, narcotráfico, venta al menudeo, piratería, rentas para los coyotes que circulan por su zona, todo les corresponde. Todos son giros de su negocio, y quien quiera dedicarse a alguno de ellos debe ser miembro de la banda o un empleado de ellos.

—Lo controlan todo y a todas las instituciones. Fíjate que en Tenosique muchos de los secuestros ocurren en las vías, justo enfrente de la estación migratoria. Los agentes saben que si mueven un dedo mañana amanecerá uno de ellos muertos. Mejor callan y reciben lo que les pagan —explica el agente.

—Habrán tardado mucho en crear esa red —suelto un pensamiento en voz alta.

—No creas —responde—. Ellos vinieron y pegaron fuerte. Lo que hicieron es cooptar a todas las pequeñas organizaciones criminales que ya existían. Si aquí apenas se empezó a escuchar de la banda en julio de 2006, cuando detienen a Mateo Díaz, alias el Comandante Mateo o el Zeta 10.

Antes de eso en Tabasco sonaba con fuerza el Cártel del Golfo, pero pocos conocían a su entonces brazo armado. Mateo fue arrestado en su pequeño municipio natal, Cunduacán, en Tabasco, por hacer escándalo borracho en el bar La Palotada. Lo atraparon junto a su cómplice guatemalteco, Darwin Bermúdez Zamora. La policía municipal no sabía a quién tenía entre manos y, minutos después de haberlo detenido, ya veían cómo un comando armado de 15 hombres atacaba con bazucas, granadas de fragmentación y AR-15 la comandancia. Mataron a dos policías en la refriega, hirieron a otros siete, destruyeron patrullas e instalaciones. Entonces se enteraron de que en sus celdas, junto a otros traviesos nocturnos, tenían nada menos que al Zeta 10, uno de los fundadores del grupo, que en 1998 desertó del Grupo Aeromóvil de Fuerzas Especiales del Ejército, los temidos GAFES, la élite de esa institución. Tenían en custodia al Comandante Mateo, de los delincuentes más buscados del país, encargado de dominar las plazas de Tabasco, Chiapas y Veracruz, tres importantes estados para la entrada de la cocaína colombiana y del armamento comprado en Guatemala que luego utilizan el Cártel del Golfo y Los Zetas. Habían atrapado a uno de los fundadores de un grupo que ahora tiene a sus dos cabecillas en la lista de los más buscados por las autoridades estadounidenses. Cinco millones de dólares por la cabeza del Z-3,

Heriberto Lazcano, y otros cinco por la de Miguel Ángel Treviño Morales, el Z-40.

Mateo había llegado a poner orden en ésta, la llamada región de los ríos. Él y sus secuaces empezaron a recitar las reglas a las pequeñas bandas locales: o se alían o se apartan. Ellos cooptaron a la pandilla de unos 30 muchachos de entre 12 y 35 años que se dedicaban a cobrar cien pesos a cada migrante que quisieran abordar el tren en Tenosique. Los Zetas les ofrecieron un trato: a partir de ahora, trabajan para nosotros. A partir de ahora, no tendrán problemas con las autoridades municipales ni de Migración. A partir de ahora se acabó eso de sacar sólo unos cuantos pesos. Vamos a dominar la ruta, cobrar a los coyotes que pasen por aquí, castigar a los que no paguen y secuestrar a los que no viajen con nuestros protegidos.

—Estas bandas que ya existían —me dice el agente— se encargan de muchos negocios que dan dinero a Los Zetas en esta región. Si incluso hemos detectado que se encargan de manejar el negocio de la producción de CD piratas. Y lo manejan a su modo. Cuando llegaron, levantaron a traficantes de madera y vendedores de droga al menudeo, y les dieron una calentada. Ellos primero demuestran su forma de actuar, luego negocian.

—A ver, ¿pero estas bandas son zetas o no? He escuchado que les llaman zetitas.

El agente ríe antes de contestar.

—Me gusta ese nombre: zetitas. Es más o menos lo que son. Ellos no son Zetas en el sentido de que no participan de la estructura de la banda, no manejan cargamentos de droga ni tienen una responsabilidad dentro del cártel. Pero en la práctica sí lo son. Ellos tienen permiso de identificarse como zetas, y tienen la protección de los pesados. O sea que, para cuestiones prácticas, funciona igual: si un agente de Migración denuncia a uno de los zetitas de las vías, se estará metiendo con un negocio protegido por los grandes zetas, y éstos se van a vengar. Pero los que andan en las vías son sólo los que recogen a los migrantes, jefes de esas bandas de chavos que existían antes. Ellos convencen con mentiras a los migrantes de que se vayan a sus casas, que los llevarán a la frontera con Estados Unidos, pero luego los entregan a otros que ya son sicarios del cártel, como los que estaban en el rancho La Victoria.

LOS ZETITAS

Un día, bajo un permanente sol que calcina la piel, decidimos ir a Macuspana, un pequeño municipio rural ubicado a unos 250 kilómetros al norte de Tenosique. Por ahí pasa el tren. Por ahí pasan los que abordaron La Bestia en las vías de Tenosique. Y ahí, como en El Águila, El Barí, El 20, Villa, El Faisán, Gregorio Méndez y Emiliano Zapata, hay bandas de zetitas.

En Macuspana no hay albergue. Lo que hay es una iglesia con un traspatio donde los migrantes tienen techo y comida hasta que reemprendan su camino. De la iglesia salió un hombre delgado y de rostro anguloso. Es el administrador de la parroquia. Con parsimonia, arregló dos bancas alrededor de una mesa, y empezamos una conversación que poco tardó en terminar.

Cuando le explicamos que buscábamos información sobre las bandas de secuestros, el hombre enmudeció, sus ojos se volvieron esquivos, y el color moreno de su rostro palideció. "No sé nada de eso, yo sólo doy de comer a los migrantes, no sé nada." Ésa, como era obvio, sería su respuesta final.

Decidimos salir de la parroquia y tumbarnos en el traspatio con ocho hondureños y un guatemalteco que dormitaban ahí. El proceso siempre es igual. Ellos tantean a quien pregunta. El truco para ganarse la confianza consiste en hablarle del camino, demostrarle que uno también lo conoce, que conoce sus códigos, sus peligros, su tren, sus rutas. Así se logra que en unos minutos la respuesta inicial —"Tranquilo, compa, todo tranquilo, gracias a Dios"—, siempre falsa, cambie, y empiecen a contar lo que en realidad han vivido.

Pasado el protocolo me enteré de que tres de los ahí presentes se libraron de un secuestro en El Barí. El guatemalteco de El Petén que los lideraba, por ser su segundo intento, tuvo la perspicacia de detectar que cuando se les acercó un hombre dentro de una camioneta, con una pistola en la solapa y diciendo al celular "Tengo a un grupito", era un buen momento para echar a correr.

Pero me concentré en el hondureño gordo del rosario negro, que hacía los comentarios más osados. Si yo decía: "En esas vías te llegan con mentiras para hacerte caer". Él complementaba: "Y te sacan el número de teléfono, que es lo que les importa". Si yo agregaba: "Y te lo sacan como si de verdad fueran coyotes que te van a llevar". Él continuaba: "Pero al final pura mentira, más adelante te enteras de que vas secuestrado para Coatzacoalcos". Al final, la charla grupal se convirtió en charla de dos.

Este hondureño era un tipo de talante duro. Se le notaba la calle en sus palabras y en sus maneras. Aseguró que en su viaje anterior, y gracias a que vieron en él a un tipo temerario, le dieron posada en la casa de El Cocho, el líder de la banda de zetitas de El Barí. Intentaban hacerlo ingresar al grupo, pero él se negó. "Y como sabían que yo no tenía a nadie que pagara por mí, no me secuestraron, sino que ahí me daban posada", dijo. Nunca le creí del todo la historia, no sé si era verdad o si él era un infiltrado de ésos que Los Zetas meten en el tren para seleccionar víctimas. Pero lo cierto es que gran parte de lo que contó me lo confirmó luego el agente.

El hondureño aseguró que El Cocho es un compatriota suyo como de 30 años. Dijo que ese líder trabaja con otros nueve hondureños que, como él, nunca se alejan de sus 9 milímetros, "ni para dormir". Que la banda de El Cocho sigue activa, pero que de momento se han refugiado en el monte "debido a un operativo que hubo". Dijo que eso le contaron cuando pasó por ahí, antes de llegar a Macuspana. Todo coincide. Hace dos meses hubo un operativo en el que 24 migrantes fueron liberados por los militares en ese poblado. Cuando los militares llegaron, ya estaban ahí los policías municipales de El Barí. Todos los zetitas habían huido.

—Es que están compinchados, si cuando yo estaba ahí llegaban los policías a comer con El Cocho, y él les daba un sobre con dinero —recordó el hondureño gordo tumbado en el piso del traspatio.

Luego describió a la banda del hotel California. Ésta es una de las más descaradas expresiones de impunidad que he visto en estos años cubriendo migración. El hotel California es reconocido en Tenosique como propiedad de Los Zetas por absolutamente todas las autoridades que, a pesar de no dar su nombre, aceptaron hablar. Saben que ahí guardan armas, droga y a grupos de migrantes secuestrados antes de trasladarlos. Ese hotel está justo a la par de la garita de Migración, y ambos locales están justo frente a las vías donde han ocurrido decenas de secuestros masivos.

Ahí, dijo el hondureño en Macuspana, trabajan unas diez personas al servicio de El Señor de los Trenes. Éste, otro hondureño de unos 40 años, es un ex pollero que allá por 2007, cuando llevaba a un grupo de centroamericanos, fue atrapado por Los Zetas en su cruzada por evitar que un coyote que no les pague pasara por su zona. Él dijo que no conocía las reglas, que quería compensar su error, y durante más de un año estuvo vendiendo tamales y grapas de cocaína en una esquina de Coatzacoalcos. Luego de pagar piso y de que El Gordo, ex jefe de la banda de zetitas de Tenosique, fuera detenido, le fue entregada esa plaza de secuestros y ese grupo de zetitas. Ahora, cuando El Señor de los Trenes se rapa la cabeza, se le puede ver una Z tatuada.

—Si a mí me pagara la policía por enseñarles dónde vive El Cocho, dónde vive El Señor de los Trenes y encontrarles a unos tres líderes más de esas bandas, yo en un día se los entrego —fue la manera como se despidió el hondureño en Macuspana antes de que nos largáramos.

UNOS COMPRADOS, OTROS ASUSTADOS

—Eso del hotel California es conocido pero nadie interviene. Tienen a medio mundo comprado, y no sólo autoridades. Fíjate en las muchachas que en cada una de las dos entradas del pueblo están todo el día y la noche vendiendo refrescos. ¿Crees que a eso se dedican?

El agente hace una pausa, vuelve a sonreír misterioso, sostiene la mirada y se contesta a sí mismo:

—Nooo. Ellas se encargan de vigilar si entran convoys militares, si entra algún vehículo sospechoso, si entran al pueblo más carros de los

que normalmente vienen. Claro, tú sólo ves a unas muchachas jovencitas vendiendo refrescos.

Contratan a muchachas de pueblo, a centroamericanos migrantes,
a autoridades y comerciantes. Un pueblo se domina teniendo de tu
parte a medio pueblo y poniendo a temblar a la otra mitad. A los
que se oponen, como Fray Jesús, un cura joven y aguerrido de la
iglesia de Tenosique que ha denunciado en sus prédicas y ante algún
medio de comunicación el dominio de Los Zetas, los amenazan. Este
fraile ha recibido tres avisos: dos amenazas por escrito, una puesta
en el parabrisas de su carro y otra lanzada por debajo del portón de
la parroquia, y una amenaza más enviada por terceros: "Dígale a ese
padrecito que si se sigue metiendo en lo que no le importa le va a
ir mal".

Por eso, en estos pueblos vives entre dos fantasmas, y juzgas a todas
las personas de ese modo: los que temen y los que amenazan. La señora de la farmacia que, al ver pasar a un desconocido, baja la cabeza es
de las que teme. Los hombres del automóvil amarillo que han pasado
tres veces frente a nosotros en menos de cinco minutos son de los que
amenazan.

—Es que hablamos de gente con dinero. Los Zetas están cobrando
entre 50 mil y 200 mil pesos mensuales a cada banda de zetitas en esta
zona, y aún así a las bandas les queda dinero para ellos y para sobornar
autoridades. Y ten en cuenta que éste es su negocio para él sencillito.
Ellos sacan dinero del tráfico de drogas, balas y granadas. Los migrantes son su tercer negocio —continúa el agente encubierto.

Piensa un rato mientras en la mesa hay un silencio. Matiza.

—Sí, es su tercer negocio, pero ellos no tienen negocios pequeños,
sólo negocios de mucho dinero y que implican poner a funcionar toda
su maquinaria de corrupción. Somos conservadores al calcular que el 40
por ciento de todas las corporaciones policíacas que actúan en el Estado
están cooptadas por Los Zetas.

Las dos reuniones empezaron con los protocolos del miedo a los que obliga la región.

Al periodista llegamos con facilidad, a través de colegas suyos. Le llamamos una tarde y convenimos que, ya que él sabía de lo que queríamos hablar por nuestro contacto, lo mejor era que lo hiciéramos en persona. Nos movimos de Villahermosa hacia uno de los pueblitos. Bajamos del autobús y nos sentamos en el pequeño restaurante que nos había indicado. A la media hora entró un acalorado hombre que se sacudía el sudor con un montón de papeles bajo el brazo. Era él, el periodista de la zona que lleva más de diez años cubriendo los avatares de esta región de balazos, narcos, autoridades corruptas y militares. Una zona que, por tramos de carretera, cuando los convoyes verde olivo se pasean, evoca a las imágenes del Irak que tenemos en la mente.

El periodista escribía una nota en su computadora portátil mientras hablaba y sacudía la cabeza de lado a lado, atento a los movimientos de un viejo zarrapastroso que estaba en la mesa de al lado. Entre vendedoras de jugos que trabajan como halcones y autoridades corruptas, cualquiera puede ser un oreja, un vigía, un zeta.

Hablamos un poco en el restaurante, pero era obvio que lo mejor era irnos a otro sitio, donde no tuviéramos que susurrar cada vez que pronunciábamos la palabra zetas. Nos trasladamos a un pequeño local repleto de cacharros electrónicos por todos lados. Ahí, el nervioso hombre no paró de hablar. Encendió su computadora y empezó a mostrar algunas de sus fotos.

Ranchos de secuestros, zetas presentados por la autoridad, policías corruptos atrapados mientras culminaban algún negocio para la banda y cadáveres, varios cadáveres.

Pero nosotros queríamos que el periodista nos hablara de por qué nadie cuenta lo que todos saben, lo que se puede averiguar en un par de semanas. ¿Por qué nadie habla de las autoridades corruptas de los pueblos si todos saben quiénes son? ¿Por qué sólo lo hacen cuando la policía detiene a alguno de ellos y lo presenta ante los medios? ¿Por qué nadie cuenta sus dinámicas, su red, su forma de operar sino sólo hechos puntuales, con poco contexto, con poca raíz?

Su respuesta llegó en dos argumentos, uno más contundente que el otro.

—Porque yo vivo aquí, y aquí vive mi familia. Y, como tú dices, si ellos tienen a medio pueblo comprado, también saben dónde vives, cómo te llamas, cuántos años tienen tus hijos y dónde estudian. Y además porque si, como yo, eliges arriesgarte y publicas algo, te pasa lo que a mí me pasó. Llega una camioneta negra a tu casa con dos hombres armados. Tocan la puerta, preguntan por ti y te dicen: A ver, venimos a ver cómo la vas a querer: ¿Por las buenas? Pues deja de escribir pendejadas. ¿Por las malas? Te matamos a ti y a toda tu familia.

Y asunto zanjado. Una lápida sobre las letras de los periodistas, aunque no necesariamente sobre sus medios, que tienen sus oficinas en la capital o en una ciudad grande. Un mutis a los que viven en estos pueblos, a los que intentan contar las grandes historias de sus pequeñas localidades, que viajan sin guardaespaldas, que ganan sueldos de miseria y que escriben desde sus casas, donde viven sus hijos.

Porque cuando estos delincuentes lanzan su consigna, cuando dicen Nosotros somos Los Zetas, o te doblas o te doblan. Lo sabe el periodista, y lo saben los secuestrados, y lo supo también Mario Rodríguez Alonso, el director de Tránsito de Emiliano Zapata, un pueblo cercano, que hizo caso omiso a la consigna y arrestó a un conductor ebrio que gritó que era zeta, que no se metiera con él. Un día después, en julio del año pasado, por la mañana, a la luz del día, un comando armado lo sacó de la estación policíaca y lo devolvió al siguiente día, ya muerto, con rastros de tortura, su rostro cubierto por una bolsa negra, las manos esposadas por la espalda y varios impactos de bala en el cuerpo.

Cuando días después buscamos a un policía municipal para preguntarle cómo se siente que te pasen encima los que deberían temerte, el procedimiento fue más complejo. Lo contactamos a través de un pariente suyo que conocimos gracias a una fuente gubernamental. Nunca hablamos con él antes del encuentro. Sólo recibimos instrucciones de su pariente: a las 2 de la tarde, en el pequeño comedor de la esquina, cerca del río.

Llegó puntual. El policía, en su día libre, vigilaba el comedor desde una esquina. Cuando llegamos, se acercó y nos invitó a caminar por el callejón hasta llegar a la sombra de un árbol en la ribera del río. La conversación inició ya sin temores.

—Dicen que a veces los llaman a la comandancia y les ponen narcocorridos a todo volumen.

—Sí, a veces hacen eso los cabrones, y a varios comandantes de la municipal les llaman a su casa de repente, sin que hayan hecho nada, para amenazarlos, que si se meten con ellos ya saben dónde viven y que les van a matar a la familia —respondió.

—¿Y eso pasa seguido?

—Mira, siempre hay algún evento. Hace cinco días apareció el último ejecutado en Tenosique, en la colonia Municipal, era un vendedor de ganado. Hace tres meses mataron a un comandante de la policía, que pensó que era juego y empezó a molestar mucho a Los Zetas, a hacer operativos por el hotel California.

Hablaba de Tirson Castellanos, el comandante de la policía de Tenosique que en su día libre se dedicaba a compra-venta de vehículos hasta que fue interceptado por una camioneta con sicarios cuando se dirigía a su casa. Tirson corrió y se refugió en el baño de un taller mecánico, hasta donde los pistoleros llegaron para descargar sus 9 milímetros. El cuerpo de Tirson recibió 14 impactos.

—Y usted, ¿qué hace para seguir vivo? —pregunté al municipal.

—Me desentiendo, me dedico a otras cosas, a rateros y borrachos. Ya me ha tocado que andando en los ejidos se nos atraviesen dos camionetas. Se bajan y se identifican: "Nosotros somos Los Zetas", y te presumen sus armas y lo que ganan y te dicen que trabajes para ellos. Yo les digo que no, y se ponen violentos, pero les digo que tampoco me meto en su camino, y te dicen: "Más te vale, hijo de la chingada". O cuando hacíamos un retén de tránsito, y pasan tres camionetas con hombres vestidos de la AFI (Agencia Federal de Investigaciones), y les preguntábamos si iba a haber operativo, y nos contestaron: "No somos ley, nosotros somos Los Zetas". El comandante que estaba en el retén fue inteligente y les contestó: "Pasen, adelante, yo no quiero nada con ustedes. Trabajen, que yo no los veo". Nunca había visto tantas armas juntas como las que llevaban en esos carros.

—Supongo que algunos en tu corporación sí trabajan para ellos.

—Mira, yo sé que algunos lo hacen, pero intento no enterarme, no averiguar y no confiar en nadie.

—No hay solidaridad entre corporaciones.

—Olvídate. Todas tienen a gente comprada. Si tú detienes a un zeta, ellos mismos te delatan, dan tu nombre a los que quedan fuera, y tu familia corre riesgo. Todos andan tras algo. Mira nada más lo de El Ceibo, se reportaron dos escuadras cuando lo que agarraron fueron cinco y un cuerno de chivo.

Se refería a lo ocurrido hace unos días, cuando cerca de El Ceibo, en la frontera con Guatemala, un pequeño poblado que funciona como mercado negro de armas y balas, los policías mexicanos detuvieron de su lado de la línea a un joven que llevaba escondidas en su carro cinco 9 milímetros y un AK-47. Nosotros estábamos ahí, esperando que el ejército de Guatemala realizara el anunciado operativo contra ese mercado que provee de balas y granadas a Los Zetas. El operativo fue un fracaso. Para cuando ocurrió ya todos en El Ceibo estaban alertas. Por su parte, los policías mexicanos sólo reportaron haber encontrado dos pistolas. El resto de armas quién sabe a dónde fue a parar.

No se sabe en quién confiar. El poder de infiltración de Los Zetas no deja libre a ninguna corporación. Ni siquiera al Ejército, al que muchos señalan como la única autoridad que combate al narco. Nada más el 1 de julio de este año, la inteligencia mexicana detuvo a 16 militares de las bases de Villahermosa y Tenosique acusados de trabajar con Los Zetas, de avisarles de operativos y de maquinar un complot para asesinar al comandante Gilberto Toledano, que ha coordinado varios operativos, como el realizado contra el rancho La Victoria.

El sol ya se oculta, pero el calor aún es sofocante en este café con estructura de pecera cuando la conversación con el agente encubierto termina.

—Es complicado todo esto —dice a manera de resumen—. Es complicado porque primero hay que eliminar todas sus infiltraciones. Constituir un frente común, y que todo el aparato del Estado luche contra ellos. Entonces empezaría una verdadera batalla.

—Y entonces, lo que hacen ahora, ¿qué es?

—Una especie de juego muy delicado, pero que no da los resultados que podría dar.

Entonces, como despedida, iniciamos un intercambio de pensamientos inútiles pronunciados en voz alta. "Es difícil... Sí, complicado... Un trabajo duro... Poco a poco y con cuidado". Una sensación de impotencia me invade. Quizá la misma sensación que ha recorrido el cuerpo del periodista, el policía, el cura y de este agente más de una vez. Estamos sentados, conversando sobre un miedo que al salir de esta pecera volverá a recorrernos cuando caminemos por las calles de estos pueblos y nos crucemos con su gente cabizbaja y sus hombres rondando en sus carros, donde pronto habrá otro ejecutado y muchos migrantes más serán secuestrados.

—Es complicado —repite el agente encubierto cuando nos damos la mano para despedirnos.

VIVIR ENTRE COYOTES

Entre noviembre de 2008 y noviembre de 2009, en el camino

Son unos personajes fascinantes, unos piratas del camino. Viven al límite y trabajan de arriesgarse, de repetir un viaje que puede ser mortal. Son los coyotes, los polleros. Son un gremio que atraviesa una crisis, porque ahora el narco se apoderó de este territorio y les impuso sus reglas. Los coyotes habitan en un mundo donde ya no mandan, obedecen o pagan las consecuencias. La nueva situación no gusta a todos. Los coyotes se devoran entre ellos. Eso me quedó claro cuando conocí a El Chilango.

Parece un animal asustado. Silba, lanza pequeños gritos —¡Hey! ¡Tú! —, pero cuando me volteo a ver, se baja la visera hasta la línea de los ojos, esconde la cabeza entre los hombros y se retira hacia los matorrales mientras me mira de reojo. Un loco, pienso.

Lo ignoro, me insiste. Se aleja unos pasos fuera del albergue de Ixtepec, pero regresa cuando se da cuenta de que sus gemidos no dieron resultado. ¡Pst! ¡Hey! Hace un gesto rápido con la cabeza antes de volver a replegarse. Ante la insistencia, le lanzo miradas desdeñosas cuando ya va por el quinto intento, mientras juego cartas con un grupo de migrantes hondureños. Parece que se rinde. Enfunda sus manos en las bolsas de su roído pantalón de tela y se marcha a hacer berrinche en un tronco que está escondido tras un árbol en los linderos del terreno. De cuando en cuando asoma la cabeza y exagera el gesto de impotencia cuando cruzamos miradas.

En verdad parece un loco. Lo observo mientras cae la tarde y él refunfuña. La enorme mandíbula sobrepasa por mucho la línea superior de dientes. Su barba canosa es cerrada alrededor de la boca e irregular en las mejillas. Le da un aspecto sucio. Apenas tiene pelo en la cabeza, sólo unas hilachas que nacen a los lados de la coronilla. Lo sé porque una de sus muecas de desaprobación pasa por quitarse la gorra y rascarse la calva mientras agita la cabeza. Tiene cara de loco, y sé hay algo raro en su mirada, pero no alcanzo a descifrarla desde esta distancia.

David, el encargado de seguridad del albergue, pasa a mi lado mientras lleva leña para la cocina. Me dice que el hombre del tronco le ha pedido que me llame. Sin mucho interés le contesto que ya iré. Mientras David se aleja, suelta una de sus conclusiones de buen observador, de ex militar, de ex policía, de habitante del albergue.

—Te aseguro que es pollero.

Abandono de un brinco la partida de cartas y me acerco al hombre que ya se acercaba hacia mí.

—Aquí no —susurra el harapiento—. Voy a sentarme en el tronco. Llega en unos minutos.

Lo dice de pasada y sigue de largo.

Entiendo su código y me hago el indiferente unos minutos. Saco un café de la olla que hierve en el fogón. Enciendo un cigarro. Regalo media cajetilla, como siempre que la saco y los migrantes lo notan. Y, cuando creo que nadie me mira, camino despacio hacia el loco. Me siento a su lado. El árbol nos esconde de las miradas del albergue, y los matorrales, de las que pudieran venir de la vereda que surca las vías del tren. Tras unos segundos de silencio en los que observa para todos lados, clava su mirada en la mía y comienza a hablar.

—Me vas a conocer como El Chilango. No te diré mi nombre. Soy pollero, coyote. Soy mexicano. Y te voy a contar lo que te voy a contar porque ya te he visto en este camino, he escuchado cuando hablas y sé que lo conoces un poco. Te voy a hablar porque estoy harto de lo que está pasando, porque me están dejando sin trabajo todos esos pinches pendejos. Eso sí, si quieres que hable, consigue café y cigarros.

Ahora veo sus ojos con claridad. Negros y pequeños, empotrados dentro de un círculo de arrugas cada uno, entre piel reseca y tostada, como recubierta de polvo. El iris de su ojo derecho está arriba del globo ocular, tirando hacia afuera. El del izquierdo está en su sitio. De cerca se acentúa su mirada de loco.

En la introducción no para de hablar ni de fumar. Yo no hago ni una pregunta. El Chilango tiene 41 años, pero parece un anciano esquelético de 70. Hace 20 años que es coyote. Nació en la capital. Empezó cuando lo despidieron de su trabajo de camionero por haber robado parte de una carga de plátanos. Ya entonces subía a algunos migrantes en sus contenedores y les cobraba por llevarlos desde el sur hasta el Distrito Federal en aquellos tiempos pasados de pocos retenes de carretera. Había conocido a varios coyotes y sabía de las rutas de a pie y de las del tren. Aprendió como casi todos, como empleado de otro coyote más experimentado, pero habla poco de él. Sólo me dice que terminaron a machetazos. El Chilango aún conserva dos cicatrices abultadas en el antebrazo derecho, el que utilizó como escudo.

Desde entonces actúa solo. No acepta maestros ni aprendices. Tiene contactos en Guatemala, Honduras y El Salvador que le mandan clientes que él recoge en Tapachula, en la ribera norte del río Suchiate, y lleva hasta Nuevo Laredo, a la ribera sur del río Bravo.

—Yo siempre he trabajado solo. Nunca he pedido nada a nadie. Pero ahora todo ha cambiado. Lo acepté durante un año y entregué mis cuotas y trabajé para Don Fito, uno de esos grandes coyotes, pero ya estoy harto de esos culeros. Los coyotes que andamos con la gente ya no podemos trabajar en paz. Somos empleados de los grandes señores que viven en la frontera norte. Ellos se entienden con Los Zetas y ellos se quedan la feria.

EL COYOTE QUE NO ES COYOTE

Desde hace unos diez años la figura del coyote-amigo empezó su declive. Aquel vecino del pueblo que por una cantidad razonable llevaba a su compadre a Estados Unidos es ahora un hombre adusto, repleto de cicatrices y peligroso hasta para sus propios clientes. En ocasiones, un aliado de Los Zetas en el que hay que confiar porque no queda otra. Un secuestrador algunas veces. Un timador la mayoría. Ellos son los habitantes de este camino. Los que tienen residencia aquí, en diferentes puntos. Y el camino, pérfido y malicioso, se ha convertido en ellos o ellos en el camino.

Al buen coyote ya no le queda la opción de seguir siéndolo. Como mínimo debe dejar cuota a Los Zetas o entregarles algún botín humano en compensación. El buen coyote ha tenido que renunciar a su nombre, alejarse del gremio, abandonar las rutas y las cantinas de reunión, hacerse llamar guía y cobrar menos. Siguen aquí sólo por ese vicio inexplicable que estos senderos despiertan, porque lejos de aquí todo parece demasiado tranquilo. Aquí dentro es pura velocidad y miedo. Y eso mantiene despierto. Vivo.

A Wilber, uno de esos guías, lo conocí en 2007 cuando tenía 22 años, siete detenciones, al menos 30 asaltos —al menos— en La Arrocera, ocho asesinatos atestiguados y nueve años de coyotear. Observador y de pensamiento ágil, Wilber es del barrio El Progreso de Tegucigalpa, la capital hondureña. Nunca cedió a la ola de profesionalización del gremio. No contactó ni se dejó contactar por ningún zeta. Se quedó del lado de los migrantes. Él teme a Los Zetas, pero no les paga. Y por eso Wilber vive de lo que gana con la pequeña hortaliza de su traspatio y con los dos caballos que jalan la carreta en la que vende plátanos por las calles cuando no anda en el camino, subiendo a algún pariente o amigo. Tiene ese cuerpo fibroso y requemado de un campesino. Nada en él es llamativo, es un muchacho moreno. Sin más. Lo he visto cinco veces desde la primera, cuando llevaba a un primo y al jefe de la empresa de seguridad privada en la que había trabajado. He viajado con él en dos ocasiones. Lo conozco y confío en él.

Hay una diferencia entre el guía Wilber y los coyotes. Él come con sus migrantes, duerme con sus migrantes y no los abandona para deambular por ahí. No se reúne con personas extrañas en las vías de cada pueblo. No alardea. Viaja como migrante y se defiende con palos y piedras.

Ellos, su rebaño, lo tratan como amigo, como uno más del grupo mientras pasan las largas esperas del tren en algún descampado. Y él toma el liderazgo con respeto cuando La Bestia anuncia la partida con su grito. Les dice en qué vagón, en qué momento y sube al último.

La última vez que nos encontramos tuvimos mucho tiempo para conversar. Fue una noche de octubre de 2008. La locomotora que esperábamos en Arriaga llevaba dos días sin recoger los vagones. Las vías estaban atestadas de indocumentados que, hartos de la espera, dormían en ellas. El albergue queda a un kilómetro de los rieles, y muchos prefirieron no arriesgar el transporte. Nosotros tampoco nos arriesgamos y nos tumbamos con la cabeza en el acero.

Wilber y yo nos alejamos unos diez metros de los cuatro primos a los que llevaba. Los guiaba hasta el río Bravo y al llegar les indicaría a qué coyote dirigirse. Los enviaría con alguien conectado con El Abuelo, el gran señor de los coyotes que cruzan centroamericanos por esa zona. El que trata con Los Zetas. Wilber puede ser un buen guía, pero la frontera norte tiene sus reglas y a él no le queda otra que acatarlas y encomendar a sus migrantes a otros coyotes si no quiere tener problemas o meterse de lleno en el negocio. Wilber hace lo que puede. El Abuelo tiene fama de cumplir su trabajo si el indocumentado ya ha llegado hasta el río Bravo.

El humo de nuestros cigarros tardaba en desaparecer, se hacía denso en la luz de los faroles. Estábamos en las vías, pero Wilber fumaba con el cigarrillo entre el pulgar y el índice, hacia adentro de la mano, como se fuma sobre el tren en marcha para que el viento no consuma el tabaco.

—Pensé que te retirabas, viejo —le dije.

—¡Ah! ¿Yo? ¿Por qué?

—Me dijiste la última vez en Ixtepec que muy perra estaba la cosa y que no querías que Los Zetas te encontraran, que sería tu último viaje.

—Ya me acuerdo. Lo que pasa es que estos chamacos se quieren ir para arriba y como son primos, no me van a quemar.

—¿A quemar?

—Pues sí, ya sabés que el problema es cuando te detienen Los Zetas o los policías que trabajan con ellos. Si ven un grupo de más de cinco van a querer saber quién es el coyote y van a joder hasta que alguno suelte la sopa. Separan a los que ven más pendejos y les dicen que si señalan al coyote no les van a hacer nada. Pero yo los traigo cheque, bien entrenaditos, ya saben que la onda es decir que somos todos primos, por eso hoy sí traigo documentos y ellos también, así ven los apellidos si no nos creen.

—O sea, que viajás seguro de que te los vas a topar.

—Seguro no, pero la última vez que nos bajamos en Tierra Blanca agarraron como a 30 de los que venían en mi tren. Yo traía a un cuñado y salimos corriendo. Nos metimos en una fábrica que está a la par de las vías. Nos vieron, pero no quisieron entrar.

—Wilber, pero si vos los dejás en Nuevo Laredo con un contacto de El Abuelo, que trabaja con Los Zetas, ¿por qué no hacés el enganche?

—Porque vale verga. No es así de sencillo que vos trabajás con él y pasás gente cuando querés. Te traen controladito. Quieren el teléfono de tu casa en Honduras y te llaman de vez en cuando para que llevés grupos que ellos conectan. Si te tardás en pasar, así como que en un mes no te ven por la ruta, te joden. Que si estás trabajando con otro patrón, que si has encontrado otra pasada. Quieren que les andés vigilando el camino, que les consigás gente para... Para ellos, pues...

—¿Para secuestrarla?

—Ajá. Y entre los mismos coyotes se joden. A veces uno que no tiene trabajo y que te vea que vos andás con un montón de gente para arriba y que bajás a traer más y que sólo subiendo andás, va a ponerte el dedo y a inventarse que te vio cotorreando con otro patrón o que llevabas a más migrantes que los que reportaste. No, muy jodido. Mejor así.

—Claro, mejor de guía.

—Mejor.

—Hasta que te descubran.

—No, yo creo que ésta es la última subida que hago.

Me eché a reír, y Wilber también. Llamó a sus primos y contamos chistes para no dormirnos.

Amaneció y ni señales de la locomotora. Wilber tenía el gesto serio. Es normal, pensé, no ha dormido en toda la noche y le esperan 11 horas en tren bajo este maldito calor. Caminó hacia el puente, lejos del bullicio de los indocumentados que no se habían ido al albergue a tomar un café y a comer algo. Lo seguí. Cuando se había alejado lo suficiente, allá donde los rieles se internan entre la maleza, se hincó, apoyó un brazo en los durmientes y otro en la tierra y pegó la oreja a un riel. Así estuvo un minuto. Se levantó serio. Me pidió un cigarro, y echó una calada profunda.

—Ya viene, en menos de media hora.

Se fue a paso rápido a juntar a sus primos, que compraban comida en el mercado.

El tren llegó en media hora. No logré ver a Wilber en aquel barullo. En mi vagón la gente peleaba con dos borrachos que querían subirse. Apestaban a alcohol y cada uno tenía una botella de licor casero en las manos. Todo se zanjó cuando un hondureño, garífuna, alto y musculoso, les ofreció partirles la cabeza con un enorme leño. Los dos bajaron refunfuñando.

El tren ordenó vagones. Estaba listo cuando escuché un ¡Hey! desde abajo. Era Wilber que, con el ceño fruncido, me hizo un enérgico gesto con el brazo para indicarme que me bajara. No me moví. Volvió a hacer el gesto, esta vez con los dos brazos.

—¿Qué pasa, Wilber?

—No jodás, que este tren está jodido. Hay tres espías de Los Zetas que se han repartido en los vagones.

—¿Cómo lo sabés?

No contestó, me miró con los ojos muy abiertos.

—¿Y entonces?

—Entonces nada, a esperar otro.

Corrí a avisar a un grupo de hondureños con los que había hablado el día anterior. Se miraron y nadie se movió. El tren empezó a avanzar. Vi a una guatemalteca que viajaba con su esposo y le hice el mismo gesto enérgico que Wilber me había hecho. Dijo adiós con la mano.

—¡Mierda! —dije en voz alta.

—Se los va a llevar la chingada porque iban como cinco asaltantes con pistolas —dijo Wilber sereno mientras masticaba un taco de huevo revuelto.

—¿Asaltantes? ¿Me dijiste que eran zetas?

—Pues sí, por eso me bajé. Los asaltantes me la pelan, sólo les doy 50 pesos (cinco dólares) y ya. El problema es que los espías me vieron repartir el dinero para el asalto a mis primos y se dieron cuenta de que ando de guía.

La enorme mandíbula de El Chilango tiembla. Por momentos parece que va a llorar. Se ha metido en un tremendo problema. Está aterrado, con razón.

En una hora de conversación me ha soltado todo su parlamento. Resulta que rompió las reglas. Se trajo a tres hondureños desde Tenosique, sin avisar a Don Fito, su patrón de Reynosa, en la frontera con Estados Unidos. Los enganchó en la estación de autobuses. Pensó que podía jugársela a su jefe y a Los Zetas. Dice que lo hizo porque hacía más de dos meses que Don Fito no le daba trabajo por haber cometido algunos errores. No quiere explicar cuáles, dice que eso no tiene importancia, que lleva años trabajando bien, "chambeando derecho".

El caso es que su plan avanzaba bien. Logró llegar hasta Coatzacoalcos con los dos hombres y la mujer que llevaba. Pero ahí mismo, en las vías, se le apareció La Doña. Es una mujer sesentona que parece una anciana de 80 años. Junto a las vías del tren vende unas enormes tortillas con queso y carne llamadas tlayudas. Ésa es su fachada. En realidad, La Doña es la jefa de secuestros de Coatzacoalcos. Maneja el negocio con sus tres hijos, gordos y violentos. Lo sé porque una vez nos sacaron de las vías con insultos al fotógrafo Edu Ponces y a mí. También se encarga de controlar a los coyotes para que paguen a sus patrones, Los Zetas, a los que envía camionetas repletas de secuestrados a Reynosa. Se acerca entrañable e indefensa a los migrantes. A algunos les ofrece una tlayuda gratis. Les dice que sus hijos son coyotes y que les hará buen precio, pero luego los embute en camionetas a punta de pistola.

El Chilango dice que anteayer La Doña le salió al paso cuando intentaba salir de las vías. "Ajá, hijo de la chingada —le dijo— con que te crees el más chingón." El Chilango está seguro de que ya lo traían controlado desde el tren. La Doña le obligó a gritos a que la acompañara mientras pedía instrucciones a Don Fito de qué hacer con su coyote rebelde.

Entonces, en un momento de despiste de la vieja, El Chilango cogió a su grupo y se largó en taxi a la estación de autobuses donde tomó uno a Oaxaca, y luego otro hasta acá, a Ixtepec. Y aquí estamos, bajo el árbol del albergue, mientras sus migrantes descansan en alguna pensión de mala muerte.

—¿En qué diablos pensabas? —le pregunto.

—No sé, no sé, no sé. Es que esta gente va a pagarme por el viaje y además yo sabía que si no me escapaba me iban a dar una gran madriza o a matarme —dice con su voz irregular, que sube y baja de tono en cada palabra.

—El problema es que ahora es seguro que querrán matarte.¡Pinches pendejos! Yo he trabajado bien para ellos, pero el patrón no me daba pollos. ¿Qué iba a hacer yo? ¿Qué puedo hacer sin trabajo? ¡Tengo dos mujeres con hijos a las que mandar dinero! ¡Pinches pendejos!

—¿Y ahora?

—Ahora —sigue la tembladera— voy a subir por esta ruta, voy a evitar Coatzacoalcos, a ver si llego a Estados Unidos y me paso con mis pollos y me quedo allá. Es que ya sé cómo funciona esto, ahora mismo todos los coyotes de Don Fito y de El Abuelo ya tendrán orden de dar el pitazo si me ven. Y todos los espías del tren. ¡Pinches pendejos!

Le digo que su plan es estúpido, que lo detectarán y que por su culpa matarán también a los hondureños que nada deben.

—¿Y tú no puedes hablar con alguien del Ejército? Diles que sé dónde están todos esos secuestradores de Los Zetas, que si me dan protección como testigo, yo se los entrego: a ellos, a los coyotes que trabajan con ellos y a los espías.

Me muestra las agendas de contactos de sus teléfonos celulares. En uno hay tres números que corresponden al nombre "Doña Coatzacoalcos". En otro, está el número de "Don Fito" y el de "El Borrego", el famoso jefe zeta de Tierra Blanca. Le contesto que hable con el fundador del albergue, que la idea no es mala, pero que es el sacerdote Alejandro Solalinde quien puede tener esos contactos. Le pido que me deje conversar con los hondureños y que yo llamaré al cura para comentarle la situación. Acepta. Intercambiamos números de teléfonos. Se va.

Lo de prestarse como testigo protegido es una salida, pero me he quedado con esa sensación de que he hablado con un hombre que va a morir, de que ya no hay remedio.

En la noche me dedico a indagar.

El Chilango ya había venido ayer. Anduvo merodeando, me cuentan. No terminaba de entrar al albergue, se acercaba al padre, pero no le decía nada. No diré con quiénes hablo, pero son gente que conoce muy bien el camino. Dos de ellos me confirman lo siguiente: El Chilango es como todos los coyotes, problemático, difícil de controlar. Le causó dos problemas a Don Fito. El primero porque se le escaparon cinco migrantes en Tierra Blanca. El Chilango se la pasaba borracho mientras esperaba el tren, y los indocumentados decidieron no seguir con él. Don Fito ya había pagado por ellos. Una de mis fuentes me asegura que El Chilango recibió una "tabliza" como reprimenda. El segundo error fue más grave. El Chilango quiso salir de aventajado y robó dos de sus migrantes a un coyote de El Abuelo. Eso no se hace. Cada patrón paga por sus indocumentados y los pasa por su zona. Por eso El Chilango estaba castigado sin trabajo. En esa ocasión el mismo Don Fito le llamó y lo obligó a devolverlos y a entregar los suyos como recompensa.

Se devoran entre ellos. No quieren acatar reglas. Es como querer domar a un tigre en plena selva. Saben a lo que se enfrentan, pero el dinero es su ley. Recuerdo más de un caso de ese tipo.

En territorio ajeno

A Alberto me lo presentó otro coyote aquí mismo, en Ixtepec. Fue en enero de 2008. Era de San Miguel, un departamento en la zona oriental de El Salvador, pero vivía en Monterrey.

Era parte de una red de coyotes de lujo. Él no trabajaba con migrantes de a pie. Trabajaba con los que entonces pagaban 7 mil dólares por un viaje completo. Los indocumentados a los que Alberto trasladaba debían presentarse el día acordado a la hora acordada en la plaza central de Tapachula. Ahí los recogía un motorista que los llevaba a una casa donde pasaban la noche. A la madrugada siguiente, ese mismo motorista los llevaba hasta una pista clandestina de avionetas, enclavada en la zona de cañaverales. Esa avioneta tardaba unas cuatro horas en llegar a Monterrey, muy cerca de la frontera con Texas. Ahí entraba Alberto. Él era el motorista que los recogía en una pista clandestina de Monterrey, los metía en grupos de no más de cinco ya con el coyote como tripulante, y los llevaba hasta el punto de cruce mientras el coyote les explicaba la ruta y las reglas.

La red en la que trabajaba Alberto facturaba 35 mil dólares por cada ruta completada con un grupo de cinco indocumentados, y esa red trasladaba al menos a cuatro grupos por mes. Sin embargo en el último mes no habían volado. Las autoridades mexicanas habían anunciado en diciembre de 2007 que, a petición del gobierno estadounidense, ejercerían más control aéreo en la zona de Tapachula para evitar el ingreso de avionetas que despegaban en Centroamérica con cocaína colombiana. Suelen ser Cessnas capaces de realizar vuelos rápidos, a poca altura y aterrizar en pistas cortas.

Alberto, al verse sin ingresos, no pudo esperar a que pasara un tiempo y a que la calma regresara a los cielos. Volvió a sus orígenes y se lanzó al tren. Hacía tres años que Alberto trabajaba en estas rutas, pero entonces Los Zetas no existían. Cuando lo conocí llevaba a tres salvadoreños en La Bestia.

Viajaba como migrante y tenía grandes habilidades camaleónicas. Daba instrucciones a sus indocumentados mientras jugábamos fútbol, como si fuera una charla de estrategia para marcar un gol. Por lo demás, nunca se les acercaba.

—Es que si otro coyote me ve, me jode, porque yo no pago a nadie por el derecho de vía —me explicó cuando nos quedamos solos.

Recuerdo que pensé que son una panda de desquiciados. ¿Qué les cuesta esperar? Si los descubren, no se enfrentan al regaño o a una multa. Los Zetas educan con dolor. Si no, que pregunten al coyote guatemalteco que entrevisté meses después aquí mismo, aquel que me mostró las cicatrices de quemaduras de cigarros que Los Zetas le infligieron luego de abrirle la piel de la rabadilla a golpes de tabla. Ya viven al máximo de emociones, pero aprietan, buscan más, se arriesgan. Son coyotes.

"Ayúdame"

He comentado a Alejandro Solalinde la oferta de El Chilango. Dice que algo se puede hacer, pero El Chilango no aparece. Me había dicho que volvería hoy. Atardece y no hay señales del coyote mexicano. Iremos a cenar, tal vez mañana venga.

Escuchamos el tren. Anuncia su partida hacia Medias Aguas. Hace más de una hora que maniobra con los vagones y es momento de partir. En él va un grupo pequeño, de unos 40 migrantes. Irán cómodos, porque todos podrán viajar en los balcones con piso de metal y dormir un poco. Cenaron sopa de pollo en el albergue, así que no necesitan nada y no nos movemos de la mesa del traspatio de Alejandro Solalinde donde cenamos con su equipo. Antes de que nos levantemos de la mesa recibo una llamada. Es El Chilango.

—¿Qué pasó? Te estuve esperando toda la tarde —le digo.

—No pude, esto está caliente. Te llamo antes de que se me acabe la señal. Voy en el tren, estoy pasando por la estación.

—Pero si te andan siguiendo.

—Por eso me voy, porque hay como tres espías de Los Zetas merodeando el albergue, yo sé que ya saben que ando por aquí y me están buscando.

—¿Y los hondureños?

—Van conmigo.

—Hey, pero los estás arriesgando y eso…

—Te corto, antes de que se me acabe la señal. Te llamaré de Medias Aguas a ver si podemos hacer algo de lo que te dije. Me andan siguiendo. Ya sabes quiénes.

Ahora sí presiento que he hablado con alguien con acta de defunción. Me parece que El Chilango me ha recitado su epitafio: aquí yace un coyote asesinado por otros coyotes.

Amanece y el albergue está vacío, no ha llegado ningún tren de Arriaga. No espero la llamada de El Chilango. No le creo. Si de verdad valorara la opción de ser testigo protegido, no se habría ido. Lo pienso bien y creo que sigue con la idea de que puede pasar a los hondureños a Estados Unidos, cobrar allá por ellos y sobrevivir un tiempo en el Norte.

Sin embargo, a mediodía mi teléfono vuelve a sonar. Se escucha un alboroto de mercado, algo difuso. Voces y el sonido de algo que se arrastra por la tierra, como una interferencia.

—Heeeey... Ssssss

Es apenas un susurro.

—¿Chilango, Chilango? —pregunto en voz alta.

—Heeeeey... Ayúdame. Ssssss. Me agarraron. Aquí andan. Ayúdam...

Tut, tut, tut.

La llamada se corta. Marco. Timbra, pero no contesta. Lo intento diez veces más, pero dice que no hay señal o que está fuera de servicio. Supongo que no hay quien pueda ayudarle.

Epílogo

Durante un año entero después de aquella llamada pregunté a mis contactos por El Chilango. Lo pregunté en cada uno de los sitios del sur que visité. En albergues, a otros coyotes y hasta a las prostitutas centroamericanas de Tapachula. Lo describí, hablé de su pronunciada mandíbula, de su escaso y canoso pelo, pero nadie supo darme respuesta.

En noviembre de 2009 hice mi último viaje a las zonas de paso de migrantes. Viajé a Ixtepec a abordar un tren hacia Medias Aguas, a verificar si la situación seguía difícil —y así seguía. Pregunté a David y a Alejandro Solalinde. No lo habían vuelto a ver. Hice un último intento y llamé a los teléfonos que El Chilango me dio. Ya ni siquiera timbró. Ya ninguna voz anunció que estaba fuera de servicio. Del otro lado de la línea sólo me respondió el silencio.

YOU ARE NOT WELCOME TO TIJUANA

Abril de 2009, estado de Baja California

Entonces, lejos de Tijuana, al final de este primer tramo de recorrido por la otrora ruta clásica de cruce en la frontera norte, pudimos ver un lugar por donde se puede pasar sin pagar al narco, sin enfrentar a los bajadores del desierto y sin que la Migra ande rondando. Y ver aquello nos horrorizó. Atrás dejamos Tijuana, la amurallada, y Tecate, el hijo que Tijuana parió. Rutas muertas para los indocumentados. Y empezamos a entender que aún una frontera tan vasta no alcanza para todos. Mucho menos para los últimos en la fila.

"Vengo aquí al menos dos veces cada semana", dice Epifanio sin apartar la mirada melancólica de las copas de los edificios de San Diego, California, que se ven detrás de los barrotes. Estamos en la playa de Tijuana. Y Epifanio, un migrante de Oaxaca, lleva tres meses intentando dejar de estar aquí. Él quiere estar allá, al pie de aquellas construcciones. Con su familia. Pero aquí, abrazado a estos barrotes carcomidos por el aire salino, no le queda más que sostener la mirada, porque para pasar por este extremo de la frontera, caminar dos horas por la arena y dar un abrazo a sus hermanos, Epifanio ha llegado 12 años tarde.

En esta esquina de México inició todo. Aquí comenzó el muro. Fue en 1997. Epifanio conserva a sus 33 años un cuerpo escuálido que cabría entre los barrotes sin problemas. Mientras observa el horizonte, un niño pasa a Estados Unidos a recoger la pelota que se le escapó tras un derechazo. Más allá de los barrotes, rieles de tren enterrados en la arena en posición vertical, están la playa color café con leche y la ciudad. Es una bonita ilusión. Una a la que Epifanio ha regresado cada semana desde que llegó del sur a intentar cruzar.

Lo ha imaginado de decenas de maneras. Algunas son sencillas: escurrirse entre los barrotes y correr hasta San Diego. Otras son más complejas: aguantar la respiración y bucear lo más que pueda dentro del mar hacia los edificios. O pasar a caballo o en moto o en turba, con otro montón de migrantes a los que él reuniría. Pero nunca se anima. Nunca lo hará.

En lo alto de un montículo, desde el que antes se llamaba Parque de la Amistad, dos patrullas estadounidenses vigilan las 24 horas la playa a pocos metros de donde está Epifanio. Además hay cámaras, y sensores acuáticos, y patrulleros a caballo y con binoculares. Ir a recoger la pelota sí lo permiten. Pero avanzar más de 50 metros dentro de su país, ni hablar.

No, zonas de cruce como las que imagina Epifanio ya no existen. Existieron, pero ya no. Hay fotos de la década de los ochenta en las que los migrantes son recibidos por patrulleros vestidos de Santa Claus. Dan regalos a los niños y dejan pasar a los indocumentados. En la foto se ve a migrantes en lo que se conoce como el Cañón Zapata. Comen piernas de pollo en el comedor "El Ilegal", ya del lado estadounidense, antes de seguir caminando unos 45 minutos para llegar a San Diego. No había muro. En la foto todos sonríen.

Cerca de 80 personas pasaban cada hora por esa zona a principios de los ochenta, según un estudio de foto programada del Colegio de la Frontera Norte. Cámaras instaladas en puntos estratégicos que disparaban cada pocos minutos.

—Hoy en la noche me voy —vuelve a la realidad Epifanio—. Voy a intentarlo cerca de Tecate.

Lleva tres meses aquí, busca por dónde está fácil, trabaja de albañil y pregunta hasta el cansancio. ¿Dónde hay un lugar seguro para pasar? ¿Dónde no hay bajadores que le roben a uno? ¿Dónde no pasan mucha droga? ¿Dónde no hay riesgo de que el narco te secuestre? ¿Dónde no hay muro ni asaltantes ni narcos en esta frontera norte?

Nadie le ha sabido contestar. Por eso esta noche se irá a Tecate, a media hora de aquí, donde hay muro, hay narcos y hay bajadores.

Se va porque después de tres meses de haber salido de Oaxaca se ha dado cuenta de que así es esta frontera. De que el muro y los recursos tecnológicos que lo rodean desataron hace 12 años un efecto dominó en esta línea. Y que todos los que la quieren cruzar, que son muchos, se han tenido que amontonar en los pequeños tramos sin muro o sin tantos kilómetros de separación con alguna ciudad estadounidense. Y así, narcos y migrantes tratan de cruzar en los mismos lugares donde los bajadores acuden a robar. Es una frontera donde a veces unos ganan y otros siempre pierden.

Aquí, a la par de Epifanio, empieza este viaje por la frontera clásica, la mitad de esta línea compartida de 3,150 kilómetros que concentra la mayoría de puntos de cruce, y los más utilizados por mexicanos, centroamericanos, suramericanos, chinos. El muro no sabe de nacionalidades. Desde aquí hasta Ciudad Juárez hay 600 kilómetros de bardas, barrotes o planchas metálicas que convirtieron grandes zonas de cruce en embudos. Aquí empieza la búsqueda que nos llevará hasta la ciudad más violenta del mundo, escudriñando la frontera en busca de un hueco, de ese hueco por el que Epifanio preguntó sin obtener respuesta, uno donde no haya narco ni asaltantes ni mucho desierto ni vigilancia extrema. Un edén en la frontera. Un descuido del gobierno estadounidense que permita un cruce menos inhumano.

Epifanio, de pocas palabras, voltea a ver de nuevo las siluetas grises del fondo. Suspira y separa los brazos de los barrotes por los que antes metía la cabeza.

—Pues eso, hoy en la noche salgo. Mejor me voy yendo ya —dice como despedida.

Sube la rampa que lleva hasta la calle que corre paralela a la playa, pero no logra irse. Cuando el fotógrafo Eduardo Soteras y yo nos alejamos, lo vemos sentado en una banca, con la mirada fija otra vez en aquellas puntas de concreto y sin prestar atención al barullo provocado por las familias a su alrededor. Quizá sólo quería alejarse de nosotros, estar otra vez tranquilo, y ocupar sus últimas horas en idear otro plan para no tener que ir a Tecate. Es una bonita ilusión.

Tijuana, la amurallada

Conducir desde la playa hasta el centro de la ciudad es como viajar al lado del inmenso traspatio de una casa. Con un muro enorme y largo que serpea desde los altos de la autopista y casi se puede tocar al sacar la mano en las partes donde la vía y la lata se juntan. La sensación de que se viaja ante algo que nos da la espalda es duradera. Estamos detrás de algo. Y la valla metálica y el muro nos lo recuerdan, paralelas, durante kilómetros.

No son lo mismo. La valla es una pequeña pared construida a finales de 1994 con desperdicios de la Guerra del Golfo de 1991. Tanques destruidos, helicópteros derribados, pedazos de convoyes que fueron hechos añicos por los misiles estadounidenses que destartalaron a las tropas de Saddam Hussein. Reciclaje de nuestros tiempos: la basura de guerra convertida en barda fronteriza.

No tiene más de dos metros de altura y treparla es fácil. Se instaló en aquel año como una señal de que las cosas cambiaban. Como un énfasis para indicar dónde empezaba un país y terminaba otro. Y para ralentizar el cruce de migrantes y burreros por esta zona, y así poder iluminarlo con facilidad cuando los tiempos del patrullero-Santa Claus terminaron.

Pero llegó 1997 y se dieron cuenta de que esa lata simbólica no impedía nada, y que era necesario cambiar simbología por tecnología. Entonces nació el muro en todo su esplendor. 22 mil 500 metros de barrotes de cuatro metros de altura, entre los que no cabe la cabeza de un niño. Un verdadero obstáculo dividido de las latas importadas de la guerra por un canal de concreto por donde se pasean las patrullas y sus patrulleros bajo los reflectores y cámaras que siempre vigilan. Siempre.

Entonces empezó todo. Las cifras de detenidos en el área de San Diego se desplomaron. Menos migrantes pasaban por ahí. Menos coyotes, por ende. Al ver el muro, decidieron explorar al este de Tijuana. En 1996, la Patrulla Fronteriza atrapó en el sector de San Diego a casi medio millón de indocumentados. En 1997, la cifra fue de casi la mitad: 283,889. Y una década después, en 2006, aquello ya no tenía ni comparación: 142,104 indocumentados.

Es paradójico que sea este muro el que haya echado abajo los números. El 28 de marzo de 2008 un juez federal estadounidense multó con más de 4 millones de dólares a la compañía Golden State Fencing, la que lo construyó, porque, para abaratar costos, emplearon a mexicanos y centroamericanos indocumentados.

Con el muro vino la tecnología. Lo que en 1980 era sólo una malla ciclónica, en 1994 se convirtió en un cerco metálico. Y ese año, Estados Unidos invirtió en los operativos *Gatekeeper* y *Hold The Line*. Metieron reflectores, cámaras de video supervisadas desde una central, sensores bajo tierra, y triplicaron el número de agentes de la Migra. En 1997, el presidente demócrata Bill Clinton ordenó construir el segundo muro. El muro. Y hace dos años, la última embestida: la operación *Jump Star*, con la que la Patrulla Fronteriza pasó de tener 12 mil a 18 mil agentes. Aquí estamos ahora.

La tarde empieza a oscurecer. El viento es frío. Unos 30 migrantes vuelven al albergue Scalabrinni con gruesas chamarras. Han trabajado todo el día como albañiles, cargadores o recaderos. La mayoría de los que esperan la comida en el patio son mexicanos. Casi ninguno intentará cruzar. Son deportados que acaban de llegar al país en el que nacieron, muchos luego de décadas de ausencia, muchos sin saber hablar bien el castellano.

El padre Luis Kendzierski, el encargado del albergue, lleva nueve años en Tijuana recibiendo y viendo partir migrantes. Describe a la población que ahora alimenta y hospeda: "La mayoría son deportados. Tijuana es una ciudad de deportados desde hace algunos años. Antes venían a cruzar, ahora a ver qué hacen para volver a sus casas en México".

"Antes" era antes del muro. Ahora es ese patio lleno de mexicanos desorientados. La premisa la conocen los que trabajan con ellos.

—Los que van a cruzar —dice Kendzierski— se van a los cerros, en las afueras de la ciudad, a la entrada de Tecate. A donde hay asaltantes. La semana pasada, a la entrada de Tecate, asesinaron a un migrante. Los asaltapollos. Hay lugares donde son obligados a pasar droga para poder cruzar. Es lo que les queda por aquí. Hace diez años esta frontera estaba mucho menos fortificada. El migrante tiene que buscar lugares más peligrosos ahora.

Y eso lo cambia todo para los que quieren intentarlo por Tijuana.

—Antes el 30 por ciento venían deportados; el resto, a cruzar. Ahora que reforzaron la tecnología, el 90 por ciento vienen deportados. Ya no existe eso de caminar unos kilómetros y estar del otro lado. Así como está esto, y siendo la frontera más lejana de sus países, los centroamericanos vienen muy poco aquí.

Hay un argumento en kilómetros que los aleja de Tijuana. Es la frontera más lejana, desde el río Suchiate hasta aquí por carretera son 5,000 kilómetros. Pero la misma distancia da los argumentos que hacen que algunos sigan viniendo. La mayor comunidad centroamericana en Estados Unidos está en Los Ángeles, alrededor de 2 millones viven en esa ciudad que está a apenas tres horas en carro de San Diego. San Diego y Tijuana se tocan, lo que llaman el beso fronterizo. Apenas unos metros dividen una zona urbana de la otra. Unos metros y un muro.

Esa cercanía sigue atrayendo a migrantes, sobre todo mexicanos, que intentan cruzar en las cercanías de Tijuana. Pretenden ahorrar días de caminata. De los nueve sectores en los que la Patrulla Fronteriza divide esta frontera, el de San Diego es el más pequeño: 96 kilómetros. Y el tercero más vigilado, con cerca de 2,500 agentes. De octubre de 2007 a febrero de 2008, en este área, Estados Unidos atrapó a 54,709 indocumentados que intentaban llegar al pie de los edificios de San Diego o a los guetos latinos de Los Ángeles. Sólo el sector de Tucson, Arizona, el más vigilado, unos 500 kilómetros al este de San Diego, superó a esta área en detenidos.

Por eso Tijuana ahora es un lugar de deportados, a pesar de que no hay comparación con lo que ocurría hace un lustro. Aún hay a quiénes tirar para este lado. El Instituto Nacional de Migración Mexicano (INM) calcula que 900 migrantes son deportados cada día por esta ciudad. Porque el sector cubre las afueras de Tijuana y porque la oportunidad de caminar poco es oro en el lenguaje de los indocumentados. Tijuana recibe a migrantes mexicanos atrapados en otras áreas, a los que deportan por aquí para que les cueste regresar donde está su coyote para el segundo intento. Incluso a las familias las dividen: la madre, por Nogales; el padre, por Tijuana; y el tío, por Ciudad Juárez. A los centroamericanos los devuelven a sus países en vuelos exclusivos. Pasan más tiempo que un mexicano a la espera de la deportación. Hasta meses en algunos casos.

Los pocos que intentan por Tijuana también pagan el precio. La mayoría paga un mínimo de 3,500 dólares por conseguir un documento falso con el que intentar cruzar por la garita migratoria y engañar al agente estadounidense. Si lo logran, darán unos diez pasos y abordarán el trolebús que los lleva hasta el centro de la ciudad. Si fallan, se enfrentarán a penas de dos años de cárcel.

Los otros, el grueso de esta romería, los que no pueden pagar tanto, arriesgan el pellejo. Se van a las afueras, a Tecate, a La Rumorosa, zonas de paso que se crearon obligados por la fortificación de Tijuana. Esmeralda Márquez, directora de la Coordinación pro Defensa del Migrante de Tijuana desde hace diez años, dice que la búsqueda de rutas alejadas de Tijuana tiene un riesgo muy alto: "Ha habido migrantes muertos en enfrentamientos de las organizaciones criminales".

Enfrentamientos más propios de un campo de guerra. Dos camionetas repletas de hombres armados que se acercan a la línea a despachar a sus burreros con sus cargas de droga en las pocas zonas donde la intrincada geografía impidió el muro. El Nido del Águila, por ejemplo, un llano entre cerros pelones. Se encuentran y se acribillan ahí mismo, en una ciudad que desde 2007 se disputan tres cárteles: el de Tijuana, el de Sinaloa y el del Golfo. Balas volando por todas partes y algunos migrantes en el medio.

Como explica Márquez, esos cuerpos agujereados que nunca tuvieron la intención de meterse en el negocio de la droga quedan ahí. Mueren como narcos, no como migrantes. Aunque haya compañeros suyos que salieron bien librados del plomo, no denuncian, no dicen que ese cadáver deformado era de un viajero, no de un burrero o de un sicario. "Es porque tienen miedo de denunciar", explica Márquez.

Más de 600 personas fueron asesinadas en Tijuana durante 2008 en balaceras entre narcotraficantes. Todos en una ciudad de 1.3 millones de habitantes.

Ésta es una ciudad de cruces desesperados. De tirarse a la loca, como dicen los migrantes. Con muro más narco más vigilancia extrema, el intento no puede definirse mejor: a la loca.

Amanece y decidimos tomar el vehículo y salir hacia Tecate en busca de algún hueco. Tijuana se estira. Se recorren 40 minutos por carretera. Pasamos por urbanizaciones de casas todas iguales. Bloques montados en llanos forzados. Montañas cortadas por máquinas. El urbanismo del sinsentido une Tijuana con Tecate, una ciudad de casi 100 mil habitantes.

En la zona urbana de Tecate hay poco que ver: gente que pasea, cadenas de comida rápida y una gran cantidad de restaurantes chinos y de sushi, el legado de la gran migración de asiáticos de mediados del siglo pasado.

Éste no tiene nada que ver con aquellos pequeños pueblos fronterizos donde los migrantes están apiñados en la plaza central, a la espera de sus coyotes o comprando mochilas en los puestos callejeros. Tampoco con los ejidos del desierto, en los que al nomás entrar todas las miradas te apuntan, porque saben que no eres migrante y que las únicas opciones que quedan es que seas un narco o un despistado.

Nos acercamos al muro, una valla metálica como la de Tijuana, la de los desperdicios bélicos, sólo que medio metro más alta. Las cabezas de los reflectores asoman por encima y dos todoterreno de la Patrulla Fronteriza coronan los dos montículos de tierra del lado estadounidense. Cruzar por la zona urbana aquí también es casi como entregarse a la Migra.

Ahí cerca, en un puesto de tacos de guisado, nos juntamos con un comerciante que estuvo involucrado nueve años con organismos de protección al migrante. Es mejor no revelar su nombre, porque es la única voz que encontramos en esta ciudad que nos habla de los migrantes y el narco. Para eso se requiere coraje y un sobrenombre: Joaquín. Vive desde hace 25 años en Tecate y conoce bien quiénes fueron los que trajeron la migración hacia este lado: los polleros.

Ellos son los que, cerrado un paso, buscan otro, como alpinistas que abren rutas en la montaña. Cincelan huecos en la roca, que el que viene atrás utilizará luego. A partir de 2000, esa búsqueda se intensificó, según me contaron tres polleros en diferentes viajes. Decenas de nuevos pasos se abrieron, pero con fecha de caducidad. Los que más, ahora duran cinco años antes del declive.

El cierre de pasos para la migración coincidió con el cierre para los narcotraficantes. Al final de los noventa, los cárteles de la droga se fraccionaron, y la lucha por las plazas fronterizas se intensificó. Otro evento que se sumó al hermetismo estadounidense fue el atentado contra las Torres Gemelas de 2001, que hizo que la Patrulla Fronteriza cambiara su prioridad de detener indocumentados por la de detener terroristas. Tras el recrudecimiento de la lucha del narco del lado mexicano, en 2006, añadió a sus consideraciones la de que los narcotraficantes son terroristas.

Esto aumentó la vigilancia en los desiertos, en los cerros, en las ciudades estadounidenses. Afectó más a viajeros que a traficantes, porque unos cuentan con recursos para sortear esa tecnología y con dinero para comprar funcionarios, pero los otros ni lo uno ni lo otro.

Los narcos se quedaron con muchas de las rutas abiertas por los coyotes. Los coyotes buscaron otra forma de hacer negocios en lugares como Tijuana o Tecate, donde el embudo es muy pequeño para que quepan los señores de la droga y los guías con sus migrantes.

—Ahora —dice Joaquín— algunos coyotes de aquí, cuando ven que no pueden pasar porque no hay por dónde, le piden un adelanto al migrante y los engañan. Los atarantan. Les dicen que por 500 dólares los pasan. Los meten en la cajuela de un carro, les cobran y los van a soltar allá por Ensenada (al sur de Tijuana), y les dicen: órale, corre para allá, que ya estás en Estados Unidos.

Ése es sólo uno de los riesgos. Aquí en Tecate, a las zonas de cruce les llaman "el monte". Así, sin más. Zonas montañosas. Lejos de la entrada de la colonia Jardines del Río o de la zona industrial de la ciudad, sitios dominados por los narcotraficantes, está el monte, y los bajadores ponen su peaje en esa ruta, en los despojos que no quieren los mafiosos.

—Los bajadores llevan armas largas, porque aquí no cuesta nada conseguirlas. Sólo te pasas al otro lado y en Caléxico hay muchas tiendas donde puedes comprar lo que quieras, desde una pistola normalita hasta un AR-15.

En la frontera conseguir un arma es fácil, sobre todo en sitios como Tecate. La revisión para pasar de forma legal al otro lado es intensa, pero para regresar basta con girar una puerta que parece más la entrada a un supermercado que a un país. A Joaquín le ofrecieron miles de dólares por ir al otro lado a traer armas, y hace dos días arrestaron en la zona de los montes a dos bajadores con fusiles de asalto AR-15.

Los balazos son cosa de todos los días. Ayer, muy cerca de la zona de cruce, más allá de la colonia Jardines del Río, una pick up alcanzó a dos vehículos en una gasolinera, una patrulla policial y una camioneta Ford Taurus. Adentro del primer coche iba el policía federal César Becerra. En el Taurus viajaba su colega Ulises Rodríguez. De la pick up bajó un comando de seis sicarios que dispararon a quemarropa contra los agentes. Ambos lograron sobrevivir en el hospital. Se recogieron más de 45 casquillos de armas de grueso calibre.

—Aquí todo está de la fregada: Migración, policía y narcotráfico está vinculados. Las rutas son muy difíciles. Caminan cuatro días por el desierto de Caléxico expuestos a los bajadores. La ruta del narco es la mejor: llegan a la carretera, 15 kilómetros, y allá todo está arreglado. A mí me ofrecieron esos jales, pero no quise. Pero la mayoría de gente de aquí acepta. No hay quien aguante una cachetada de billetes —dice Joaquín con una amarga sonrisa.

Avanzamos pocas cuadras para encontrarnos, de espaldas a la lámina, la oficina del Grupo Beta, el gubernamental equipo de apoyo a los migrantes que limita su trabajo a repartir comida y apoyar a los indocumentados que se entregan. Les explicamos nuestra intención: ir a las zonas de bajadores.

Los dos jóvenes se voltean a ver y uno torna los ojos, como quien escucha una imprudencia.

—Miren, no vayan a ningún punto de cruce. Ni se acerquen siquiera a Jardines del Río o a las fábricas, y menos a La Rumorosa. Hay mucho bajador, mucho cruce de drogas, los van a identificar rapidito.

Dicen que ellos sólo hacen un recorrido en la mañana, en su gran pick up anaranjada con el logo del Grupo Beta. Que casi nunca ven migrantes porque no se meten en zonas muy montañosas, porque ahí ya no se sabe qué pueda pasar, y es mejor no descubrirlo.

Enfilamos rumbo a Jardines del Río, un complejo habitacional que podría estar en cualquier país de Latinoamérica. En zonas de narco, la tensión es algo que se percibe, pero que no siempre se ve. El trabajo de un vigía es vigilar sin parecer que lo hace. Un policía corrupto no patrulla con el cartel de empleado del narco colgado del cuello y un sicario no lleva el arma desenfundada. Son sitios en apariencia tranquilos, donde de un momento a otro estallan los enfrentamientos o las persecuciones. Lugares que no se desvelan con facilidad. Hay que descifrarlos.

En la entrada de estas calles está el albergue, fundado hace 12 años, y regentado por cinco monjas que prefieren no decir nada sobre el narco, los bajadores o los peligros de un migrante. Aquí nos encontramos a Vicente y Verónica, salvadoreños, y a Mainor, guatemalteco. Los conocimos en Ixtepec Uno de esos encuentros maravillosos, de gente que viste partir en un tren mucho tiempo atrás y vuelves a encontrar en un punto de la frontera norte.

Ellos huyen de las vicisitudes, sin saber que van hacia donde más las hay. Llegaron a la frontera de Mexicali, a una hora en carro hacia el oriente. Llegaron ahí porque en el camino escucharon que se podía y seguía estando cerca de Los Ángeles, de sus familias. Cuentos de boca en boca que muchas veces se cuentan en el lomo de un tren sin mayor sustento. Esperanzas a las que se aferran los viajeros ciegamente, que repiten tantas veces que terminan por creerse.

—Nos dijeron que allá era fácil —dice Verónica—, que se podía, pero nomás llegamos, un día duramos ahí. Nos empezamos a enterar de que hay muchos narcos y bajadores en esa zona, y sólo es un pedacito por donde se puede pasar, un cerro al que le llaman El Centinela.

Desde ahí, con su brújula, que apunta a Los Ángeles, siguieron buscando ese hueco en la frontera. Se fueron a La Rumorosa, y sus cerros de roca no les dieron tiempo ni de enterarse de si había narco o asaltantes. El frío les caló los huesos. Llegaron de madrugada a un pueblito donde hacía dos días había caído una fuerte nevada. Llevan un suéter fino cada uno, ropa de primavera. Por aquí ni hablar, pensaron. Moriríamos en el intento. Y siguieron hacia Tecate.

Verónica nos lanza una pregunta.

—Y por aquí, ¿qué tal?

Tenemos que decepcionarla una vez más, la tercera vez en la frontera que se le caen los esquemas luego de viajar 25 días en lomos de trenes de carga. Pero su brújula sigue apuntando hacia su objetivo y nos dice, a pesar de lo que le contamos, que seguirán hacia Tijuana y que allá pedirán ayuda a sus familiares.

Tecate sólo nos ofreció un no rotundo. Ni un huequito por donde entrar a las zonas de cruce. Ni una posibilidad, que no sea kamikaze, de acercarse a la línea lejos de la zona de la barda. De nuevo, retomamos la ruta y nos vamos en sentido contrario al recorrido de Verónica, Vicente y Mainor. Vamos hacia La Rumorosa.

Los ejidos que espantan a los militares

La carretera serpea entre cerros de piedra. Es un paraje vasto, sólo comparable en esta frontera al del Gran Desierto de Altar. Cerros inmensos cuyas cumbres se asoman a la altura de la carretera, a 2,000 metros sobre el nivel del mar. Rocas frías y enormes como cabezas olmecas que parecen haber caído del cielo en una lluvia bíblica hasta formar estas construcciones irregulares que se pierden en el horizonte, una tras otra. En medio está La Rumorosa. Un pueblo de carretera. Un sitio para camioneros. Gasolineras, restaurantes 24 horas, cafeterías rústicas, predios baldíos para que se estacionen las rastras y descansen sus conductores.

Un pueblo de menos de 2,000 habitantes, con una carretera central en la que desembocan calles de tierra desértica repletas de serpientes, alacranes y coyotes. La última pieza del efecto dominó inaugural, que terminó aquí, luego de que en 1997 se cerrara Tijuana con el muro de barrotes. El último eslabón del génesis de esa exploración hacia el oriente que hicieron los coyotes a principios de esta década.

Aquí sólo hay una persona con la que hablar de migración, de narco, de huecos en la frontera y de bajadores. Es el hermano Pablo, un laico que pertenece a los Ministros Franciscanos de La Caridad, el encargado de un albergue de ancianos que terminó dando cabida también a peregrinos rumbo al Norte.

Una de esas calles de tierra lleva a su albergue, perdido en el desierto, entre algunas rocas que no alcanzaron a colocarse en uno de aquellos cerros. Explicamos nuestras intenciones a este hombre campechano, de cuarenta y tantos años, y su respuesta nos augura que hemos llegado a otro sitio infranqueable.

—Lo mejor es que esperen a que me desocupe, porque no es recomendable que vayan solos a los lugares de paso. Miren, en el ejido Jacumé hay mucho narcotraficante, en La Rosita o Chula Vista, si entran, no paren, sigan de largo cuando vean gente y el Microondas es un lugar muy escondido, con el que no darían. Si yo me llevo la camioneta con el logo de la pastoral, será menos peligroso.

Nada pronostica un buen estar en La Rumorosa. Ayer, tras una persecución de varios kilómetros en esta carretera, la Policía Federal Preventiva detuvo a dos hombres: José Gómez, gordo, veinteañero y con el pelo rapado; y Jimmy Bracamontes, treintañero, con barba de candado y también rapado. Los acusan de ser "asaltamigrantes". Les decomisaron una pistola calibre 40, nueve radiotransmisores y siete cargadores.

Esperamos unos días al hermano Pablo en su albergue repleto de ancianos abandonados. Una sala que no puede sino llenarte de tristeza. Viejos tumbados en sus sofás con la mirada perdida, la estampa de quien sólo espera la muerte.

Llega el día y salimos en su camioneta hacia las zonas de cruce, alrededor de La Rumorosa. Nos internamos entre los cerros de piedra en busca de la línea fronteriza. Al salir del albergue, una víbora topera se nos cruza. Más adelante será un coyote. Nos acompañan el hermano de Pablo, su esposa y su cuñada. Él prefiere que no vean sólo hombres dentro del vehículo. Cree que dos mujeres nos darán un toque inofensivo.

Entramos a Chula Vista. Terracería y más terracería durante 20 minutos, hasta topar con el muro, la misma lata, la misma altura que el de Tijuana. Éste es un brazo de Tijuana, y poco tardaron los estadounidenses en comprenderlo y amurallarlo.

Se ve poco. Parece un ejido fantasma. Algunos huecos en el muro indican que alguien ha intentado pasar por aquí, pero el rugir del todoterreno de la Patrulla Fronteriza tarda menos de cinco minutos en alcanzarnos del otro lado de la valla. Aquí hay cámaras y todo el que se asome es sospechoso.

—Antes yo era repartidor de productos para las tiendas en este ejido, y los bajadores se ponen en la tienda de entrada, por la calle que venimos, por eso creo que muchos migrantes ya no vendrán aquí, porque siempre estaban ahí esos muchachos —explica el hermano de Pablo.

Retomamos el rumbo hacia Jacumé, otro ejido. Al llegar al centro de este complejo de pocas decenas de casas —no casitas, sino residencias— enclavadas en la nada, la sensación es de que todos huyeron. No vemos a una sola persona en las calles, a pesar de que son las cuatro de la tarde. Ningún niño juega en los columpios. Ninguna tienda está abierta.

Seguimos el sendero hacia el muro, hasta que se nos atraviesa de frente un Humvee militar mexicano, un carro de guerra, como los de Irak. La camioneta blindada está coronada por una metralleta fija, maniobrada por un militar con pasamontañas y casco. Se bajan seis soldados. Todos con chaleco antibalas y apuntan hacia la camioneta del hermano Pablo.

—¡Salgan, salgan, les haremos una revisión!

El fotógrafo y yo salimos con las manos alzadas. Los militares tienen un gesto nervioso y no parece que sus armas tengan el seguro puesto. A los hombres nos alejan del carro sin dejarnos sacar los documentos. Cuando nos autorizan a sacarlos, los revisan mientras escuchan nuestra inverosímil explicación: somos periodistas y él es el hermano Pablo.

—¿Y qué hacen entonces en esta zona? —pregunta el superior.

—Vamos hacia el muro de Jacumé.

—¿A la zona del muro?

—Sí, justo hacia allá. Sólo nos interesa retratar las zonas de paso de migrantes.

—¡No! Pero por aquí no pasan. Miren, si ni nosotros entramos a ese lugar porque nos caen a balazos. Ésa es zona de narcotraficantes. Ahí no vayan, les va a ir mal. Yo tengo que pedirles que se retiren, por su propia seguridad.

Es frustrante. Estamos a 200 metros del lugar al que queremos llegar y no es posible. Así es esto, un trato implícito entre narcos y autoridades: tú patrullas por allá, pero de esa piedra para acá, si te metes, será tu problema.

—Ahora —dice el hermano Pablo mientras nos alejamos— voy a llevarlos al Microondas. Por ahí es por donde pasa la mayoría, es el punto que queda de cruce, donde no pasa el narco.

Al fin, un sitio por donde pasan sin que haya enemigos merodeando. Todo apunta a que será el primer punto de cruce desde Tijuana donde el riesgo lo ponen el clima o el tiempo de caminata, no los humanos. Desde la carretera se siluetea el Highway 8, la autopista de alta velocidad a la que un migrante podría llegar en pocas horas para ser recogido por los contactos de su pollero.

Pero poco a poco, la carretera nos aleja de aquella silueta. Nos desviamos por un camino de tierra intransitable. Roca tras roca, bache tras bache, hasta llegar a un punto donde no se puede maniobrar más. En lo alto de uno de los cerros se ven las antenas transmisoras, que dan nombre a este lugar. Éste es el punto más alto de La Rumorosa y desde aquí los aparatos captan todo.

—Subamos a pie, para que vean el paisaje —indica el hermano Pablo.

Subir es algo entre escalar y caminar. Piedra tras piedra, bordeando las más grandes y ocupando las otras como escalones.

—Aquí hemos venido a recoger a migrantes fracturados. A veces tardamos seis horas en llegar donde ellos.

Llegamos a la cumbre y la realidad cae de golpe. Estamos en la punta de uno de aquellos cerros de piedra. Y luego hay otro, y otro, y otro más, y la Highway 8 se ve al fondo, luego de varios de estos cerros. Éste es el camino que los narcos y los bajadores dejaron al migrante en la zona de Tijuana, la ciudad que ya no da la bienvenida al visitante. El desperdicio, lo que no quieren, lo intransitable. La anulación de lo recto, de lo regular. Piedra sobre piedra. Cerro tras cerro. Y los carros allá abajo, como hormigas, serpenteando por la carretera. Éste es el primer hueco que encontramos, uno mortal.

No por la mano humana, sino por el capricho de estas formaciones sólidas.

Y más allá, lejos de la esperanza en este recorrido, no hay luz al final del túnel. El hermano Pablo señala desde este mirador las otras opciones cercanas que le quedan al migrante: el cerro El Centinela y el desierto de Mexicali se perfilan a lo lejos. Más cerca, La Salada, ese interminable campo árido de tierra blanca y dura. Eso es lo que aquí dejaron el narco y el muro. Hacia allá continúa el recorrido.

Frontera de embudos

Abril de 2009, estados de Baja California y Sonora

En esta segunda etapa del recorrido por la frontera norte nos alejamos de las grandes ciudades que acaparan los titulares de periódicos: Tijuana y Ciudad Juárez. Transitamos entre una y la otra y surgieron lugares ignotos como La Nariz, Sonoíta, Algodones, El Sásabe... En estos pequeños embudos todos quieren su espacio: bajadores, narcos, migrantes y corruptos. Todos los personajes apretujados en su intento por saltar o asaltar. Unos mandan, los otros ceden, algunos rapiñan y los migrantes, como casi siempre, se llevan la peor parte.

El retén militar está en las afueras de La Rumorosa, antes de llegar a un cerro llamado El Centinela. En grandes letras rojas se ve el sonante lema que dicta las reglas a los 30 soldados que revisan a todos los que transitan junto a esta línea fronteriza: "Precaución, desconfianza y reacción". Pedimos al que revisa nuestro carro que nos explique cómo ponen en práctica esas palabras. "Estar alerta hasta cuando duermes —responde—, desconfiar de todo lo que aquí se mueva, y lo de reacción, usted ya sabe..." Hace el gesto de sostener un fusil y termina su frase: "¡Raca-taca-taca-taca-taca!".

Este retén en el gélido pueblo de La Rumorosa es la puerta para abandonar la zona de Tijuana, para dejar atrás la frontera por antonomasia y seguir, años después, la ruta de los coyotes que exploraron esta línea cuando el muro empezó a ser un obstáculo. Ahora, esos pasos descubiertos a finales de los noventa ya son habituales para los migrantes. Y, lamentablemente para ellos, lo son también para los narcotraficantes. Por eso estar alerta, desconfiar y reaccionar podrían ser los mandamientos de todos los que conviven en estos 700 kilómetros de frontera. Por eso aquí es tan común escuchar aquel ¡Raca-taca-taca-taca-taca! Empieza la frontera de los ejidos, la de mayor paso de droga y la que sustituyó a lo que ahora nos queda atrás como destino predilecto de los migrantes.

Son las 6:30 de la tarde, y hace diez kilómetros que dejamos atrás el retén. Abandonamos la carretera principal para internarnos en una secundaria que termina en la línea donde inicia Estados Unidos. El viento ha dejado de ser un rumor, y es ahora un soplido poderoso de arena y hojas secas que parece que va a lanzar el carro por los cielos. Estamos parqueados al pie del cerro El Centinela, a la espera de que alguien se asome. Migrantes, burreros, narcos. Alguien.

Para llegar aquí hay que conducir unos 40 minutos, alejarse de la dispersa ciudad de Mexicali, y enfilar por una calle de doble carril que muere en las llamadas *barreras de Normandía* que ahora tenemos a escasos diez metros. Son series de tres barrotes de acero enlazados que forman asteriscos enterrados en la arena. Una línea que cierra el paso a los vehículos pero que no impide que un peatón salte.

No se asoma nadie.

"Por ahí es la zona de paso que le queda a esta ciudad, la única utilizada. El problema es que también la ocupan los narcos para pasar sus cosas", nos dijo en Mexicali el contador Jorge Verdugo, encargado de la casa de acogida de viajeros Betania. A esta altura del recorrido, su frase suena trillada. La ecuación se repite: zona de paso es igual a punto que se encuentra en las afueras de la ciudad y que es utilizado por narcos, burreros y bajadores.

Eduardo Soteras, el fotógrafo, se acerca a las barreras, a tomar imágenes. Regresa y nos vamos a conversar con las únicas tres personas que hay alrededor. Son tres guardias privados que custodian la entrada a la central eléctrica que da sentido a la calle que nos trajo aquí.

—Buenas tardes, agentes.

—Bueeenas —responde con recelo el más viejo, que se aproxima mientras los otros dos miran de reojo el carro.

—Somos periodistas y nos preguntábamos...

—Vengan —se dirige a sus compañeros—, les dije que no eran coyotes.

—No, andamos checando la zona. Nos dijeron que es zona de paso.

—Así es, por aquí se tiran.

—Igual que la droga.

—Igualito.

—Pero no hemos visto a nadie desde que estamos aquí parqueados.

—Es que nunca se sabe. Es de repente que pasa, como a esta hora y hasta que amanece. Vienen trocas. Se estacionan donde ustedes estaban y de cada una se bajan cuatro o cinco o diez personas, y vámonos pa' dentro.

—¿Así nomás?

—Así nomás. A veces, como la semana pasada, si es droga lo que llevan, mandan gente a vigilar la zona antes, así como ustedes. Pensamos que eso andaban haciendo. La vigilan pa' que no haya nadie merodeando, ni migrantes ni autoridad. Y chequean con binoculares el otro lado, a ver si ven a la Migra. Creímos que eso hacía su compañero cuando se acercó a la cerca.

Al cabo de un rato, todos se aproximan al vehículo y se suman a la charla. Les preguntamos por el tercer factor, los bajadores. Queremos saber si, como pasa en los sitios que hemos dejado atrás, todos conviven en el mismo pedazo de tierra. Unos intentan pasar, otros les roban y los otros dicen cuándo los anteriores tienen que despejar la zona para que puedan trabajar.

—Antes se reunían aquí afuerita —dice el más joven de los guardias y señala un pequeño terrenito engramado que está al lado del portón que custodian. Aquí se mezclaban coyotes con sus migrantes y bajadores, que estaban escuchando la plática para después salirles allá adelante, en el desierto, cuando ya se hubieran metido.

Eso es cuando el grupo se hubiera dirigido hacia Caléxico. A los bajadores, excelentes rastreadores en sus zonas de pillaje, no les cuesta nada seguir las huellas en la arena.

Allá atrás, a 40 minutos en carro, están Mexicali, su millón de habitantes y sus más de 200 restaurantes chinos, consecuencia de la prohibición del ingreso de asiáticos a Estados Unidos en 1904. Allá atrás quedan los campos de algodón donde trabajan miles de mexicanos llegados del sur del país. Pero eso es allá atrás. Aquí, en la zona de cruce, como pasa desde Tijuana, sólo queda el embudo seco, desértico, por donde pasan todos los que no serán admitidos en Estados Unidos por las buenas. Aquí, al pie del cerro El Centinela, sólo quedan 50 grados centígrados en verano y 5 bajo cero en invierno. Aquí, aún es territorio relativamente cercano a Los Ángeles y al nacimiento del muro.

Por eso las cuotas de un coyote por los dos días de caminata, por los riesgos, siguen siendo altísimas: más de 2 mil dólares por un brinco sin ninguna garantía.

"Muchas veces los mismos coyotes los asaltan en el camino unos metros allá de la línea, o ellos mismos los llevan con el narco para que los utilicen como burreros a la fuerza", nos había dicho Jorge Verdugo horas antes. Así es desde mediados de los noventa, cuando los barrotes de acero sustituyeron la malla ciclónica que separaba a los dos países en el casco urbano de Mexicali.

En esta zona es donde nace el mito del árbol de los calzones. Se trata de un arbusto del desierto literalmente decorado con calzones de las migrantes que en su ingreso a Estados Unidos fueron violadas por bajadores. Éstos conservaron sus prendas como trofeos del agravio. Se dice mito no porque no exista, sino porque no es un matorral en concreto, sino una práctica que los asaltantes del desierto practican desde Tecate, pasando por La Rumorosa y estas faldas de El Centinela, hasta el vecino estado de Sonora. El árbol de los calzones está en todas partes de este pedazo de frontera amurallada.

En el albergue de Tijuana consiguieron un relato, el único documentado hasta el momento, de una mexicana que contó su experiencia cuando su ropa íntima se convirtió en decorado de uno de esos árboles de los calzones. Ésta es parte del invaluable relato de Sandra, de 24 años:

"El 22 de agosto de 2006 llegué al estado de Sonora para cruzar de forma indocumentada la frontera y llegar a California. Salimos en una camioneta cinco mujeres, entre ellas una menor de 14 años, y seis hombres. Viajamos varias horas por carretera, y luego terracería. Seguimos avanzando a pie durante mucho tiempo hasta llegar a un lugar donde vimos un cerco de alambre con un letrero que decía: Prohibido el paso. Desde ese lugar empezamos a caminar. Me llamó la atención ver colgado en el corral un calzón de mujer de color negrito en territorio mexicano. En nuestro avanzar, escuchamos a la distancia un chiflido de un grupo de hombres desde unos matorrales y como que les contestaban con chiflidos de otro lugar. Ya era de día y el coyote nos dijo: ¿Saben muchachas? Aquí están los bajadores…"

"Nos advirtió que no nos resistiéramos, que si pedían dinero se los diéramos y que nosotras, como mujeres, debíamos cooperar en lo que pidieran, para salvar la vida. Estábamos en unos matorrales y llegó un grupo de hombres armados y con la cara cubierta, nos dijeron que les diéramos el dinero. Nos dijeron que nos desnudáramos. Abusaron sexualmente de nosotras. Es algo triste. Una señorita fue violada brutalmente. No pudimos ayudar. Terminaron y nos pusimos la ropa, (pero) nuestros calzones fueron botados, las prendas de una las atoran en los matorrales. No sé para qué, quizás para ellos signifique algo. Todo sucedió en territorio mexicano y luego de esta tragedia seguimos caminando."

LA MUERTE DE UN PATRULLERO

Después de Mexicali el paisaje cambia. El vehículo corre a la par de una barda sólida, de unos dos metros de altura. Planchas de acero soldadas una contra la otra durante 30 kilómetros. La frontera se sucede bien delimitada por el sepia oxidado del metal. Dejamos atrás San Luis Río Colorado, una ciudad fronteriza que comparte zonas de cruce con Mexicali.

Cuando termina la línea de planchas, el desierto, El Centinela, los cerros pelones y la aridez del Caléxico estadounidense desaparecen durante unos kilómetros. Se abre la frontera fértil, cercada por más barreras de Normandía. Es invierno, y sembradíos de alfalfa y trigo cubren de verde y café la frontera. Unos colores ordenados, simétricos, cuidados.

El verde que oxigena el paisaje de la desolada frontera termina 15 kilómetros antes de llegar al siguiente punto de cruce, singularizado por un sinfín de dunas desérticas. Este lugar es uno de los más recientes descubrimientos de los coyotes. Uno que, como consecuencia de una muerte, puede considerarse el más efímero de la historia de esta frontera. Llegamos a un pueblo llamado Algodones.

De todos los puntos de paso en esta mitad de la frontera, Algodones es el más amable a la vista. Con casas de una planta pintadas con colores vistosos y con grandes ventanales, es una pequeña ciudad que, a pesar de estar a unos pasos de Estados Unidos, no ha levantado cercas ni muros que cubran las vidas de los que la habitan. Las viviendas dejan estrechos jardines en sus entradas o descansillos con mecedoras para pasar la tarde contemplando el atardecer. Algunas guías estadounidenses incluso recomiendan este lugar a las personas de la tercera edad para que se retiren y su pensión rinda más.

Algodones, que aún pertenece al estado de Baja California, besa a Yuma, en Arizona. Si se pasa legalmente por la garita migratoria estadounidense, en unos 20 minutos de autobús se está en el centro de Yuma. Aquí hay unas 40 clínicas de odontólogos, oftalmólogos, podólogos y médicos generales que repletan las calles más cercanas a la garita. Vinieron de todas partes de México a instalarse en este pueblo. Decenas de viejos estadounidenses entran en esas clínicas. "Es que gente como yo, que a los 57 años no tengo seguro, no podemos pagar la atención médica del otro lado", nos explica un estadounidense mientras esperamos a que el padre Ernesto termine de bendecir estatuillas de santos en la iglesia.

Por las tardes de cualquier fin de semana, como hoy, se ve a parejas jóvenes que vienen a comer tacos o a tomar sopa de tortilla por mucho menos de lo que pagarían en un restaurante mexicano de Yuma. Otros entran a las decenas de farmacias a comprar medicamentos o a llenar sus carros con la gasolina subsidiada de este país. Cuando anochece, regresan a sus casas, cargados con baratijas o hamacas multicolores.

Un muro de latón de unos dos metros de alto y 20 kilómetros de longitud recuerda a los de este lado que la dinámica no puede repetirse allá sin visa. Cuatro carros patrulla de la Migra vigilan el pequeño sector urbano alumbrados por unos 40 reflectores dobles.

El joven padre Ernesto, originario de Mexicali, nos atiende a toda prisa mientras se seca el sudor y se cambia para salir a todo motor a dar las tres misas que le restan esta tarde. Ya por teléfono le habíamos advertido a su secretaria de lo que queríamos hablar, y el cura ahorra preguntas respondiendo deprisa.

—Miren, aquí muy de vez en cuando se los ve deambulando, pidiendo comida en el pueblo, pero ya vienen con coyote para pasar por esta zona. Y no pasan por la ciudad, está muy vigilada, hasta dos helicópteros vigilan el sector por las noches. Así que se van a las dunas. Pero el suceso por el que tienen que preguntar para saber por qué el paso de migrantes murió aquí es el asesinato de un patrullero estadounidense que pasó hace como un año. Fueron los narcos, y desde entonces, todo cambió... Perdón, pero tengo que irme, tengo un día muy apretado.

Todavía no habíamos reparado en que estábamos en el lugar del que salieron los asesinos de Luis Aguilar, el último agente de la Patrulla Fronteriza asesinado en labores, un joven de 31 años y de ascendencia latina. Ocurrió el 19 de enero de 2008 a las 9:30 de la mañana, cuando una Hummer café de narcotraficantes asediada por una patrulla lo arrolló en las dunas, a 15 kilómetros del casco urbano de Algodones, cuando pretendía instalar una cerca de púas para estallarles las llantas. Las autoridades mexicanas sostuvieron que se trataba de coyotes. Estados Unidos aseguró que el carro venía cargado de marihuana. El vehículo nunca lo encontró nadie porque pudieron regresar a México y deshacerse de él. Quizá lo quemaron en algún descampado, con todo y su contenido, para eliminar pruebas, como suelen hacer.

En febrero de 2009, la Policía Federal mexicana detuvo en Ciudad Obregón, estado de Sonora, a Jesús Navarro, un joven de 22 años que desde los 16 años era coyote. Él dijo ser el conductor de la Hummer. Ante agentes del FBI presentes en el interrogatorio, declaró que aquel día llevaba droga y no migrantes. Gracias a sus declaraciones, catearon dos casas en Mexicali de quienes se supone eran sus patrones. Ahí encontraron visas falsas, máquinas para falsificarlas, cargadores de pistolas y paquetes de droga. Eran coyotes y narcotraficantes, una muestra más de cómo el negocio es uno y otro a la vez. Encontrado el paso y teniendo a los migrantes en la zona, el crimen organizado se deja llevar por su máxima: hacer dinero.

En otro recorrido que hicimos, la jefa de comunicaciones de la Patrulla Fronteriza en toda esta área, Esmeralda Marroquín, me había explicado cómo tuvieron que pedir a Washington refuerzos para esta zona, que antes tenían como la menos atendida del sector. "Teníamos que responder con vigor para que vieran que no era así nomás que iban a violar las leyes. Una cosa es que intenten meter droga, pero otra es que maten a un agente estadounidense", me explicó Marroquín en diciembre de 2008, también de ascendencia mexicana.

Un patrullero había muerto y, ante eso, se reacciona hasta con el FBI. Pero no siempre es así. No todos los muertos son iguales. Nada más, el 28 de abril, cerca de aquí, en Mexicali, dos migrantes murieron y 18 más resultaron heridos durante una persecución de la Patrulla Fronteriza. El joven coyote Héctor Maldonado, de 19 años, intentaba escapar de tres vehículos que lo seguían. Chocó a los tres en su frenético intento, atropelló sin dejar daños a un agente, hasta que su carro, una Chevrolet Suburban con placas de Alaska, volcó. Murieron los indocumentados, pero él siguió en su loca huida. Robó el vehículo al agente que se bajó a atender a los heridos y enrumbó hacia México, donde la policía de Mexicali le tenía tendida una emboscada. Cuando lo presentaron a los medios, su cara estaba magullada por los golpes que le propinaron.

Pero entonces nada cambió. Los muertos eran indocumentados. Todo quedó ahí, en una anécdota más de las que ocurren en este desierto. Nadie llamó a Washington ni al FBI. Nadie cateó ninguna casa ni reforzó la vigilancia de la zona.

No fue así con Aguilar. Entonces llegaron helicópteros, diez vehículos y una treintena de patrulleros a reforzar Yuma. Y este sector, que empezaba a ser un oasis para cruzar, por la cercanía con la ciudad estadounidense y por la falta de atención que le prestaban murió tan rápido como nació. Ni un lustro les duró a los coyotes su nueva ruta. Si aquella Hummer hubiera esquivado a Aguilar, otra historia sería la de Algodones.

Pero meterse ahora por la pequeña laguna que cruza la frontera cerca de la garita o saltar la barda en la zona urbana cuando a las 6 de la tarde se da el cambio de turno de patrulleros es imposible porque, tras lo de Aguilar, este sector es considerado zona de riesgo por la Patrulla.

Lo que queda ahora es otro cuello de botella. Los que se lanzan por el desierto, por las dunas. Aquella muerte triplicó el tiempo de caminata, que ahora es de hasta tres noches, para bordear el cerco urbano instalado. Aquella muerte mandó a los migrantes a buscarse la vida al punto de cruce de los narcos. Los volvió a meter en el mismo paquete, y Algodones dejó de recibir grandes flujos de indocumentados, que prefirieron ir a buscar embudos menos angostos.

EL EMBUDO MAYOR

Al salir de Algodones, la barda de acero sólido soldado vuelve a aparecer. Placa contra placa. Así continúa durante 30 kilómetros, hasta que la línea hecha por el hombre se aleja de la carretera que se interna insignificante en la mayor vastedad de toda la frontera: el Gran Desierto de Altar.

Son cientos de kilómetros sin horizonte. Sierras de piedra café y tierra caliza, dura, tras las que se siluetean primero las hileras de cactus erguidos, las dunas de arena suelta y la gran reserva volcánica de El Pinacate. 714,556 hectáreas consideradas por su clima y su aridez una de las zonas más inhóspitas del mundo. Son decenas de kilómetros indistintos. Referenciados por alguien que, con ojo de oriundo, les encontró alguna diferencia y nombró a este cerro como El Alacrán y a aquel como Cactus Blanco.

Llegamos a Sonoíta, la entrada occidental a Sonora, un estado que en los últimos años ha cobrado auge como ruta de paso. Empieza también la zona predilecta del narcotráfico, porque es un compendio de pequeños ejidos lo que se esparce a lo largo de la línea. Aparte de Nogales, no hay ninguna ciudad referente. Son 200 kilómetros de desierto y ejidos, el escenario perfecto para los narcos, que en esos pueblitos no tienen que negociar con altas autoridades, sino comprar alcaldes y policías municipales.

En la jerga de las autoridades de justicia mexicanas, a la frontera entre Sonora y Arizona se le conoce como La puerta de oro. Se cree que sus 72 municipios tienen presencia del crimen organizado y es donde más narcotúneles se han localizado. Ubicado entre el desierto y el Triángulo Dorado —una zona de producción de droga al sureste del estado—, éste es el paraíso para el tráfico. Del otro lado no hay grandes ciudades ni mucha presencia policial. Un ejemplo es Lukeville, un pueblito cuyo centro es una gasolinera y que tiene unos cien habitantes, de los que unos 70 son de ascendencia latina.

Poco a poco se han instalado cuarteles militares entre los ejidos. Aquí, en Sonoíta, el pueblo entero se cubrió de un fuerte olor cuando dos semanas atrás, en el cuartel tardaron tres días para quemar las más de dos toneladas de marihuana decomisadas en un rancho.

En la parroquia nos recibe el padre David. Lo buscamos para que nos ayude a ir a donde queremos. Hacia el ejido La Nariz, a una hora del casco urbano de esta ciudad de unos 10 mil habitantes. "Sí, es mejor que vayan con un contacto, porque hay halcones del narco vigilando desde los cerros. Miren: vayan a La Nariz, y en la entrada pregunten en la tienda por doña Baubelia. Díganle que van de mi parte, y que los contacte con Pancho Fajardo. Él es de mi entera confianza, un hombre honesto. Pero no se desvíen por el otro camino. Vayan directo a La Nariz. Si siguen recto se meten a donde no deben", nos advierte el padre David.

Pero en esa calle de tierra las definiciones de recto, derecha e izquierda no son para nada útiles. Es desierto y brechas, y elegir un camino es tentar a la suerte. Elegimos mal y nos internamos donde no debíamos. Otra vez la calma y el vacío de los territorios del narco. Sólo un par de señales que guían a ranchos perdidos en la nada. Desierto de matorrales durante media hora de avanzar. Ni un ser vivo. Nada espectacular. Silencio y desolación. Eso nos hace entender que enrumbamos mal, y retornamos.

Doña Baubelia nos recibe con recelo. Es conocido que sus hijos son coyotes, y los periodistas no somos de su agrado por lo general. Al poco tiempo, aparece Pancho Fajardo. Estaba trabajando en su tractor. Campechano, de 61 años, de complexión recia. Todo el prototipo de un ranchero. Lleva 35 años en este ejido de 30 casitas, que fue fundado en 1979 gracias a los incentivos por cultivar trigo y alfalfa que trajeron a quienes lo habitan. Pero ésos fueron otros tiempos. Ahora la mayoría vive de pasar migrantes. Otros, como dicen aquí como guiño de obviedad, viven de "quién sabe qué y mejor no preguntarles". Y los que menos, como Pancho, sobreviven de sus vacas.

—Yo les voy a enseñar la zona. A mí aquí todo mundo me conoce, y saben que no me meto con nadie, por eso los mafiosos no se meten conmigo. A ustedes solos no me los vayan a agarrar pensando que andan en otros asuntos y me les hagan algo.

Y ese "algo" es una situación muy concreta. Hace cuatro meses, el cuñado de una de las hijas de Pancho apareció ejecutado a pocos metros del rancho de nuestro guía. El cuerpo tenía cinco impactos de 9 milímetros. Uno de ellos, el de gracia, justo entre los ojos. Andaba en "quién sabe qué".

Pasamos por el ejido División del Norte, donde cinco militares juegan futbolito en una tienda y un grupo de migrantes espera la noche para irse a la línea. Nos internamos en el desierto.

—Los voy a llevar a donde se esconden los grupitos de migrantes, cerca del cuartel militar, allá por la línea —explica Pancho, que conoce como la palma de su mano esta aridez porque recorre en su pick up todas estas hectáreas por sus 35 vacas, que deambulan desperdigadas en busca de pasto.

Pasamos por dos casas maltrechas en medio del desierto, rodeadas por la nada. Levantadas en apariencia sin sentido. Ni pasto ni agua ni caminos.

—Esas dos casas las desarmaron los guachos hace unos meses porque las ocupaban para esconder clavos antes de pasarla. Una era de un pariente mío, hasta que llegó un señor que no es de aquí y se la compró. Le encontraron la casa repleta de droga —dice Pancho.

Ése es el sentido de las construcciones en la nada: que estén en medio de la nada y, sobre todo, lejos del cuartel. Los migrantes, al menos los que saben, se acercan lo más posible al cuartel que está a un lado de la línea para evitar invadir el terreno que no es suyo, que es de la mafia.

Pancho es un excelente guía. A unos 300 metros del cuartel, sin decirnos nada, se baja de la pick up, y se interna entre matorrales. Al poco tiempo se escucha su voz ronca: "Buenas tardes, muchachos".

Escondidos entre los arbustos de espinas, acurrucados en ese búnker de ramas secas, hay un grupo de cuatro mexicanos y una guatemalteca. Llevan dos días aquí, esperando su momento.

"Es que hoy temprano se fue un grupo, y así han estado saliendo. Estamos dándoles ventaja para poder darle nosotros", explica un hombre de 40 años para el que éste es su segundo intento.

189

La línea aquí es una raya de cruces de metal que sólo aspiran a impedir el paso de vehículos. Los mayores obstáculos son el narco y los bajadores, que se ponen más adelante, cerca de la reserva indígena Organ Pipe, ya del lado estadounidense. Los bajadores asaltan y violan. Este desierto es demasiado grande para cercarlo. En total ocupa casi 600 kilómetros de frontera que aún permiten que haya brechas que los narcos no utilizan. Zonas que por eso mismo son las que más sacrificio implican: por aquí, a paso firme, se camina hasta durante siete noches para llegar a Tucson y tomar un autobús a Phoenix. Es lo que el muro dejó.

Una patrulla del sheriff de Lukeville vigila la frontera del otro lado. Allá, a unos metros, un coyote (el animal, no la persona) asedia a 30 burros justo en la zona por donde los migrantes que esperan intentarán cruzar cuando anochezca.

A la vuelta, Pancho nos invita a su casa a comer frijoles y a tomar café de olla. En ese momento un ranchero del ejido División del Norte llega de visita y empieza a despotricar contra la situación. Pancho había sido reservado en lo que decía. Su amigo habla con rabia, y eso ayuda a que todo salga.

—Aquí vivíamos bien a gusto antes, y sólo carros conocidos se movían. Hoy en las noches pasan grandes trocas que quién sabe de quién son. Antes los migrantes pasaban tranquilos, sin meterse con nadie. Hoy, cuando la mafia va a despachar droga, los regresan todos golpeados. Les dan con bates de beis para que no se metan a calentarles la zona y llamar la atención de la Migra. O agarran a los burreros contrarios y les quiebran las piernas. Incluso ya están advirtiendo a los taxistas y buseros de Sonoíta de que cuando van a pasar una carga importante no anden trayendo pollos para acá.

Regresamos a Sonoíta con la idea en la cabeza de que ni un desierto da abasto para tanta gente que quiere entrar a como dé lugar. Unos porque es el gran mercado de consumidores. Otros porque es parte de su ciclo de vida asumido como normal, de su historia familiar, de su idea de superación.

La noche cae en Sonoíta, y nos encontramos tomando cervezas con dos coyotes oaxaqueños que llevan a un grupo de cinco migrantes. Han abandonado su ruta predilecta, Altar, unos kilómetros al oriente.

—Es que mucho está cobrando la mafia: 700 pesos por cabeza por dejarte llegar a la línea. Aquí no es que no cobren. Cobran 500, y el terreno es más grande —explica el jefe de la misión, un hombre joven, prieto y muy pequeño.

Mañana pagarán lo que hay que pagar. Pasarán La Nariz, se internarán cerca del cuartel y caminarán, calcula el diminuto coyote, seis noches hasta la reserva de los indios pápagos, que les cobrarán unos 3 mil dólares por embutirlos en una camioneta y llevarlos a una hora de camino, a Phoenix.

—Por Altar hubiéramos caminado menos si llegábamos a la reserva india, pero aquello está muy caliente. No es que aquí no haya mafia, donde quiera hay, es sólo que hay menos que allá.

Amanece y nos dirigimos hacia Altar.

EL PUEBLO CANGREJO

Es la quinta vez que visito Altar y cada vez que me voy de aquí lo hago con la impresión de que la situación ya no puede empeorar. Siempre me equivoco.

Para los migrantes este pueblo tiene reservado el peor trato, y una marcha constante de cangrejo: de retroceso. Cada cinco o seis meses llega una retahíla de nuevas malas noticias para los que vienen esperanzados a ésta, considerada la principal ruta de paso. Y siguen llegando porque su fama se perpetúa por los que, años atrás, caminaron por aquí con tranquilidad. Cuando no había muro ni cuotas y el desierto de 200 kilómetros que corresponde a este pueblo chueco alcanzaba para todos.

El mensajero de la desgracia siempre es Paulino Medina, taxista del pueblo desde hace más de 20 años. Me recibe con un resumen del desandar de Altar.

—¡Todo de la fregada, todo de la fregada! Han aumentado la cuota. Ahora hay que pagar 700 pesos por migrante que quieras llevar a El Sásabe (el ejido fronterizo, a una hora al norte). Dicen que es por la caída del peso.

Cuando vine por última vez hace seis meses, la cuota era de 500 por cabeza, y Paulino todavía hacía el intento de encontrar clientes a los que internar en el desierto. Ahora desistió. Ya sólo da servicio entre Altar y Caborca, la pequeña ciudad que está a media hora de carretera.

Al poco tiempo de caminar por el pueblo nos topamos con Eliázar. Es un juntador que conocí en 2007, cuando vine por primera vez. Convence a los que esperan en la plaza central de que se vayan con su coyote, y recibe 200 dólares por migrante entregado. Eliázar justo ahora está arreglando su situación bajo las leyes de esta zona. Acaba de volver de su natal Sinaloa, y quiere que le den permiso para trabajar. Habla con su patrón, su coyote, para que pague a Minerva, la policía municipal encargada de recoger las cuotas de los juntadores, por las que les permiten trabajar en la plaza, y encargada de vigilar que nadie se pase de listo y junte sin haberlos sobornado 150 dólares semanales por cada uno, y hay 14 que se reparten turnos. O sea, un sobresueldo de 260 dólares al mes para cada uno de los ocho policías municipales de Altar.

En cinco minutos le devuelven la llamada a Eliázar. Todo está arreglado. La plaza es suya: "Me voy corriendo, porque hoy ya no es las 24 horas que lo dejan trabajar a uno. Dividieron por turnos aunque se pague lo mismo que antes. El primer turno de juntadores entra a las 6 de la mañana y sale a las 6 de la tarde, y el otro se avienta toda la noche. Voy a ver qué agarro."

Altar se pudre hasta para los parásitos que se instalaron aquí al oler la fetidez.

Trabajar en la plaza es también la llave para timar migrantes. Entre los trucos más famosos de los juntadores se encuentra vender en los locutorios los datos de un migrante. Nombre, destino en Estados Unidos y número telefónico de su familia allá, que los juntadores, grandes conversadores, reúnen mientras negocian precio o cuando se apostan a la par de los teléfonos públicos a escuchar conversaciones y luego a remarcar números para anotarlos. En los locutorios les pagan 1,000 pesos por los datos de un viajero, y los dueños de esos negocios extorsionan a las familias de los migrantes hasta por 5 mil pesos en depósitos rápidos a

Western Union. Inventan que está secuestrado y que le irá mal si no pagan por él. Lecciones que el narco dejó a sus súbditos.

Aquí todo suma; nada resta ni hace oferta. El brinco cuesta 2,400 dólares, a pesar de que se camina hasta siete noches. Si se trata de un centroamericano, la cuota aumenta a 3 mil sólo porque sí, porque no es mexicano. A eso hay que sumar los 70 dólares de cuota para la mafia que el coyote paga y cobra después, ya del otro lado. Y muy probablemente otra tarifa, la del ranchero que en los ejidos les permitirá pasar por su ranchería de marihuana a cambio de cien dólares por cliente.

Esta mañana tenemos cita con el Grupo Beta. La cita es en El Sásabe y eso, como bien nos lo hizo notar Paulino, será un problema. Nuestro carro tiene placas de Tijuana, y ésta es zona del Cártel de Sinaloa. Los halcones, como ocurre allá por La Nariz, vigilan 24 horas la brecha de tierra y la calle pavimentada que conducen al ejido.

Llamamos al único que puede resolver esto: el padre Prisciliano Peraza. Le explicamos que iremos esta mañana en un carro con estas placas a El Sásabe, que si sabe cómo cubrirnos, que por favor lo haga; que si se le ocurre cómo avisar que vamos a ver migrantes y no sembradíos, que por favor lo haga. Él solo responde: "Sí, sí, déjenme ver qué hago".

Aquí todos tienen el teléfono del jefe de los halcones, a quien hay que avisar para ir a El Sásabe, o llamarlo para que mande a uno de sus esbirros a traer la cuota por cada migrante. El padre lo tiene, pero eso no significa que sea su cómplice o su amigo. Sólo significa que Prisciliano vive en Altar, y aquí las reglas son así, seas pollero, transportista, alcalde o cura.

Justo en la gasolinera, antes del desvío hacia El Sásabe, nos realizan el chequeo pertinente. El joven gasolinero, sin que hayamos mediado palabra, nos saluda.

—¿Los periodistas, no? ¿Van a El Sásabe? ¿A ver el paso de migrantes? Bueno, vayan por la calle del Sáric, está más buena que la de tierra.

Éste es el primer halcón, ya nos lo habían advertido. Estamos cubiertos. El narco sabe que vamos y nos ha dado instrucciones de por dónde ir. Por el Sáric: 47 kilómetros de pavimento y 22 de tierra.

Queremos visitar al Grupo Beta para saber cómo se ejecuta la frase "protección a migrantes" en medio de una dinámica tan descabellada. Poco tardaremos en responder nuestra pregunta.

En la base del grupo hay cinco elementos. Es la única que no tiene personal fijo. Llevan a betas de todo México a vivir durante un mes en esta unidad. La razón es sencilla: nadie quiere establecerse en El Sásabe, nadie quiere traer a sus familias. Cuando su turno termina, a las 6 de la tarde, el comandante (que prefiere que omitamos su nombre) nos explica qué hacen.

—Nos encerramos en la base y no salimos ni a la tienda. Muy peligroso es aquí, y mejor no darse color.

Negociamos con él un recorrido por las rutas de paso, y no tardamos mucho tiempo en darnos cuenta de que es inútil. Nos ofrecen llevarnos a La Pista, una zona de cruce ya en desuso, que está como a una hora por brecha enfilando hacia el muro. Nosotros queríamos ver otros sitios, puntos reconocidos de paso de droga y de migrantes. Queríamos meternos en el embudo, pero su respuesta fue tajante.

—Comandante, ¿no podemos ir a La Sierrita, El Chango o La Ladrillera, por donde sí pasa gente?

—No nos dejan pasar ahí.

—¿Quién no los deja, comandante?

—Usted ya sabe, por aquí hay mucha gente que anda en negocios pesados.

Incluso nos dicen que ya no pueden ubicarse en El Tortugo, un lugar a media calle entre Altar y El Sásabe donde antes pasaban el día deteniendo las camionetas, contando migrantes y advirtiéndoles del clima y de los animales del desierto. Los quitaron de ahí. Una fuente de confianza de Altar me aseguró que más bien les ofrecieron un mejor trato. Según su versión, los del Grupo Beta por tradición cobraban 200 pesos a cada camioneta. A los narcos no les gusta que nadie los imite, y le hicieron una oferta irrechazable: no los queremos ver en El Tortugo, nosotros les vamos a pasar una cuota mensual a ustedes. Punto. Dos transportistas confirmaron esta versión.

Antes de irnos, los del Grupo Beta se esfuerzan por darnos algo para ver, e instalan un punto de conteo en la entrada del ejido, lejos de El Tortugo. Una cachetada de realidad, una pequeña muestra que responde a la pregunta que he escuchado decenas de veces: ¿qué le pueden sacar los narcotraficantes a los pobres migrantes?

Llegan dos camionetas, una con 15 migrantes apretujados en su interior y la otra con 23. Los narcos han ganado en 15 minutos más de 2,500 dólares por la cuota sin traficar ni una hebra de marihuana. El sueldo mensual de uno de sus sicarios en sólo un cuarto de hora. Y los coyotes, ni hablar. En esas dos camionetas llevan una mina de oro. Llevan 84,000 dólares que cobrarán si logran pasar, suponiendo que ninguno sea centroamericano. El resto de la tarde y, sobretodo en la noche, decenas de camionetas pasarán por este punto. Y así cada día.

CERCA DE JUÁREZ, LEJOS DE JUÁREZ

A 40 minutos de Altar, también en medio de la aridez, está otro de los nombres más mencionados en la frontera: el pequeño pueblo de Naco, con sus poco menos de 5 mil habitantes. Éste fue otro de los puntos álgidos que surgieron a finales de los noventa, y aún hoy es un poblado donde no se cultiva nada. Aquí se trabaja de burrero o de coyote o se tiene un pequeño hostal para migrantes, o un comedor económico. Naco es punto de llegada tanto de los que van a pasar como de los que vienen deportados. Es una de las garitas por donde lanzan a los desorientados mexicanos hacia un país que muchos casi no conocen.

El problema es que los 40 kilómetros de frontera que pertenecen a Naco desde hace un par de años se convirtieron en un cuello de botella demasiado estrecho, y los narcos volvieron a imponer sus reglas: por este punto, por el cerro de Guadiruca, desde el que sólo se caminan dos noches para llegar al pueblo estadounidense de Sierra Vista, sólo se pasa droga. Y punto. Ahora Naco comparte ruta con Altar. Sigue recibiendo migrantes a los que, por una cuota aún más alta que la de aquel pueblo que linda con El Sásabe, empaqueta en camionetas y los lleva a la ruta altareña.

Benjamín es un juntador reconocido en Naco. Se la pasa merodeando la pequeña garita de donde salen los deportados a la espera de que caigan clientes que no puedan concebir su vida en su país natal y decidan regresar a Estados Unidos. Me le acerco, y se muestra dispuesto a conversar. Un juntador, en estas zonas, no se reconoce como delincuente, sino más bien como un obrero necesario dentro de una estructura comercial que les resulta de lo más normal.

—Dicen que aquí está fea la pasada.

—De la chingada.

—Muy vigilado está del otro lado.

—No, no es eso. Sí vigilan mucho, pero aquí en la ciudad. Allá, por el cerro, por donde nos aventábamos, bien tranquilos pasábamos. Lo que pasa es que hoy los señores ya no nos dejan darle por ahí, porque mucha carga con burreros están mandando. Entonces, nos toca irnos a Altar a buscarle.

—Y eso aumenta las cuotas, supongo.

—Pues ni modo. De 3 mil dólares estamos pidiendo ahorita, porque hay que trasladar a la gente a Altar.

Algunos juntadores que no cuentan con la capacidad para el traslado de los migrantes a El Sásabe han optado por hacer secuestros exprés de los viajeros. Les dicen que los llevarán al otro lado, pero los llevan a una casa de seguridad, desde donde les sacan la información para exigir a sus familias en Estados Unidos 500 o mil dólares en depósitos rápidos.

Ésta es una muestra más de cómo la frontera sigue mutando en un embudo más pequeño. Una ruta empuja hacia otras que a su vez ya están saturadas de narcotraficantes y coyotes y que, poco a poco, se cierran más.

Continúa el viaje. Tras dos horas de carretera llegamos a Nogales, la única ciudad sonorense que tiene otra urbe en el lado estadounidense. Las dos ciudades, la del norte y la del sur, se llaman igual. Aquí sólo venimos a reconocer el terreno, porque la dinámica de aislamiento de los migrantes hacia el extrarradio que practica el narco funciona igual que en cada punto que hemos pisado en este recorrido.

Nogales aporta agravantes. La colonia Buenos Aires es la que flanquea la zona urbana del muro y es también la más peligrosa de la ciudad, por ser lugar de habitación de narcomenudistas y burreros que, cuando cae la noche, empiezan a lanzar pacas de marihuana hacia el otro lado. La idea es atraer a la Patrulla Fronteriza y dejar los cerros libres, para que los verdaderos cargamentos se adentren en camionetas a toda marcha. En esta colonia domina la pandilla de Los Pelones, en guerra abierta contra la de Los Pobres. Son la mayoría muchachos menores de edad, pero con armas de fuego y dispuestos a matar con tal de demostrar que valen para ser reclutados por algún cártel.

Quien nos recibe es el comandante Henríquez, jefe del Grupo Beta más afamado de la frontera, por su orden y disciplina. Henríquez fue militar y policía judicial en esta zona, pero su cuerpo se convirtió en prueba de lo que ocurre en esta línea divisoria cuando se metió, hace 14 años, al grupo de atención a migrantes. Por andar en las rutas de paso en busca de viajeros ha recibido tres disparos. Uno en el pecho, otro en el abdomen y uno más que le destrozó la tibia de su pierna derecha, que ahora es de metal. Los narcos le atinaron en el pecho, y los bajadores se encargaron de las otras cicatrices.

La siguiente parada es el arroyo Mariposa, un cauce seco de tierra árida por el que el paso es obligatorio para los que se dirigen a Estados Unidos. A los dos lados del arroyo se levantan los cerros café y las hondonadas que los dividen. Son iguales hasta que la vista se pierde. Desde aquí se ve el muro terminar y dar paso a una zona donde sólo es posible ingresar a pie.

En 15 minutos la pizarra dibuja a todos sus actores. Llega una Suburban negra de la que bajan 15 migrantes, su pollero y un burrero. Todos llevan el mismo camino. Van hacia el pequeño pueblo de Río Rico, ya del otro lado, a tres noches de caminata. Desde la copa de uno de los cerros, detrás del muro, una patrulla estadounidense vigila el movimiento, y de este lado, dos halcones del narco vigilan a sus vigilantes. Hoy será día de despacho de cargamento. Todos contra todos y los migrantes en medio.

Los migrantes suelen caminar por estas tierras áridas y sueltas hasta llegar al cerro de El Cholo y desde ahí se internan para dejar libre la mejor ruta a los todoterreno de los narcotraficantes. Por eso a los del Grupo Beta les cuesta tanto recuperar los cuerpos que quedan en el camino, porque tienen que extraerlos de zonas inhóspitas: fracturados que murieron de inanición, algunos que fueron baleados por los bajadores, bajadores que fueron asesinados por los narcotraficantes.

"Es imposible saber cuántos han muerto. A veces ya sólo encontramos cráneos, porque los animales rápido les quitan la carne", explica el comandante Henríquez.

Hemos logrado acelerar el recorrido, porque la frontera se imita a sí misma, y ya sólo vamos recogiendo las pequeñas particularidades que hacen peor una zona que otra. En unas cuatro horas de carretera llegaremos a Agua Prieta, siempre en Sonora. Es el punto más cercano a Ciudad Juárez, la ciudad más violenta del mundo. En Agua Prieta se acaban los puntos de cruce de la mitad occidental de frontera, la más utilizada, la que tiene más embudos repartidos. Más allá sólo queda Palomas y el pequeño ejido de Las Chepas que, por su cercanía con aquella urbe que vive una guerra entre cárteles desde hace dos años, murieron como puntos de cruce.

Es una regla fronteriza para los coyotes. Aunque se esté cerca de Ciudad Juárez, no se puede entrar en Ciudad Juárez, porque ahí no hay por dónde para los migrantes de a pie. A lo mucho, para algún afortunado que pague los 3,600 dólares por una visa falsa y llegue a El Paso, si los aparatos láser de la Migra no detectan el timo. Un pago por adelantado y sin ninguna garantía.

Agua Prieta es un sitio atrapado entre la definición de pueblo y ciudad. No deja de ser uno y apenas empieza a ser lo otro. Casas de una planta, y un estilo que parece haberse ambientado en alguna escenografía hollywoodense. Tiendas de botas vaqueras, rótulos con forma de llaneros con un cigarrillo en los labios, cantinas con luces de neón silueteadas como cactus que relampaguean a punto de morir, carretas que avanzan entre los vehículos que recorren las calles de dos carriles.

Todavía a finales de los noventa había jardineros que pasaban por la zona urbana, trabajaban en las casas de Douglas, la pequeña ciudad del otro lado, y volvían a las 6 de la tarde a cenar con sus familias. Los agentes de la Migra estadounidense los conocían, y les levantaban la mano como saludo cuando los veían pasar. Ahora hay muro con barrotes de acero de más de dos metros, reflectores y cámaras de vigilancia. Ya nadie saluda a nadie. Los atrapan.

Como cuentan los del Grupo Beta, Agua Prieta se caracterizó hasta hace pocos años por los grandes grupos de migrantes guiados por sus coyotes que se internaban en el desierto. Cuando los guías descubrieron las facilidades de esta zona, se apresuraron a pasar grupos numerosos todos de una vez, sabedores de que pronto tendría la misma suerte que las otras rutas que abrieron. Como pastores que saben que la lluvia está por venir y corren a meter a todas sus cabras al establo.

Fue en la zona de Douglas donde dos patrulleros se quedaron con los ojos cuadrados cuando vieron por el llano una marcha de 80 migrantes a finales de 2008. Fueron necesarias diez camionetas para trasladarlos a las celdas de detención, mientras un helicóptero y varios jinetes vigilaban que la multitud no echara a correr.

La fiesta empezó a decaer por dos sucesos, ocurridos uno hace cuatro meses, y el otro, hace tres. Otra vez el narco lo estropeó. El primero fue una camioneta que, en su huida, no logró saltar por la rampa que sus ocupantes habían instalado sobre la barda contra vehículos y se quedó atorada en la línea divisoria. Los tripulantes cumplieron la regla dictada por sus patrones: si no es de la mafia, no es de nadie. Y prendieron fuego a la camioneta mientras disparaban al aire para ahuyentar a sus perseguidores.

La segunda ocurrió cuando dos burreros fueron detenidos por un patrullero, quien los confundió con migrantes y no pidió refuerzos. Bajó solo de su todoterreno, tanteando el mango de su pistola. Uno de los burreros logró alcanzar la escopeta que el incauto agente dejó en el asiento delantero. Lanzó disparos al aire, desarmaron a su captor, se burlaron de él y huyeron con sus armas. Fue despedido por violar el protocolo de actuación. Por confiado. Y Washington recibió otra carta en la que se pedían 40 elementos de apoyo, que ya deambulan por la zona.

Son las 5:30 de la tarde, y paseamos por la zona de cruce, a unos 15 kilómetros de Agua Prieta, aquí por el conocido como puente verde. Otra vez cerros de color café y llanos mustios llenos de matorrales de espinas. Estamos a 200 metros del retén militar de la carretera, ocultos de la vista de los soldados por la curva que describe el pavimento.

De repente, uno a uno, aparecen 15 migrantes con su pollero. A toda prisa se alejan del retén y se internan en lo mustio. A los pocos minutos, otro grupo: 24 más corren tras el primer equipo. Cinco minutos más y otro grupo, esta vez de 30, todos al trote, como guarniciones militares. No nos prestan atención y siguen de largo, hasta que los vemos como pequeñas hormigas dividirse arriba del cerro. Toman posiciones para esperar que la noche caiga de una vez.

Se trata de tres grupos diferentes, de tres polleros distintos, que aprovechan el pequeño rayo de luz que todavía les queda. Corren para no ser vistos por los militares, que suelen corretearlos sean mexicanos o centroamericanos. Se meten casi en las narices de los guardias, arriesgándose a ser extorsionados o detenidos, pero evitan así a narcos y bajadores.

Violan todas las reglas de un buen pollero: no se lleva a grupos de más de ocho, no se viaja a la par de otros grupos, se les da al menos un día de ventaja, no se pasa tan cerca de los militares, la mejor ruta es la que menos utilizan otros. Pero la frontera hoy no está para reglas. La regla es correr, apurarse, antes de que el embudo se cierre del todo y sólo deje espacio a los narcos. No importa que lo más probable sea que adelante los estén esperando, que desde ya los haya visto uno de los patrulleros de la Migra que vigila con binoculares. No importa nada, sólo cuenta intentarlo, y correr, correr como quien va hacia un portón que cae, que se cierra, al que hay que llegar para deslizarse por debajo antes de que te caiga encima. Hay que correr.

EL NARCO MANDA

Diciembre de 2008, estado de Sonora

Tras las primeras dos visitas a este pueblo empecé a sentirme cómodo. Al inicio era complicado entrar en esta ruta principal de cruce de migrantes y sobre todo de drogas. Dos cárteles se peleaban la plaza. Pero uno ganó y todo cambió: al menos ya sé a qué narcotraficante llamar para pedir permiso de ir a la frontera; los indocumentados conocen la cuota que hay que pagar; y los coyotes saben con quién entenderse porque sigue fresco el recuerdo de qué pasa. Aunque todo es más caro para el que tiene que pagar, todo es también más tranquilo cuando el narco manda.

L a última vez que conversamos temblaba pero hoy no. Cuando hace 19 meses nos reunimos en una habitación de hotel elegida por él, el Señor X temblaba de nervios, se le quebraba la voz y cada minuto ojeaba las persianas cerradas, como si temiera que detrás apareciera la silueta de un hombre y el pico de un fusil AR-15. Pero hoy no, hoy está tranquilo y sonriente. No se sobresalta con cada ruido y ya no pregunta si trabajo para los narcotraficantes.

Aquella primera vez montó todo un operativo que parecía excesivo para este pueblucho de la frontera entre México y Estados Unidos llamado Altar, en el estado de Sonora. "Tú llegas al hotel, tocas tres veces en la puerta de la habitación. Ven solo. A las 9 de la noche en punto. Yo abriré. Hablaremos 30 minutos, y después te subes a mi carro y yo te iré a dejar en una de las calles que están atrás de la iglesia. Esperas a que me aleje para caminar a tu hotel." Ésas fueron las indicaciones que el temeroso Señor X me dio en mayo de 2007.

Hoy la cita es a la misma hora, a las 9 de la noche. Hemos quedado en otro cuarto de otro hotel. No hay plan, sólo juntarnos en la habitación. Llega puntual. Afuera, a pocas cuadras, el pueblo estalla en petardos para celebrarle a la Virgen de Guadalupe su noche, la del 12 de diciembre. El Señor X baja de su camioneta con una camisa negra de botones, norteña, con ribetes dorados en las muñecas que descubre cuando por un momento se quita la gruesa chamarra marrón que le protege del crudo invierno altareño.

—Ajá, ¿cómo va a estar el baile? —pregunta para mi sorpresa un hombre que yo esperaba que entrara espasmódico en el cuarto.

—Ya sabe, quiero que hablemos de lo que hablamos la otra vez, de los migrantes y de sus problemas con los narcotraficantes. Quiero saber cómo han cambiado las cosas desde entonces.

La primera vez, cuando viraba el cuello en busca de las siluetas de sus asesinos, 300 migrantes mexicanos y centroamericanos que intentaban cruzar ilegales hacia Estados Unidos habían sido secuestrados en alguna ranchería de algún narcotraficante hacía unos pocos días. Nadie más que el cura del pueblo, Prisciliano Peraza, sabía de ellos, porque había liberado a unos 120 tras negociar con uno de los narcotraficantes, del que nadie pronuncia el nombre, pero de quien tienen hasta el número de celular. Le dieron aquellos que tenían los tobillos rotos por el impacto de un bate o heridas profusas en sus cuerpos. "Del resto no sé nada —dijo el cura—, no me los quisieron dar".

Los sacó por grupos, en camionetas. No me dio más detalles. Los liberados se perdieron. Regresaron a sus casas o huyeron hacia otro lugar en la frontera. Nadie denunció nada. Ningún expediente se archivó en ninguna comisaría. Y nadie ha vuelto a saber nada de los que se quedaron en aquella ranchería.

Así de sencillo: si aquí el narco, alguno de ellos, uno del que nadie pronunciará el nombre, no quiere entregar a 180 migrantes, no los entrega. Y punto. Y ahí terminó el baile.

AL QUE SABE NO LE TIEMBLA LA MANO

El Señor X es de los que mejor sabe cómo se cuecen los frijoles en Altar. Es alguien que, desde hace ocho años, se entera de todo, por trabajo, por costumbre, por sobrevivencia. No es narco. A pesar de su gran camioneta y de los bordados dorados en las muñecas de su camisa negra, no es narco. Sin embargo, el trato que hicimos en mayo de 2007 fue que no podía revelar quién era ni qué trabajo tenía ni de dónde era ni cómo se veía ni cómo lo encontré, ni nada de nada. "Nada de nada." Así dijo. Y convenimos en bautizarlo como Señor X.

Aquel día de mayo de 2007, el narco había secuestrado a varios migrantes que viajaban en diferentes autobuses y camionetas que iban hacia El Sásabe, un ejido perdido en el desierto. El Sásabe está justo frente a los cerca de 20 kilómetros de muro que el gobierno estadounidense empezó a construir a finales de 2007, en ésta que hoy por hoy es la principal zona de cruce de indocumentados.

Los secuestraron porque ése era día de despacho de burreros, día de envío de una importante carga —"un paquete bien ponchado", como dicen por aquí— y estaban hartos de que les calentaran la zona. Los burreros son hombres, jóvenes entre 16 y 28 años casi siempre, que se encargan de echarse al lomo 20 kilos de marihuana y trasladarlos a pie hasta algún lugar del desierto de Arizona donde otro empleado del narco los recoge para distribuirlos a los vendedores del gran mercado mundial de la droga. El gigante del norte. El gabacho. Estados Unidos. Un burrero, por la caminata de dos o tres noches, se echa a la bolsa 1,500 dólares.

Calentar la zona —crisparla, chingarla— significa llamar la atención de la Patrulla Fronteriza o del Ejército mexicano. Y cuando los guachos llegan no es para preguntar, sino que se arma la balacera. La última batalla ocurrió hace apenas un mes, cuando militares y obreros del narco se tiraron plomo justo en el desvío que lleva hacia El Sásabe. Dos de los burreros están ahora tras unos barrotes en una celda de la penitenciaría de Nogales, a tres horas de Altar.

Lo que enoja al narco es que los migrantes llamen tanto la atención que obliguen a las autoridades a meterse en sus rutas, a hacer algo ante una situación que en diferentes proporciones ocurre a diario, pero que se puede obviar si nadie calienta la zona.

El Señor X escucha mi respuesta sentado en la cama del cuarto doble, frente al espejo del armario y con las botas posadas sobre las baldosas café con leche. Escucha que quiero hablar sobre lo mismo, sobre narcotraficantes y migrantes, y espero que entonces empiece a temblar.

—Sí —dice—, échale.

No tiembla. Y, con la duda de por qué no sufre con estas preguntas, conversamos. Ya no sólo contesta con monosílabos o frases cortas. Es otro Señor X.

—Recuerdo que los narcotraficantes cobraban a los transportistas 500 pesos por migrante que llevaban a El Sásabe, y que ese dinero lo pagaban los mismos migrantes. Recuerdo que si los transportistas mentían sobre el número de personas, el narco les quemaba las camionetas y a veces secuestraban a la gente, para obligarla luego a llevar una carga de droga al otro lado como pago por su libertad. Recuerdo que vi tres van quemadas en el camino de tierra que va a El Sásabe. ¿Eso sigue así?

—Sí —responde, y sostiene la mirada.

—Entiendo, por lo que me han contado esta tarde, que los narcos piensan incrementar la cuota.

—Mira, cuando pegan, pegan. Y en este negocio pegaron, sembraron el terror y consiguieron cobrar su cuota, y ahí se van a quedar. Así está siendo en todos lados, están poniendo cuotas, sólo que aquí ya es fija. Y los de las vanes, están más tranquilos. Dicen que así se sienten mejor, que las reglas son claras, que ya saben qué hacer. Saben que tienen que pagarles a los mascaritas —se acomoda en la cama y se mantiene impávido.

Los mascaritas son los encargados de llegar hasta donde los motoristas de las van que se estacionan frente a la plaza central de Altar, frente a la iglesia, frente a la alcaldía de este pueblo de 8 mil habitantes. Unas 15 camionetas, una tras otra, con sus conductores a la espera de que se llenen. Veinte por cada van, o éstas no dan ni una vuelta de rueda. Les llaman los mascaritas porque se esconden con pasamontañas negros. Empleados de cuarta del narco, encargados de contar a los migrantes que abordan cada van y de recoger los 500 pesos por cabeza. Se embolsan los 10 mil pesos por van y se los llevan al patrón, que a su vez tiene otro patrón, y otro, hasta que llegan a la bolsa del narco proveedor que reparte. Mascaritas los llaman el Señor X, el cura Peraza y hasta las viejitas que venden carne asada en salsa de chile morita frente a la plaza, porque todos los ven llegar con sus máscaras, pero sin ninguna otra precaución ni temor.

—Pero lo veo muy tranquilo —intento entender su calma.

—Mira, es que cuando hablamos la otra vez, acababan de venir los narcos. Ahora ya están más organizados que cualquier otro negocio, ya tienen cuotas, se la llevan en calma, no quieren más, ya tienen su negocio. Ya tienen lo que quieren de los migrantes y saben que no les pueden dar más. Ya estuvo. Todo está tranquilo. Te digo que los dueños de las van dicen que están mejor con ellos, que les cobren lo que les cobren, que ya saben cómo es el *bisnes*, y que funciona.

Entonces comprendo la calma del Señor X. El cambio. Hace 19 meses todo estaba acomodándose. Hubo que secuestrar, que pegar duro, para que el pueblo, los transportistas y los migrantes entendieran que la cuota iba en serio, que los 90 kilómetros que separan Altar de El Sásabe eran propiedad del narco, y que en sus propiedades se paga cuota o se deja el pellejo. Hubo que sembrar historias para cosechar terror. Ahora todos entienden. Hablar de las cuotas del narco es tan cotidiano como hablar del aumento del precio de la tortilla, que ha encarecido los tacos de res y repollo en el puesto El Cuñado.

Altar sintetiza lo que ocurre en toda esta frontera. Cuando las rutas de migrantes y de narcotraficantes se cruzan, y siempre se cruzan porque los dos buscan esconderse, desde el río Suchiate ocurre siempre lo mismo: los migrantes la pagan. En Altar eso ocurría desde 2007, pero la gente estaba alarmada, había miedo, y ese miedo hacía pensar que algo podía cambiar, que los narcos todavía sorprendían, y que un día se convertiría a una normalidad menos extravagante. Pero no, lo único que ha ocurrido es que los que eran príncipes se coronaron reyes.

Los transportistas se lo advierten a cada uno que llega en busca del servicio. Lo aclaran sin bajar la voz: "Sí, voy para El Sásabe, pero tienes que pagarme 100 pesos a mí y otros 500 de cuota". Y si pregunta que para quién es esa cuota, el transportista contestará una de dos: es para el narco o es para la mafia.

Y aunque eso les moleste porque ahora tardan varias horas en encontrar a 20 migrantes con 600 pesos en la bolsa, no se quejan. No queda otra, hay que agarrarla como viene, como dice el Señor X. Ahora ganan menos, pero ya conocen qué hay que hacer para que no les quemen su carro ni les revienten la cara.

Algunos, como el taxista Paulino Medina, se quejan más. Otros aún intentan pasarse de listos.

Cuando sólo queda el berrinche

Paulino, a sus 53 años, siempre refunfuña. Desde que lo conocí en 2007 siempre se queja de algo. Que si aquí nadie pone orden, que si en Altar toda la gente es chueca, que los muy burros no entienden que si no dejan de chingar al migrante el negocio se va a acabar. La diferencia es que ahora tiene argumentos de sobra para hacer berrinche.

Paulino trabaja desde hace 21 años en Altar. De tanto circular en su taxi hasta fue nombrado secretario de Transporte, cargo que le duró sólo un mes. Por aquí anduvo Paulino en su intento de coordinar a los narcotraficantes con los motoristas de las van, para que ya no se las quemaran. Pero no, a los narcos no les gusta que nadie les ordene sus negocios. De eso se encargan ellos. Así, la improvisada credencial del secretario de Transporte sólo sirvió para intentar organizar una reunión porque, cuando resonaron en los pasillos de la alcaldía sus intenciones, le pidieron la credencial y hasta ahí llegó el cuento.

Hoy nos juntamos en el puesto de taxis, tras la iglesia, a un lado de la plaza central. Usa los mismos lentes remendados, su bigote cenizo y unas botas vaqueras. Lo primero que suele hacer es contar una anécdota, y hoy no es la excepción.

—Si ya todos sabemos que hay que pagar, pero no creas, todavía queda gente que se cree muy bravilla y que se la llevan de que son más chingones que la mafia, más truchas. Nada más hace dos semanas, el motorista de una van reportó que sólo llevaba a 18 migrantes, y le pagó por ellos a los mascaritas. Cuando se fueron, el pillo metió a otros dos, para embolsarse mil pesitos. No le salió la vuelta. En la calle a El Sásabe lo pararon unos halcones armados. "A ver, hijo de la chingada, cómo es eso de que llevas 20 si aquí nos han reportado que 18 traías. Noooo", el amigo cuenta que se quedó helado.

Los mascaritas entregan al conductor una palabra clave escrita en un trozo de papel. Pajaritos, por ejemplo. Luego informan a los halcones de que la clave Pajaritos pagó por tantos. Los halcones se apostan en alguno de los cerros pelones que bordean la calle y paran algunas van al azar, para contrastar lo reportado por el mascarita. Si esto no concuerda pasa lo que Paulino sigue contando.

—Pues para que veas cómo está esto de normalizado, que hoy ya no te matan ni te queman la van, hoy sólo buscan el *bisnes*, porque ya controlan la plaza. Vete, le dijeron, pero si no pagas 120 mil pesos en una semana, ya te iremos a visitar. Ahí está que al amigo le tocó vender la van para pagar.

Altar ha cambiado. Hay menos miedo, pero también menos trabajo. En mayo de 2007, Paulino hacía hasta tres viajes diarios a El Sásabe. Su destartalado hyundai del 87 traqueteaba cinco horas al día, una por viaje con entre uno y seis pasajeros, que costaba lo mismo sin importar el número de tripulantes: 1,200 pesos. El otro taxi de Paulino, el que en aquel entonces trabajaba Artemio, un viejo coyote retirado, hacía la misma cantidad de corridas hasta el ejido fronterizo. Paulino desayunaba huevos rancheros todos los días en el restaurante Las Marías, en plena carretera que parte en dos Altar, y dejaba algunos pesos de propina al joven mesero que aún atiende ahí.

Ahora Paulino desayuna en su austera casa. También almuerza y cena ahí. Gasta lo mínimo, son tiempos de vacas flacas. "Mucha gente mejor se va, porque no le alcanza para la cuota, pero yo pienso que para qué, si en otros lados también van a poner cuotas, pues", dice.

Altar es como un centro de negocios para los migrantes. Aquí consiguen al coyote que los cruzará. Los juntadores, encargados de convencer a los migrantes de que se vayan con el coyote para el que trabajan, recorren la plaza central a diario e intentan enganchar a los grupos de hombres, mujeres y niños que, asustados en alguna banqueta, esperan a que algo ocurra. Los 50 vendedores de ropa, de gruesas medias en invierno y viseras negras en verano, esperan que los que caminarán entre cinco y siete días por el desierto hasta llegar a Tucson se aprovisionen en sus puestos callejeros. Los conductores de las 30 van aguardan igual que las 40 casetas telefónicas y los dueños de las 50 apestosas casas de huéspedes, que por 30 pesos te dejan un colchón roto y lleno de manchas en un cuarto sin ventilación donde entrarán al menos otras 15 personas. Los 30 puestos de comida y también las dos cantinas viven de ellos, igual que las 11 casas de cambio. Y hasta los ocho policías municipales de Altar, que nunca enfrentan al narco —"ni mensos que fueran", dice Paulino— utilizan sus revólveres calibre 38 para extorsionar a los juntadores y cobrarles 2 mil pesos semanales por dejarlos trabajar.

Altar aún es punto neurálgico de la migración, pero no se salva del efecto dominó que ocurre desde Matamoros, en la costa Atlántica, hasta Tijuana, en la costa Pacífica. Los migrantes se han dispersado y han encontrado otros puntos de cruce que antes no existían o eran poco frecuentados. Lo que antes parecía un hormiguero alborotado ahora parece uno a la hora de la siesta.

Los 378,339 indocumentados que la Patrulla Fronteriza del sector de Tucson atrapó en 2007 se convirtieron en 281,207 en 2008. Eso, explicó Esmeralda Marroquín, la encargada de comunicaciones de la Patrulla en ese sector, significa que pasan menos, sí, pero también que han buscado nuevas zonas de paso.

Cuando en 2007 visité Altar, algunos comerciantes, coyotes y juntadores se estaban trasladando a Palomas, en el vecino estado de Chihuahua. Decían que ése era el punto de moda, que por ahí había buena chamba, buen jale. En noviembre de 2008 visité Palomas, pero no encontré a ningún migrante. Incluso el Instituto Nacional de Migración está pensando en retirar a los cuatro agentes del Grupo Beta que tiene en Palomas, porque apenas encuentran a quién asistir, y las botellas de agua y las latas de atún se quedan embodegadas. "Esto se mueve", dijo el Señor X. Y dijo bien.

Por eso se queja Paulino. Monta su berrinche porque en este pinche pueblo todo sube, menos los migrantes, que bajan, y con ellos, las corridas de sus dos taxis. Lo que más le molesta es que el narco suba las cuotas.

—Si los descarados le cobran a los migrantes 1,500 por viaje en taxi a El Sásabe, y 1,700 si llevo a más de cinco. Y nada de zafárseles, hay que ir a donde diga el mascarita, a que cuente los que llevo para que me deje ir en paz. Entonces, ¿qué infeliz va a tener para pagar la cuota y la tarifa del taxi? —refunfuña Paulino, que hace mes y medio que no manda ninguno de sus taxis a la frontera.

Su pregunta es pertinente: ¿qué grupo de migrantes reúne los 1,500 pesos de la mafia, los 1,200 de Paulino y los 15 mil para el coyote? Algunos. Menos que antes, pero algunos. O no estuvieran hoy 30 viajeros a la espera como garrobos al sol en la plaza central.

Sin embargo, la economía de Paulino ha caído en picada. Son las 12 del mediodía, y sus dos taxis —él ya no trabaja ninguno— han hecho sólo un viaje cada uno. Desde que sus motoristas se levantaron al amanecer, sólo han conseguido llevar a dos señoras a sus casas en Altar, 50 pesos por recorrido. Cien pesos en una bolsa común que tiene que alcanzar para que coman Paulino, ellos dos y la familia de uno de ellos.

Muchos coyotes de Altar, sabedores de que los migrantes vienen pelados, han optado por aumentar 50 dólares el pago que realizan los familiares del viajero en Estados Unidos, a cambio de que el coyote cubra el pago a los mascaritas.

Paulino asegura que los taxis ya no son opción para el migrante. Casi nunca vienen en grupos mayores a seis, y es difícil que se junten para el taxi. Prefieren pagar cada quien sus 500 pesos y llevar la fiesta en paz, o dejar que su coyote se encargue de la cuota. Sin embargo, Paulino ha estado escuchando cosas, "habladas que salen de aquí y de allá", y las cuenta, no sin cierta alegría.

—A ver qué chingados pasa, porque se está diciendo que van a aumentar la cuota a las van, y que les pedirán mil pesos por cabeza. Y entonces sí que quién sabe cómo le van a hacer los pobres pollos. Es normal, si tú jalas un dedo y el otro no reclama, le vas a terminar jalando el brazo. ¿Y quién va a andar reclamando a la mafia?

Lo que el Señor X dijo —"Ya pegaron y ahí nomás se van a quedar"— puede no ser del todo exacto. Los narcos saben que nadie se opone a ellos. Lo que también saben, como explica el cura Peraza, es que tampoco se opondrán si aprietan un poquito más.

Los narcos mexicanos de cualquier cártel —el del Golfo, el de Sinaloa, el de Juárez, el de Tijuana, Beltrán Leyva o Los Zetas— no tienen reparos en asesinar a policías, funcionarios de justicia, migrantes, militares y traidores, pero no a curas. En 2008 asesinaron a 5,600, y ninguno llevaba sotana. Eso da al cura Peraza un margen para hablar que nadie tiene por estos lares. No significa que pueda mencionar nombres o poner denuncias, ya sabe cómo se baila en Altar, es sólo que puede quejarse con un poco más de detalle y mencionar algunos lugares.

Cuando en 2007 conocí al cura, la situación era tensa y el secuestro estaba fresco. El Señor X me contó que un funcionario de Altar había denunciado el secuestro ante la Procuraduría de Justicia de Sonora. Tuvo las agallas de levantar el teléfono y llamar a la Justicia. Poco tardó en enterarse de que la balanza y la espada sólo las tiene el narco. Le llamaron por teléfono, le preguntaron que por qué acababa de hacer esa denuncia, y le advirtieron de que si seguía de valiente se lo iba a llevar la chingada. El cura Peraza sabe que estas cosas ocurren. Habla más que los demás, pero sin pasarse de la raya, que la cruz que le cuelga del cuello no lo hace intocable.

Nos encontramos en la casa parroquial, muy cerca de la plaza central. Él es el fundador de la casa del migrante de Altar, que pocos utilizan, porque está extraviada en una de sus muchas calles de tierra. Sin embargo, él es más un cura de pueblo que un defensor de migrantes. Tiene a su cargo dos parroquias más, y se la pasa de arriba abajo en misas, confesiones, bautizos y primeras comuniones.

Antes de hablar le explico que algunas cosas de las que diga pueden ser fuera de grabación, pero él tiene sus límites muy claros, y no necesita prerrogativas.

—Yo entendí que no tengo que meterme tanto. Si logro que suelten a un secuestrado, ya es suficiente para mí. Lo ideal sería que no existieran esos grupos, pero ni modo. Lo que menos quieren es que les traiga periodistas y que les caliente el terreno, no porque los vayan a agarrar, sino porque les aumentarán la cuota: "Mira, hay una denuncia, así que te voy a tener que cobrar más".

Se refiere, sentado en el sofá del salón de la casa, a que él, sin pretenderlo, puede lograr lo mismo que los migrantes: calentar la zona a los narcos si Altar aparece en las páginas de algunos periódicos. Y sabe que eso causaría que la mafia deba pagar más a las autoridades que los protegen. Claro, si el cura Peraza les calienta la zona no le quiebran los tobillos con un bate. Es un cura, y si lo matan, ellos mismos se garantizan varias páginas en los periódicos. Aún así, el párroco conoce los límites. Contextualiza, se guarda los detalles.

Tiene una teoría parecida a la de Paulino. Cree que aquí el hule se va a estirar hasta donde aguante.

—Sí, esto se ha normalizado, y nadie va a El Sásabe sin pagar cuota, todos tienen que pagar, pero eso no quiere decir que aquí terminó todo.

Cuando el cura dice que nadie se salva del impuesto no es literal. Él sí. No paga, pero tiene que avisar. Muestra su celular en su mano derecha, y la agita de lado a lado, como diciendo que hay algo dentro. Y lo hay. El número de un empleado del narco, a quien el padre tiene que avisar cuando va al ejido, no sea que lo confundan en el camino con un listo que no paga cuota, y le manden una lluvia de balas. Le pregunto, por probarlo, quién es ese empleado al que llama: "No sé, sólo sé que debo avisar a ese número", responde con una sonrisa entredientes mientras ladea la cabeza, como quien se divierte ante el ingenio de un niño.

—Tengo amigos que me han contado que están pagando cuota por seguridad de sus tiendas de abarrotes, y sí he escuchado que quieren aumentar la cuota.

Aumentar los 500 pesos que cobran por migrante que viaja en camioneta y hacerlos llegar a mil. Eso es lo que ha llegado a oídos del cura Peraza. En sus respuestas está el por qué.

—Hace como cuatro meses había pleito territorial. Se cobraban dos cuotas, porque operaban dos grupos (de narcotraficantes), hasta que hubo un zafarrancho, y unos se quedaron con la plaza. El grupo que ya estaba dominando desde antes tenía contactos con la autoridad. Les echaron a los soldados. No se supo mucho más. Dos meses duró la doble cuota. Y ahora, como los otros grupos se fueron, el que se quedó sabe que la gente se puede acostumbrar a pagar los mil pesos, y andan viendo si la aplican de nuevo.

Ese grupo que se quedó es el de regentes del Cártel de Sinaloa, el más poderoso de México, dirigido por Joaquín "El Chapo" Guzmán Loera, uno de los más buscados por Estados Unidos. Como me explicó el Señor X, al menos seis narcos locales pagan a la organización de Guzmán para que les brinde protección y les deje regentar algunos kilómetros de frontera.

Sin embargo, para el cura Peraza, Altar no va a morir porque esto es como todo lo demás: oferta y demanda.

—Ha decrecido el flujo en Altar, pero como en todos lados de la frontera. Estarán llegando unas 300 personas diarias (cuando un estudio calculó que en 2007 el flujo diario era de hasta 1,500). Lo que pasa es que muchos van directo a las casas de huéspedes, porque ya traen coyote conectado. La dinámica ha cambiado, ya no se quedan en la plaza como antes. Si ahorita vamos a una casa de huéspedes, te aseguro que está llena. Si vamos a El Sásabe, unas siete vans cargadas nos rebasarán; y si vamos en la noche, unas 30. Eso sí, mucho flujo se está yendo a Algodones, porque allá las cuotas son menores, y es un lugar que era poco explotado.

Algodones es el pequeño ejido cercano a Mexicali, que hace frontera con California. Está a unos 300 kilómetros al oeste de Altar, y no aparecía en el imaginario mapa de la migración el año pasado, pero hoy se ha puesto de moda, gracias a sus ventajas: el narco se está instalando ahí, por lo que las cuotas son menores, no hay que cruzar desierto, sino cerros en los que el clima no es tan extremo. Pros y contras.

El cura Peraza regresó de Algodones hace 20 días, de hacer un reconocimiento. Nomás bajarse del carro, en la pequeña plaza del ejido, escuchó dos voces que se entrelazaban para decir a coro: "Padrecito". Se volteó y los reconoció. Eran dos polleros de Altar: "¿Quiubo? ¿Ya se vino usted también?". Por eso, el párroco razona que si los narcos estiran demasiado el lazo, ellos mismos lo van a terminar aflojando.

—Recuerda que los grupos de polleros también son fuertes y organizados. Si ellos ven que aquí no les da el negocio porque las cuotas son muy altas, buscarán otras rutas, como Algodones, donde haya que pagar menos a la mafia. Y cuando se vayan, ya verás cómo habrá oferta y demanda. Los narcos de aquí terminarán diciendo a los polleros que les van a bajar la cuota, y ellos volverán. Así es esto. Siempre cambiante.

Oferta y demanda. Yo te extorsiono menos que aquél. Pero al final de la cadena de cuotas, aumentos y rebajas, el que siempre la paga más caro en Altar es el migrante, al que se le cargan todos los impuestos por el mismo servicio. La misma caminada. El mismo desierto.

Los coyotes y juntadores se adaptan. Pueden aumentar sus cuotas o irse si la carne se dora más de la cuenta. De momento, todavía está jugosa, y ahí andan rondándola en plena plaza los mismos de siempre: El Pájaro, El Metralleta y José, y uno que otro menos veterano, como Javier, el de Sinaloa, el que se sienta en mi mesa del restaurante frente a la plaza, al que llego luego de la charla con el cura.

LA JUNTADA Y LA BURREADA

Hombre de vida dura, como buen juntador. Ex convicto en Estados Unidos como el que se precia de tener una hoja de vida brava con la que presentarse por estos rumbos. Sinaloense, del estado de donde salen los meros meros. Me topé con Javier minutos antes, cuando cruzaba entre la iglesia y el quiosco de la plaza. Como suele ocurrir, me confundió y ofreció sus servicios.

—Ochocientos dolaritos y nos vamos, compa, anímese. Comida, ropa, cuarto, todo incluido, y nos vamos mañana.

Nunca son 800 dólares. Siempre son al menos 1,200 pero como buen vendedor callejero, un juntador tiene que saber engañar. Al fin y al cabo, ellos sólo entregan al migrante en la casa del coyote, y éste les da 200 por pollo enganchado. Lo de decirle al viajero que la cuota es más alta no le toca a Javier, sino al coyote, que lo cuenta cuando tiene al cliente bien encerradito.

Javier llegó aquí luego de ser deportado a finales de 2007 de Estados Unidos, cuando terminó de purgar su condena de tres años en una cárcel de Texas. Lo agarraron con 57 kilos de marihuana en la cajuela del carro. Puso un pie en México y dijo: "Yo aquí no me quedo". Preguntó, y le informaron que la pasada estaba en Altar, y para aquí se vino. Sin familiares del otro lado que le echaran una mano y ni un quinto en el bolsillo, se puso a trabajar en una pollería (de las que venden pollos para comer). Pero alguien con su expediente no tarda en encontrar otro trabajo mejor remunerado en este pueblo. Un coyote de Altar, al ver su pericia verbal, decidió hacerlo su juntador.

—Que no es el gran trato, porque la tajada para los tiras sale de mi bolsa —se queja luego de sentarse en la mesa a ver de qué se enteraba, darse por vencido y ponerse a hablar.

En un pueblo de narcos, ser juntador es de los oficios más honestos. Para que hasta los policías —o los tiras, como les llama Javier— puedan extorsionarlos. Javier se suelta a platicar de su trabajo, sin más motivación que ir contando y ver si yo le cuento algo o le ofrezco algún negocio.

—Si esto no está bueno. Te digo que antes —un antes que terminó a mediados de 2008— había días en que hasta a 18 pollos juntaba. Ahora tengo más problemas para cubrir la cuota.

Él, como todos los demás, tiene que pagar 2 mil pesos semanales a la policía de Altar. Y suena a institución cuando apenas lo es: paga a esos ocho hombres que portan pequeños revólveres calibre 38 para que entre ellos se repartan los billetes. El que no paga no trabaja a gusto.

—Ahí te andan chingando y no te dejan trabajar en paz. Te pasa lo que a Eliázar, que lo atoraron hace dos meses, por andar de chapulín. Lo tuvieron 36 horas encerrado, y no lo dejaron ir hasta que pagó la tarifa de quién sabe cuánto, porque yo prefiero pagarles semanal, porque para trabajar, en cualquier lado hay que soltarles lana.

Eliázar es un juntador que no pagaba al que conocí en aquella visita de mayo de 2007. Refunfuñaba de no tener para la cuota, porque la plaza rebosaba de pollos. Al parecer, según cuenta Javier, se quiso pasar de listo —de chapulín—, hasta que lo encerraron, le cobraron quién sabe cuánto y decidió regresarse a su rancho de Sinaloa a recoger tomates con su primo. Eso me contó su primo por teléfono.

Y, como bien dicen por aquí, ¿quién por uno? Las autoridades, está claro que no. En una breve conversación con el alcalde de Altar, Romeo Estrella, cuando le pregunté si sabía que sus policías cobran a los juntadores por dejarlos hacer su trabajo ilegal, él le dio vuelta a la tortilla, y dijo: "Sí, lo sé, pero ¿qué le voy a hacer? Si los juntadores quieren pagar a los policías, yo no soy quién para decirles que no, es su problema".

Javier y los otros que rondan en la plaza son la muestra clara de que en Altar el narco dejó sentadas sus tarifas, las normalizó, pero no acabó con la migración. Aún llegan hondureños, salvadoreños, guatemaltecos, mexicanos, nicaragüenses y hasta algún ecuatoriano solitario. Javier está pendiente de su celular. Dice que porque dejó a dos pollos donde el coyote y está esperando que le avisen que ya está listo su pago. Si bien no ha juntado a los 18 de antes, no se puede quejar. Es diciembre, temporada baja, y lleva 400 dólares en el bolsillo a la hora del almuerzo.

Terminamos el café y nos levantamos de la mesa cuando un autobús, como hacen todos, para frente a la plaza. Javier, nervioso como es, aguarda a las puertas del autobús. Salen tres migrantes, pero ya su coyote los espera. Javier sigue expectante. En algún momento se tendrá que vaciar, ninguno viene con tan pocos. Dos camionetas pick up se estacionan tras el autobús, que empieza a escupir a jóvenes menores de 25 años, unos 30 en total. Salen brincando y gritando, se suben en las camas de las pick up y éstas aceleran. Javier, al verlos, chasquea los labios, deja caer la mano en desaprobación y murmulla: "Chingada madre, puro burrero".

En efecto, todos esos alegres muchachos que se bajaron son burreros. Vienen de Sinaloa a ganarse 1,500 dólares en cuatro días. Hoy dormirán en Altar, en diferentes casas donde los hospedan, alimentan y, al siguiente día, los cargan. Un pollero los guiará en el desierto, y los acompañará un halcón del narco, para dar fe de que si tiraron la carga es porque se les atravesó la Migra.

El paso de estas hormigas de la droga es el que condiciona si los migrantes pueden o no ir a El Sásabe. A veces, los mascaritas aparecen en el punto de las van, frente a la plaza del pueblo, no para cobrar, sino para advertir que ese día no se viaja. Que ese día el que viaje calentará la zona, y el que lo haga, ya se imagina lo que le harán.

Y esas hormigas, como las más trabajadoras, van en fila todo el año, porque lo que hay que cargar es muy pesado. Sólo en septiembre de 2008, la Patrulla Fronteriza del sector de Tucson decomisó más de 40 mil libras de marihuana. Y siempre se dice —lo dicen los patrulleros y los burreros— que lo que se decomisa es una fracción de lo que pasa. Si no, el negocio se vendría abajo.

Al caer la tarde, a eso de las 5, llego al albergue de la parroquia. En media hora 16 personas entran en la casa de acogida: 14 son migrantes y dos son burreros. Los burreros están hospedados en una casucha, a unos 50 metros del albergue, donde, dicen, acaban de llegar otros 30 como ellos. Los de las pick up, seguramente. Todos viajarán mañana a dejar la droga al otro lado. Hoy les han dado el día libre, y estos dos, ahorrativos, han decidido entrar al albergue, donde saben que dan cena a las seis de la tarde.

Mientras el estofado se calienta, se incorporan en nuestro círculo: el fotógrafo, un hombre de Veracruz que acaba de regresar deportado tras tres días de caminata por el desierto, y otro mexicano que casi no ha hablado, que viene a intentar pasar.

El burrero mayor, de 23 años, casi no habla. Preguntó si alguien de nosotros tenía un cigarro de mota, y al ver que no, se encogió de hombros y calló. El menor, de 20 años, 1.60 de estatura, una gorra de los Red Sox que asoma bajo la capucha de la chamarra roja, habla sin parar. Cualquiera diría que va bajo los efectos de una generosa raya de cocaína. Tiene los ojos desorbitados, gestos exagerados y se expresa entre palabras y onomatopeyas: "La onda es aventarse, con huevos, y pac, pac, pac, darle, darle, pum, pum, sin parar hasta llegar".

Ha venido a hacer su quinta burreada. Empezó a los 18 y vio que tenía más futuro burreando que recogiendo tomates en Sinaloa. Las anteriores incursiones a suelo estadounidense las ha hecho con los 20 kilos tradicionales. Tres caminadas de tres noches, y una dura, de cinco. Hoy, es de confianza del patrón y va a ser de los pocos del grupo que lleve 35 kilos al lomo.

—Mañana nos empiezan a aventar, en grupos de seis y ocho. De noche, swiffffffff, que sólo oyes el viento. Hasta llegar a la carretera 19, o a la reserva de los Tohono. Ahí sólo pas, pas, la entregas y ruuum, sale en chinga la van que la mete hasta adentro del país.

Los tohono son los cerca de 15,000 habitantes de la reserva autónoma india Tohono O'odham, que en su lengua significa personas del desierto. Viven en un territorio autónomo, extraño en el sistema político administrativo estadounidense. Tienen su propia policía y sus propias leyes, y hasta la Patrulla Fronteriza debe pedirles autorización para ingresar en su territorio. Los narcos, en cambio, les pagan por ello.

Mañana, cuenta el burrero, se dará luz roja. No pasará ninguna van. Mañana, como aquel día en que secuestraron a 300, habrá un cargamento importante, y quieren la zona tranquila, nada de calenturas. "Ya soltaron la noticia a los de las van", explica soberbio el muchacho, como quien se siente parte de una gran operación.

En la esquina contraria del patio del albergue, dos migrantes, uno joven y otro de más de 40 años, platican sentados sobre sus mochilas. El mayor se levanta. El hondureño de 23 años, Mario, está solo cuando me acerco.

Desde hace dos meses trabaja en Chihuahua, el estado vecino, pero se dio cuenta de que el muro allá está perro y mejor se vino. Pero aquí, dice, también está perro.

—Es que al menos allá lograba rondar por el muro y ver si había la oportunidad de pasarme. Aquí no he pasado de Altar, no logro llegar hasta la línea, porque no tengo los 600 pesos para pagar el pasaje y la cuota de la mafia. O sea, porque yo no voy con pollero, sino que a la buena de Dios, pero ¿cómo voy a intentarlo si ni llegar a El Sásabe puedo?

No hay nada que hacer. Altar sigue estando en la principal ruta de paso de esta frontera, pero Altar también es un peaje con reglas claras. Ya no hay motoristas que se arriesguen a llevar pollos que no paguen al narco. Ya no es como antes. Hoy el desierto es sólo para los migrantes que pagan, y no hay excepciones. Y en esta frontera, como insinuaba el Señor X, como explicaba el cura Peraza, y como confirmaban Paulino el taxista y Javier el juntador, siempre hay cuotas. Cuotas sagradas, porque evitarlas es jugarse la vida. Por eso en Altar no hay quien pueda responder con precisión matemática la pregunta de Mario:

—¿Para dónde me voy a intentarlo?

JUGAR AL GATO Y AL RATÓN CON LA PATRULLA FRONTERIZA

Diciembre de 2008, estado de Arizona, Estados Unidos

Recuerdo la frase que Edu Ponces, el fotógrafo con quien viajaba, me dijo al final de este viaje: "Esto de la Patrulla Fronteriza es más mitología que realidad". Resultó que los malos del cuento no lo son tanto, que la frontera con su muro, sus radares y sus patrulleros, sigue siendo porosa; claro, más para los narcotraficantes que para los migrantes. La prioridad no son los indocumentados, pero la persecución de unos vale para los otros. Y a eso que unos llaman fracaso al final del camino, los patrulleros le llaman juego. Uno que se repite cada hora, cada día.

Uno de los 23 radares giratorios ubicados en estos 440 kilómetros de frontera desértica ha lanzado una señal. En una de las pantallas del centro de control del cuartel aparecen cuatro puntos. El radar, ubicado cerca del llano en el poblado de Arivaca, se ha detenido en un cuadrante. Ha dejado de girar. Ahora que detectó movimiento, se enfoca en esos pequeños círculos rojos que proyecta el monitor. El juego acaba de empezar.

Al menos tres patrullas todoterreno han recibido la señal en sus pantallas. Los puntos se mueven. Los vehículos aceleran hasta llegar a una zona de vigilancia. Se estacionan en un montículo cerca del llano. Por los radiotransmisores de unos 60 vehículos de la Patrulla Fronteriza de Estados Unidos (Border Patrol) suena el mismo mensaje: "Tenemos movimiento".

Han pasado unos 20 minutos desde que el radar cumplió su función. Los agentes no logran ponerse de acuerdo. No saben a quiénes persiguen. Por el radiotransmisor del carro patrulla en el que viajamos se escucha la confusión, que incrementa cuando los cuatro puntos rojos se encuentran con otros cuatro que entran en la pantalla. Son las 3 de la madrugada y ahí abajo, en el llano, en medio de este desierto, hay ocho personas que caminan a pesar de que el frío decembrino pone la carne de gallina.

Por el radiotransmisor suena el desconcierto: ¿serán dos grupos de migrantes que se han juntado? ¿Serán dos guías que reúnen a sus grupos? ¿Serán burreros que se han encontrado con aquellos que los van a llevar al punto de entrega de la droga?

La agente Marroquín decide acercarse. Acelera el todoterreno, cruza por Arivaca, pasa por varias rancherías y se desvía en la calle que lleva hacia el pueblo de Amado. Aquí está el montículo, rodeado por Diablito Peak y Diablito Mountain. Aquí, el agente que más hablaba por el radiotransmisor está pegado a sus binoculares de visión infrarroja. Observa hacia el llano desde el techo de su camioneta. Da indicaciones a los tres patrulleros que han bajado a buscar a los migrantes o a los traficantes. A buscar las ocho siluetas rojas del visor: "One eleven, one nine, from your position to the northeast".

Los tres patrulleros de a pie llevan consigo una pantalla que les permite ver, en tiempo real, lo que el de los binoculares mira. Las siluetas formadas por granitos rojos aparecen y desaparecen. "Busquen una cometa atorada en una pared destruida, por ahí cruzaron".

La tarea no es fácil. Esos caminantes en el desierto de Tucson, Arizona, han cambiado tres veces de rumbo en sólo media hora. Entran y salen de pequeños desniveles en el terreno, que impiden el contacto visual. No saben que todo un sistema tecnológico les apunta. No saben que unos 15 agentes los persiguen.

La agente Marroquín advierte: "En este trabajo, la paciencia es importantísima". Mientras tanto, los cinco patrulleros que rodean al que corona el todoterreno pegado a sus binoculares, han sacado café, cigarrillos y conversan al pie del vehículo acerca de cosas cotidianas. Colegas de trabajo, hijos, clima. "¿Qué tal está Michael?"

Los demás siguen en comunicación. "No los divisamos", dicen los de a pie. "Iban hacia el noreste, pero luego cambiaron de dirección y los perdí —contesta el de los binoculares—. Ubiquen el cometa y desde ahí los orientaré". "Ya estamos aquí y no vemos nada".

Hace más de una hora que el radar GSR lanzó la señal. Hace más de una hora que un agente del cuarto de control, del cuartel de Tucson, repartió la transmisión a las patrullas. Una hora ha pasado desde que esos oficiales dieron la alerta por los radiotransmisores de todas las patrullas. Ya hace más de una hora que el agente que está pegado a los binoculares aguanta el frío en el techo de su todoterreno, a pesar de sus guantes, su gorro y su gruesa chamarra verde que lleva la insignia de su corporación: U.S. Department of Homeland Security/Custom and Border Protection (Departamento de Seguridad Interna de los Estados Unidos/Aduana y Protección Fronteriza).

No sería posible ver nada desde el montículo de Arivaca sin la tecnología infrarroja. Lo único que se divisa, a pesar de que la luna está redonda e inmensa, es un llano deforme, oscuro, frío, con algunos arbustos desérticos y escombros silueteados. Lo único que se escucha es el silbido de un viento que hiere la piel. Los labios han empezado a sangrarme y al abrir la boca siento que la piel de mi rostro va a romperse como hule que cede.

El agente de los binoculares y los que barren a pie el llano se comunican para decirse lo mismo: "Nada de contacto". Y se responden lo mismo: "Nada por aquí tampoco".

La lógica lleva a pensar que el operativo será complejo. Quizá uno de los 13 helicópteros oh-6 aparecerá desde atrás de Diablito Mountain y lanzará su chorro de luz hacia el llano que permitirá que los tres agentes de a pie dejen de andar a tientas, se quiten sus lentes infrarrojos y vean esos ocho puntos rojos convertidos en personas asustadas, escondidas en un matorral, o en empleados del narco que abandonan su carga y se echan a correr de vuelta hacia México.

Pero no, la rutina es la rutina, y las reglas del trabajo se aplican cada noche. El agente de los binoculares baja del techo del todoterreno. Los motores de las tres camionetas encienden, y la agente Marroquín dice que nos vamos.

Edu Ponces, el fotógrafo, y yo nos miramos sorprendidos. Hace más de una hora que persiguen a esos puntos rojos con toda su tecnología y con 15 agentes. ¿Nos vamos a dónde? "A ver qué más hay", responde Marroquín. Se da cuenta de que ni Edu ni yo entendemos lo que ocurre, lo que hemos olvidado y ella ahora nos recuerda: "En este juego hay que acostumbrarse a perder. A veces ganamos, a veces perdemos. Es así todos los días, todas las noches."

Lo advirtió desde el principio, hace unas 12 horas, cuando nos encontramos en la base de Tucson. No van a permitir que 15 agentes busquen un mismo objetivo durante dos horas. Este desierto se llena de objetivos cada noche. Así es el juego.

EL *TRACKING*

"¿Listos para jugar?". Fue lo primero que dijo. Cuando apareció por una de las puertas del cuartel de la Patrulla Fronteriza de Tucson, Arizona, Esmeralda Marroquín —morena, bajita, con rasgos de indígena mexicana— soltó su pregunta. No respondimos, nos extrañó la pregunta. Ella prosiguió: "El juego del gato y el ratón". La agente Marroquín y los otros 18 mil patrulleros estadounidenses que custodian su frontera son el gato. Los cargadores de miles y miles de kilos de marihuana y cocaína y los 3,000 indocumentados que cada día intentan entrar a Estados Unidos son el ratón.

Nos juntamos a las 3 de la tarde, 12 horas antes de que ocurriera la persecución enclavada entre Diablito Pick y Diablito Mountain.

La gestión fue larga. Dos meses de conversaciones telefónicas, de correos y de negociación. La Patrulla Fronteriza hace recorridos para periodistas todos los meses, pero consisten en visitar algunos lugares por donde pasan migrantes, entrevistar patrulleros y regresar a casa. *Tours* les llaman los agentes de comunicación de esta dependencia del sistema de seguridad de Estados Unidos. Nosotros solicitamos un recorrido particular: "Queremos ver la rutina. Queremos ver cómo se trabaja normalmente". Luego de consultarlo con la central en Washington, aceptaron. Podríamos verlo todo de cerca.

La gestión la iniciamos después de un recorrido por algunos de los lugares más calientes de la frontera del lado mexicano: Ciudad Juárez, la más violenta del continente por su tasa de homicidios. Una de cada cuatro personas ejecutadas en México por los narcotraficantes durante 2008 (y ejecutaron a 5,600) cayeron en Ciudad Juárez, frontera con El Paso. Nuevo Laredo, que está separada por el río Bravo de su par esta-

226

dounidense, Laredo. Desde esa ciudad mexicana los narcotraficantes, muchos de ellos de Los Zetas, controlan las rutas de los coyotes que viajan con centroamericanos, y coordinan los secuestros de indocumentados en el sur. También habíamos visitado Altar y Nogales, pueblo y ciudad mexicanas cercanas a Tucson, y que desde 1920 están en la principal ruta de entrada de marihuana a Estados Unidos, y desde 2005 también en la de mayor paso de migrantes.

La pregunta que buscamos responder del lado estadounidense, luego de ver esos sitios controlados por los narcos, es si el muro, los helicópteros, las cámaras de vigilancia, los sensores terrestres, caballos y todoterrenos bastan para controlar una frontera que quiere ser penetrada por miles de personas cada día. La pregunta es si el mensaje lanzado desde los despachos de gobierno estadounidense es cierto. Si su muro es infranqueable, si su muro (entendido como un todo integrado por tecnología, valla y personal) es suficiente para contener la marejada que se les viene encima una y otra vez.

Michael Chertoff, el secretario de seguridad interior de Estados Unidos durante el mandato de George W. Bush, siempre matizó que el "reto era enorme y no se resolverá en 30 minutos", pero también habló varias veces de que las medidas tomadas en la frontera con México llevarían a su país hasta "la victoria final", "el cierre definitivo" del paso de drogas e indocumentados. Queremos saber si las declaraciones de despachos blancos se cumplen en el árido terreno.

La agente designada fue Marroquín, con diez años de experiencia, y que ahora se dedica a la labor de comunicaciones del sector más vigilado, el de Tucson.

Marroquín tiene 37 años, es hija de un francés y una mexicana, y nació aquí, en Arizona. Su madre llegó con papeles a Estados Unidos. Cuando le pregunté qué la motivó a formar parte de la Patrulla Fronteriza, respondió tajante: "Por amor a mi país, para devolverle algo de todo lo que me ha dado". Por amor a su país pasó seis meses de entrenamiento, de clases de español y acondicionamiento físico. Por amor a su país, dice, formó parte hace dos años del equipo Disruptor, que infiltra agentes en el flujo de migrantes para desmantelar redes de coyotes que guardan a los indocumentados en casas de seguridad, hasta que sus familias pagan. Habla con desprecio de los coyotes, "esos traficantes que con tal de conseguir el dinero engañan al migrante y lo dejan ahí tirado en medio del desierto", pero no hace lo mismo al referirse a los indocumentados, "esas personas que sólo buscan una mejor vida". Sin embargo, tiene claro su trabajo: "Yo no los puedo dejar pasar". Y remata poniendo unos granitos más en un lado de la balanza, el de la comprensión para sus contrincantes en este juego: "Yo sé lo pobre que es la gente por allá. Mi abuela era indígena. Yo sé cómo viven".

La rutina empezó. El radiotransmisor del vehículo estaba encendido, pero no emitía instrucciones. "Vamos a seguir la acción", había dicho Marroquín. "Vamos en busca de persecución de migrantes, *tracking*. Cuando escuchemos acción por el radio, hacia allá iremos. A veces cae mucha droga y pocos migrantes. Otras veces, caen muchos migrantes", explicó mientras se inclinaba hacia adelante en la butaca del conductor, la mirada clavada en el asfalto. Durante media hora, el radio no sonó. La agente Marroquín se dedicó a contar anécdotas.

—Recuerdo la única vez que tuve que sacar mi arma. Fue en mis primeros años en la Patrulla. Me topé con siete burreros. Uno levantó un tronco. Yo quité el seguro de la pistola, y pensé: ahí vas a quedar. Por suerte, dejó el tronco y corrió. Sólo podemos abrir fuego si la persona tiene intención y posibilidad de causar daño de muerte. No importa si lo que levanta es una piedra, una navaja o un arma de fuego. Si yo pienso que mi vida corre riesgo, puedo abrir fuego.

El todoterreno recorría caminos asfaltados que parten kilómetros y kilómetros de desierto. Afuera, a pesar de que el sol daba de lleno, el viento frío ya rompía la piel. Nada se movía.

La agente Marroquín notó algún desconcierto y nos tranquilizó con una sonrisa. Una sonrisa cálida que, entre su tez morena y su pelo negro, lacio, amarrado en un moño, le quitaba gravedad al ambiente: "Esto es así. A veces hay mucho que hacer y a veces paseas por el desierto sin escuchar nada. Pero no se preocupen, de un momento a otro, la acción estalla."

—Ahí —señaló cuando llegamos a un retén entre los pueblos de Amado y Arivaca— es una zona de llegada de polleros. Hemos detenido a muchos migrantes esperando en esta carretera a que los pasen a recoger.

Lo único que diferenciaba ese punto de cualquier otro es que tres agentes (dos de ellos de ascendencia latina) habían montado sus conos fluorescentes. Los puntos calientes que los patrulleros identifican no son nada particular para el ojo de un inexperto. Lugares idénticos a los demás, sin otra particularidad que la que ellos saben ver. Cuestiones como que a diez kilómetros desierto adentro hay un paso entre las montañas que permite a los migrantes no ser detectados por las cámaras y no tener que subir esos enormes picos cuando ya llevan unos cinco días de caminata.

A pesar del olfato desarrollado por los patrulleros, la rutina no deja de ser cuestión de suerte. "No hay un lugar determinado, por donde digas que siempre pasan. Cada día encontramos una nueva ruta", explicó la agente Marroquín.

"Por ejemplo, hoy no ha pasado", complementó uno de los agentes del retén. De la estampa creada (por el cine, por la música, por las anécdotas) a la realidad hay un abismo. Esto no es un campo de batalla con uniformados corriendo todo el tiempo detrás de latinos harapientos y pick ups con hombres de armas largas que escupen ráfagas. Éste es un lugar silencioso. Vacío. En el sector de Tucson hay 440 kilómetros de frontera que son cubiertos por 3,100 agentes que se dividen por turnos. Una inmensidad de llanos, cerros, montañas y arbustos. Cientos de kilómetros de frontera, donde siempre hay movimiento, pero no siempre a la vista. Ahí, entre Amado y Arivaca, los agentes reportaron que nada de nada.

La agente Marroquín lo tomó con calma. "Así es este juego", dijo una vez más.

Montó en el vehículo y continuó la ruta. "Vamos a ir rumbo al muro de Nogales. En la noche a veces pasan droga", explicó. Condujo durante una hora antes de llegar a Nogales y estacionarse en un estacionamiento de tráileres.

A veces, un patrullero pasa una aburrida noche de espera, café y cigarrillos en el asiento de su todoterreno, sin más entretenimiento que mirar el desierto estático. A veces, como le ocurrió al agente Luis Aguilar el 20 de enero de 2008 a las 9:30 de la mañana, están tranquilos instalando alambre de púas en un camino cuando una enorme Hummer tripulada por narcotraficantes te embiste. Aguilar es el último agente caído en funciones.

En el estacionamiento había siete enormes contenedores. El sitio estaba en lo alto de una ladera. Ahí, un patrullero en bicicleta reportó el primer movimiento. Desde allá arriba se observaba parte de los casi 50 kilómetros de muro que dividen Nogales de Nogales. A Estados Unidos de México. Casas de un lado, a cinco metros del muro, y casas del otro, a la misma distancia, sólo separadas por la armazón de lámina y tonos grises. Una barrera de ocho metros de alto y con cimientos enterrados a un metro y medio que fue construida a principios de esta década con desperdicios de la guerra de Vietnam. Armazones de combate echadas a perder.

En la zona de Tucson hay 107 kilómetros de muro y 193 kilómetros de barreras bajas que impiden el cruce de vehículos.

Marroquín conversó un momento con el agente de la bicicleta y tomó sus binoculares. Apuntó hacia la ladera mexicana, en línea recta. "Ahí están", señaló. Ahí estaban: dos hombres sentados, camuflados entre hierba quemada por el frío. Observaban cómo los observábamos.

—Son halcones del narco o migrantes, vigilando el movimiento de este lado, para decidir cuándo pasar o para avisar a los que tirarán la droga en qué momento hacerlo —dijo Marroquín.

El juego del que Marroquín habló al principio empezaba a dibujar sus reglas: ellos, sentados en aquella ladera, intentarían cruzar. Los patrulleros, vigilando desde su ladera, intentarían evitarlo. Los dos grupos, viéndose durante unos minutos. Los del lado latinoamericano serían los encargados de marcar el inicio del juego del gato y el ratón.

La calma interrumpida

—Está por oscurecer. Es cuando el movimiento empieza. Saben esperar —argumentó Marroquín antes de sugerir que siguiéramos recorriendo el muro.

A las 5:40 de la tarde, el sol lanzaba sus últimos destellos anaranjados. El radiotransmisor del todoterreno empezó a soltar indicaciones. Con la precisión de los trabajadores de una fábrica, los de un lado y otro se activaron con el ocaso: "Tenemos un pequeño carro intentando cruzar en el área de Sásabe". "Hay persecución cerca del cañón de Abraham, dos grupos diferentes".

Marroquín aseguró que esos sitios están alejados de Nogales y siguió pegada al radio. "Ésta es la temporada calmada, porque a esta hora en otras fechas, parece que se viene todo México y toda la droga que hay", y pareció haber retado al radiotransmisor, que ya no dejaría de sonar en una hora.

"A todas las unidades cercanas, están lanzando droga por la malla", resonó dentro del vehículo a las 6:15. "Ése es el nuestro", dijo la agente Marroquín y aceleró su camioneta.

Otra patrulla estaba estacionada en una calle paralela al muro. La línea de casas entre el muro y la calle impedía que del otro lado los halcones divisaran las patrullas. Con las luces apagadas y los radios al mínimo volumen, los agentes hacían de retaguardia de los dos patrulleros en bicicleta que habían ido a interceptar los paquetes lanzados desde México.

—Siempre son peligrosos los decomisos en el muro, porque a veces disparan desde el otro lado, para evitar que atrapemos al que está atrapándola de este lado —susurró Marroquín, con la oreja pegada a la bocina de su radiotransmisor.

Uno de los agentes bajó por la calle, sudado. Todos los patrulleros llevan colgado de las caderas un cinturón de 100 libras: pistola, gas lacrimógeno, linterna, agua, cargadores, navaja. Dejó un paquete en el suelo, una mochila cubierta con cinta aislante. "Unas 30 libras de marihuana", calculó antes de volver a la bicicleta y regresar a apoyar a su compañero con la otra mochila incautada.

¿Y qué pasó con los que atrapaban las mochilas? "Se me escaparon", respondió el agente mientras pedaleaba cuesta arriba.

Sí, se le habían escapado, pero tampoco los persiguieron. "Así es este juego", insistió Marroquín. Pero había una explicación más de fondo: "No nos arriesgamos en una persecución que implique riesgos.

Si decomisamos la droga y ellos corren para el otro lado, los dejamos ir. No sabemos si van armados. Nos cuidamos de no meternos en una balacera y de no seguir a gente que pueda ir armada".

Los patrulleros volvieron con dos mochilas más, 90 libras. Cuesta entender por qué los del otro lado tiran paquetes por esta zona, sabiendo que la mayoría de las cámaras vigilan el sector del muro, pero para todo hay una explicación en este juego, una estrategia del que intenta.

—A veces tiran la droga por aquí y más allá en el muro y un poco más allá, en tres lugares, para ocuparnos y distraernos de otros sectores donde están pasando vehículos. Igual, los narcotraficantes a veces mandan a grupos grandes de migrantes, para que los atrapemos y dejemos libre el sector mientras los llevamos a la estación —explicó en voz baja la agente Marroquín. Pero ni modo, aunque sepamos que eso ocurre, no podemos dejar que estos paquetes pasen, porque tampoco sabemos por qué lugar van a intentar los otros.

Diferenciar qué es un intento sincero y qué una trampa, ahí está el dilema. Como ya había dicho Marroquín, a veces, por lapsos intermitentes, parece que toda la droga del otro lado es lanzada por encima del muro y todo México y Centroamérica se dejan venir. Y el radiotransmisor del todoterreno lo reporta.

7:12. El mismo que antes se le escapó al agente de la bicicleta estaba atrapando paquetes que le lanzaban desde México, a sólo unos metros de donde antes le habían quitado sus 90 libras.

7:21. Dos migrantes detenidos a unos kilómetros del muro. A la vez, por una de las cámaras se divisó a un hombre del lado mexicano que se alejaba de donde estábamos, con dos mochilas iguales a las que acababan de atrapar.

7:24. "Una persecución en la zona del cañón de Abraham, un grupo de migrantes", se escuchó en el carro mientras la agente Marroquín recorría el muro.

7:31. En el retén de la carretera Interestatal 19 detuvieron a cinco indocumentados mexicanos que intentaban colarse en un fondo falso de un camión. El conductor, al ver el retén, huyó.

8:03. Una persona saltó el muro en la zona centro de Nogales. El clásico intento desesperado. Quiso escabullirse entre la gente, pero dos patrullas lo perseguían. "Casi nunca lo logran de esa manera", aseguró Marroquín. En la misma zona por donde pasó el indocumentado, unos muchachos lanzaban más paquetes de droga.

8:31. Nos cruzamos en una esquina con dos agentes. Acababan de decomisar 70 libras de marihuana. ¿Y los cargadores? "Se escaparon, se metieron por ese monte —señaló uno de los patrulleros el conjunto de árboles que estaban a unos tres metros— y ya se habrán regresado a México".

Más que un juego a muerte, la situación de la frontera es una rutina. Una rutina con huecos. Si se escapan, se escapan. Si tienden una trampa, para despistar, igual hay que caer, aunque se sepa que es una carnada. Como bien dijo Marroquín, en un juego es imposible que siempre gane el mismo. La cuestión es dificultar, no impedir del todo.

—Eso es imposible —explicó Marroquín mientras nos alejábamos de las últimas mochilas de droga. Si nosotros construimos un muro de diez pies, ellos tendrán una escalera de 11. La misión de la Patrulla es tener control operativo de la zona. Sabemos que siempre van a entrar. Tienes que aprender a perder. Luego de los atentados del 11 de septiembre de 2001, nuestra misión cambió. Ahora, la prioridad es detener a terroristas, y en segundo lugar, a los migrantes.

Lo curioso es que nunca se ha reportado la detención de ningún terrorista en la frontera entre Estados Unidos y México, si entendemos por terrorista a aquel que Estados Unidos llama normalmente terrorista: algún empleado de Bin Laden, algún miembro de Al Qaeda, un insurgente iraquí que trabaje para Muqtada Al Sadr y se encargue de combatir a los soldados extranjeros en su país.

Pero la definición de qué es un terrorista es cambiante. "Claro que hemos detenido a terroristas. Los narcotraficantes son terroristas", justificó la agente, sin retirar la vista de la carretera que nos conducía hacia la base de detenciones de Tucson.

"Viven de sembrar terror, y no queremos que lo que hacen en México lo hagan aquí, por eso tenemos a 18 mil agentes en la frontera y seguiremos aumentando el número", continuó Marroquín, la vocera de este sector de la Patrulla Fronteriza. Como ejemplo de lo que hacen en México, escogió el ocurrido en el estado sureño de Michoacán, cuando en su capital, Morelia, una bomba detonó en la plaza central, en pleno 15 de septiembre de este año, cuando cientos de personas esperaban el Grito de Independencia que el gobernador lanzaría. Ocho personas murieron y muchas resultaron heridas en algo que se consideró una venganza de los narcotraficantes por recientes decomisos de droga. No hubo grito.

No tardó en sonar por el radio del todoterreno un ejemplo más concreto de lo que esta corporación pretende evitar en su lado del muro. Sonó una indicación, lanzada por el coordinador del sector: se solicitaba que los patrulleros abandonaran el área del muro de Nogales y dejaran paso a un grupo especial, con armas largas, porque los informantes estadounidenses del lado mexicano —seguramente agentes de la División Antinarcóticos— avisaron de amenazas del narco, que advertían la ejecución de policías en Nogales. A veces, cuando eso pasa, los sicarios intentan huir hacia Estados Unidos, y por eso la Patrulla Fronteriza realiza operativos especiales, como el que en ese momento estaba por iniciar.

Es imposible saber si es por esta nueva prioridad de la Patrulla Fronteriza que las cifras han mostrado lo que han mostrado. No se puede saber si lo que ocurre es que menos migrantes lo intentan cada año mientras que más narcos envían su droga. Lo cierto es que las cifras son consecuentes con las palabras de la agente Marroquín.

De 2005 a 2008, este sector de la frontera ha registrado un descenso de detenciones de migrantes. Los 439,079 que atraparon en 2005 se convirtieron en 281,207 en 2008. En cambio, las 488,760 libras de marihuana decomisadas en 2005 aumentaron a 519,880 en 2008. Se entiende que lo que se decomisa o atrapa es proporcional a lo que pasa. Esto por una lógica sencilla: si se decomisa más droga de la que pasa, el negocio no sería rentable para los narcos. Si atrapan a más migrantes de los que pasan, el negocio no sería rentable para los coyotes.

El desierto de noche se convierte en un territorio misterioso. Una inmensidad oscura, donde el movimiento de una rama puede parecer un cuerpo que avanza. La luz de la luna engaña. Atravesábamos aquel paraje por la Interestatal 19, con el radiotransmisor encendido: "Otro vehículo entró a unas 12 millas de Nogales, pero se regresó cuando vio la patrulla. Sigue rondando para intentar entrar", se escuchó. "Así nos la llevamos —dijo la agente Marroquín con una pequeña sonrisa— correteándolos todo el tiempo". Y se soltó a contar anécdotas que, aunque involucraban a narcotraficantes, asaltantes del desierto y coyotes, la hacían reír. Las relató como quien rememora la última y más ingeniosa travesura de un niño.

—Son de lo más creativos. Ya hemos encontrado a tres falsas patrullas de las nuestras, tratando de ingresar droga. Claro, al hablar por el radiotransmisor, preguntar quién anda ahí, y no obtener respuesta, sabemos que es un engaño. O recuerdo —sonrió moviendo de lado a lado la cabeza— a una señora de 85 años, que llevaba a 16 migrantes en una camioneta que decía: Iglesia de Amor.

Puso un gesto serio cuando recordó que hace un mes un patrullero se topó con tres bajadores. "Uno de ellos llevaba una AK-47", dijo con el ceño fruncido.

—Y a veces —retomó el tono amable para hablar del juego— se las ingenian más. Sobre todo los narcos. Una vez, detectamos una camioneta, porque no la cubrieron bien. Por la pantalla de control de la base sólo veíamos un diminuto punto rojo, que no podía ser una persona ni un animal ni un vehículo, y flotaba por el desierto. Al acercarse, las patrullas se dieron cuenta de que era un vehículo lleno de droga, pero cubierto por un metal invisible a la luz infrarroja.

De película. Los narcotraficantes consiguieron alguna especie de fibra de vidrio o metaloide, germanio o algo parecido, y cubrieron todo un carro, dejando sólo aquel pedazo que los delató. Por eso, la frase con la que Marroquín cerró el anecdotario mientras entrábamos al cuartel de Tucson, cayó como anillo al dedo: "Todo lo que te puedas imaginar que ellos han hecho, lo han hecho, y todavía más".

El cuartel es una base iluminada con luz blanca, muy parecida a cualquier comandancia de policía. Unos agentes tomaban huellas, otros le quitaban las esposas a un recién detenido. Cuatro patrulleros vigilaban, como siempre pasa, de día y de noche, los 38 monitores que proyectan el desierto y el muro. Dos pantallas grandes de computadoras mostraban puntitos rojos. Personas moviéndose entre las montañas.

En uno de los cuartos de detención se veía por el cristal a siete indocumentados, envueltos en mantas militares y acostados en las banquetas de loza gris. "Ésos son los que tienen cargos", explicó Marroquín. Que si han entrado más de una vez como ilegales, que si violaron o robaron o condujeron borrachos. Sea lo que sea, todos irán ante un juez que les dirá si serán deportados o encarcelados. "Aquellos de allá –señaló Marroquín– son indocumentados sin cargos". Tres hombres decepcionados, encorvados en otra habitación. Permanecían callados en las bancas, recostados en la pared.

"Esto a veces está repleto, pero más de madrugada, porque siempre intentan de noche", justificó Marroquín la baja presencia de capturados. "A veces se gana, a veces se pierde", había dicho. Lo que haya adentro de esos dos cuartos es lo más parecido a un marcador.

Por primera vez, pasada la medianoche, urgimos a la agente Marroquín. Habían pasado 9 horas de recorrido y no se había dado aún ni un operativo de detención de migrantes. Queríamos ir allá donde algún patrullero reportara el paso de un grupo. Sería en ese momento cuando se podría ver qué tan implacable es la Patrulla Fronteriza en este juego diario. Sería en esa acción en la que se podría evaluar cómo un grupo de indocumentados sin más que agua, un poco de comida y cansancio en las piernas se enfrentaba a un grupo de agentes que en este sector no se pueden quejar de falta de equipo: 28 helicópteros, incluidos tres A Star B-3, consideradas de las mejores máquinas para realizar vuelos a ras de suelo y aterrizajes en lugares inhóspitos. Nueve avionetas Cessna, 140 caballos, 1,800 vehículos y una cantidad de cámaras, radares y sensores de tierra que no revelan por motivos de seguridad.

Marroquín cumplió su promesa a rajatabla. Ver la rutina diaria. El minuto a minuto, que a veces es trepidante y a veces silencioso. Entró en su todoterreno decidida a unirse a alguna patrulla que hiciera *tracking*, que le siguiera el rastro a un grupo en el desierto o en los valles. "Iremos a Bear Valley. Ahí, si algo se mueve a estas horas, anda en algo ilegal".

Nos dirigíamos hacia el campamento Montana, en medio del Bear Valley, un paraje de árboles y calles de tierra. Llegamos a la base improvisada, pero no había nada que reportar. El agente de turno en esa estación móvil había perdido el rastro de un grupo hacía poco menos de una hora. "No los volví a ver", aseguró. Y, a esas alturas, ya habrían descendido del valle, y estarían en desierto abierto.

"Bajemos de nuevo", recomendó una agente Marroquín empecinada en encontrar un *tracking*.

Fue entonces, descendiendo por aquellos caminos irregulares, bordeando el desfiladero, cuando escuchamos la transmisión que provenía desde este lugar donde ahora todo ha terminado, desde Arivaca. Era la 1:20 de la madrugada cuando empezó la persecución de este grupo que acaba de ganar a la famosa Patrulla Fronteriza en el desierto, en medio de Diablito Peak y Diablito Mountain. Un *tracking*. El juego en su plenitud.

El radar GSR había lanzado la señal. Los perdieron de vista. Los volvieron a ver minutos después, cuando se reunían con otras cuatro siluetas en el desierto. Los agentes se ubicaron en el montículo de Amado, desenfundaron sus binoculares de visión infrarroja, enviaron a tres patrulleros a rastrear la zona. *Tracking*. Cambiaron de rumbo. "Van al sur". "Ahora al norte". Y, finalmente, en una escena, en medio de una persecución de 15 contra 8, el juego quedó claro. "A veces se gana, a veces se pierde". El de los binoculares se bajó del carro. Dejó de perseguirlos con la vista. Esto se acabó. Aquí estamos.

GANAR O PERDER, CUESTIÓN DE UN MOVIMIENTO

"Es así, todos los días, todas las noches". Es lo que Marroquín acaba de decir mientras se sube al todoterreno para ir en búsqueda de otra persecución.

Aquí, en Arivaca, esas siluetas lo han logrado. Unas 240 libras de marihuana más se venderán en el mercado estadounidense. O, si no eran burreros, ocho migrantes más buscarán un trabajo que les permita enviar remesas a México o Centroamérica. Siguen ahí, en algún lugar del desierto, y no saben que han ganado, que pueden dejar de esconderse, porque los patrulleros que los buscaban se retiran en la misma dirección en la que vinieron.

Ésta es la dinámica de lo posible, no de lo infranqueable. "Hay que aprender a perder", repite la agente Marroquín. "Lo que buscamos es tener un control operativo de la frontera". Es lo real. Cerrar esta frontera es una ilusión que se vende desde despachos políticos. Aquí, mantenerla bajo control, cediendo y apretando, es lo que se puede. Así: lo que se puede.

No hace falta ver un *tracking* exitoso para entender cómo gana el gato y pierde el ratón. Se pierde con un paso en falso, al asomar la cabeza, al entrar en la línea visual de unos binoculares, al encender un cigarrillo. Se gana haciendo lo contrario. Así de sencillo.

Sin embargo, Marroquín insiste en continuar: "Vamos al retén de la Interestatal 19. A esta hora suelen salir algunos grupos para ver si los recoge la camioneta que los tiene que ir a traer".

Son las 4:30 de la madrugada cuando llegamos al retén de la Interestatal. Aquí está la otra cara de la moneda.

Al menos para ellos dos, el juego ha terminado. Perdieron. No consiguieron sortear las trampas. Dieron un paso en falso en este desierto. Hicieron un torpe movimiento y ahora están refundidos en un remolque, en la celda del fondo instalada a la par del retén vehicular.

Es una pareja de hondureños. No se pueden ver, porque se esconden tras unas mantas verde olivo en el fondo de la pequeña celda. Se intuyen jóvenes cuando dicen que no quieren hablar con nosotros. Se oyen decepcionados, y es normal, estaban a punto de ganar. Resulta que se separaron de su grupo. Creyeron que podrían salir a la carretera y pedir un aventón. Eso explicaron a los patrulleros que los capturaron cuando los dos intentaban volver a internarse en el desierto al ver que se acercaba un carro con sirena.

Amanece y la jornada está terminando en esta carretera que conecta Tucson con Phoenix, la ciudad destino de la mayoría de los migrantes que andan por los alrededores. En el intento. Hay desierto a un lado y desierto al otro, y el frío decembrino sigue presente, crecido e implacable.

Han pasado 14 horas desde que nos subimos al todoterreno de la agente Marroquín.

Salimos del remolque. La pareja de hondureños no quiere conversar. Le dicen a Edu que tampoco quieren fotografías, aunque no salgan sus rostros. Sólo quieren que los dejemos en paz. Es normal. Enfrente está el retén de los patrulleros que intentan evitar que droga e indocumentados pasen por este embudo. Éste es el último peaje de la Interestatal 19. Todos están de acuerdo: quien logre sortear esta trampa habrá ganado. Eso agudiza la creatividad. Camiones con fondo falso, migrantes escondidos en los lugares más inverosímiles de un carro, como dentro del tablero, y droga que viaja entre las llantas, en el cielo falso o impregnada en el traje de algún tripulante.

La agente Marroquín está bostezando tras el maratónico recorrido. Sabe que los hondureños no quisieron hablar, y sabe que la escena, a estas alturas del partido es catastrófica para sus contrincantes. Se ha quitado las gafas y se restriega los ojos con los dedos medio y pulgar cuando dice: "Qué lástima, si no se hubieran asomado a la carretera, no los habríamos agarrado. Es una regla: ¡no te asomes a las carreteras!".

Ésta no es una persecución a muerte. La misma Marroquín sabe que la mayoría de sus capturados son personas en busca de trabajo, como dijo durante el recorrido. Pero lo suyo es un trabajo también. Atraparlos, no juzgarlos. Por eso, porque no se trata de amigos o enemigos, sino de roles, es que puede lanzar la frase que acaba de lanzar: "Si no se hubieran asomado a la carretera..."

Pero se asomaron, y ahora otras tres patrullas se han internado en el desierto, en busca del resto del grupo. Ellos fallaron, y si fallan, la agente Marroquín y sus colegas tienen que actuar. "Así es este juego —repite ella—, es igual todos los días y todas las noches".

Un pueblo fantasma

Noviembre de 2008, estado de Chihuahua

Incluso los migrantes más pobres dejan dinero en el camino. Crean empleos y dependencias. De eso nos enteramos en un pueblo fantasma de la frontera norte llamado Las Chepas. También fue ahí donde descubrimos en toda su plenitud que un punto de cruce puede estar en medio de la nada. La confianza de sus escasos habitantes tarda en llegar en un lugar tan recóndito. Hablan con cautela, no quieren que les vuelva a caer el estigma de delincuentes. Pero cuando la convivencia tira esa barrera y aparece una botella de tequila, las historias de cómo la vida era mejor antes de que el narco lo corrompiera todo, caen sobre la mesa. Una tras otra.

Es como si hubieran dejado de existir. Aquí, en esta zona desértica de la frontera de México con Estados Unidos, la gente habla de estos pueblos como quien habla de un campo yermo. Como hablar de allá donde no hay nada, de un lugar al que no tiene sentido ir. "Pueblos fantasmas" les llaman.

La primera impresión es que tienen razón, que no hay motivo alguno para la visita. Falta un kilómetro para llegar a Las Chepas, el más nombrado de esos pueblos, y aún no se ve nada que tenga sentido. Apenas se divisan algunas manchitas blancas que podrían ser paredes, pero ninguna parece una casa. No se ve a nadie. Desierto a un lado y desierto al otro, dividido por la pequeña barda de acero que separa los estados de Chihuahua y Nuevo México, México de Estados Unidos. Esto es la nada, sólo interrumpida por el aletear de las golondrinas y el silbido del viento.

Si no fuera porque el cerro indica que el camino está por terminar, sería fácil pasar de largo y dejar atrás Las Chepas, pero la lógica dicta que estas estructuras blancas dispersas son el pueblo fantasma o que de plano ya desapareció.

Entramos por la vereda. Senderos de tierra bordean las casas derruidas, unas 50 ubicadas sin ningún sentido de colonia o asentamiento. El viento hace que las láminas a punto de zafarse golpeen el cemento. Un caballo café sale espantado de detrás de unas paredes que protegen de la inclemencia el pasto que ha crecido entre ellas. La puerta de una casa sin techo aletea, y todo está cubierto por una fina capa de polvo que se desprende con la ventisca para dejar que otra nueva se instale. Un ventanal roto, una iglesia abandonada, una escuela de un sólo pabellón inserta en una espesura de hierba seca. Cada sonido es provocado por la brisa. A simple vista, esto no tiene sentido. Habrá que volver a Las Chepas con más explicaciones, y ésas están en Ascensión, el municipio al que pertenece este pueblo fantasma.

Dos horas de viaje en carro y llegamos a las puertas de la alcaldía de Ascensión. Lo bueno de este municipio es que, lejos de lo que ocurre en la capital, las burocracias disminuyen, y los papeleos son sustituidos por un telefonazo. En media hora conseguimos que el secretario municipal, Alejandro Ulises Vizcarra, nos reciba al fotógrafo Edu Ponces y a mí.

Vizcarra es un prototipo de chihuahuense del desierto: bigote espeso, botas vaqueras, pantalón de mezclilla y cinturón con una enorme hebilla plateada. Es un experto jinete y espera cada verano para participar en la gran cabalgata anual por el desierto. En la década pasada, fue migrante con papeles en Estados Unidos. Supervisaba el embarque de productos en una empresa que exportaba a México. Vivió cinco años en Palomas, el pueblo más cercano a Las Chepas. Vizcarra ocupa su cargo en Ascensión desde el año pasado.

"Conozco de migración porque fui migrante", nos explica, sabedor de que será el tema de la conversación. Luego, pronuncia algunas frases trilladas: "Es muy duro migrar en estos tiempos". "Cruzar por estos desiertos es muy arriesgado". Pero nosotros queremos hablar de los pueblos fantasmas, y él los conoce bien porque pertenecen a su municipio.

"Sí, claro, el fenómeno de los pueblos fantasmas —reacciona Vizcarra. Claro, y precisamente hablando de migración. La mayoría de sus habitantes se fue a Estados Unidos. Se quedaron personas de la tercera edad que vivían de alguna manera del que intentaba cruzar el desierto, aunque no fueran polleros. Había mucho flujo, había qué vender, dónde darles alojamiento, comida, uno vendía refrescos, medicinas el otro. De eso vivían, de proveerlos de lo que necesitaban para pasar. Era una economía muy próspera gracias a los migrantes. Cuando desaparece el flujo, comunidades como Las Chepas quedan desiertas, sin ningún interés, y la gente que queda ahí no se va porque es su propiedad, pero si no hay más personas que exploten el campo, se va a quedar como algo que existió."

En Las Chepas aún vive gente. Aunque parezca insólito, adentro de alguna de esas estructuras todavía hay quien come y duerme.

Vizcarra sabe que nadie volverá a incentivar la agricultura de Las Chepas, por eso no duda en repetir un par de veces la condena de muerte que pesa sobre el ejido, ésa que el tiempo ejecutará. "El invierno es muy duro", acepta como una forma matizada de decir que todo lo que ahí se siembre será achicharrado por los vientos gélidos del desierto. Temperaturas abajo de los cero grados centígrados que marchitan todo lo que no sea un arbusto, un cactus o una plantación cuidada con muchos recursos.

Pero Vizcarra está consciente de que la desaparición de los migrantes no es el primer eslabón de la cadena de sucesos. Sabe que tampoco el invierno los espantó. "Sí, la extrema vigilancia que puso Estados Unidos en esta zona de la frontera a raíz de los atentados del 11 de septiembre hizo muy difícil la pasada. Todavía en 2007 había patrullas del ejército estadounidense en la frontera con toda su tecnología. A comparación de los migrantes que se veían hace unos años, ahora no pasa nadie".

Algo falta en su lógica. Ni el 11 de septiembre ni las dos torres caídas ni Al Qaeda tuvieron mucho que ver con que desde 2006 se reforzara la vigilancia fronteriza. Es incómodo terminar la cadena de sucesos para alguien con un cargo público, sobre todo ante un periodista, pero aún así, Vizcarra lo hace: "Otro aspecto que influyó es la guerra que se desató en estos municipios por parte de los cárteles, para poder controlar el paso de la droga. Prendió el foco rojo al gobierno de Estados Unidos y aumentaron la vigilancia".

Y, como pocos, Vizcarra se anima a seguir hablando: "Es una lucha por el control del territorio, la lucha era por todo el paquete: cruce de drogas y de indocumentados, que generaban una derrama económica muy fuerte. Esta guerra se vive desde hace varios meses, y ahora ya no tenemos migrantes, eso quedó desierto. Ya nadie quiere cruzar por aquí, ya incluso es difícil encontrar polleros en medio de esta guerra de las drogas. Creemos que todavía no existe un control definido. La lucha sigue. Las Chepas está por morir".

Lo dijo y ahora tiene derecho a excusarse contra cualquiera que pueda leer sus palabras: "No me gusta hablar de esto, porque mi propia seguridad está de por medio. Yo no sé, no tengo conocimiento, no sé quiénes son unos y quiénes son otros. Nuestra función como municipio no es de inteligencia policial. Nosotros hablamos por lo que la gente nos platica. No tienen rostro... Puede ser mi vecino el que esté en esto... No lo sé".

Las Chepas está en medio de este triángulo de las Bermudas: guerra del narcotráfico, control fronterizo extremo, huída de los migrantes.

***

Para llegar a Las Chepas, el pueblo fantasma, no hay cómo perderse. Con una mirada de extrañeza, cualquiera en Palomas contestará: "Siga el muro por la calle de tierra, hasta allá por el cerro". Y muchos complementarán: "Pero ahí no hay nada que ver". Debe de haberlo, viven personas.

El muro que guía hasta Las Chepas empieza en Palomas. Empieza como dos kilómetros de gruesos barrotes de tres metros de altura entre los que no cabe la cabeza de un niño y luego se convierte en una barda de acero de un metro de altura que impide el paso de vehículos y se extiende decenas de kilómetros. Las cuatro letras de la palabra muro sirven para condensar la presencia de patrulleros, carros, helicópteros, sensores, cámaras de vigilancia, caballos, cuatrimotos, reflectores y el muro.

En esta zona hay cuatro agentes del Grupo Beta que dan paseos por ahí, buscan a algún migrante desorientado y, si lo hallan, le dan agua y le señalan el norte y el sur. No hacen nada más. Para que ellos nos dejen acompañarlos a Las Chepas tenemos que hacer una gestión que implica llamadas, cartas y firmas dirigidas a la sede del Instituto Nacional de Migración, ubicada a 2 mil kilómetros de este muro. "Pero ahí no hay nada que ver", nos dice uno de los dos agentes que hace base.

El camino que lleva hacia donde no hay nada que ver es una turbulenta brecha de tierra y piedras rodeada de desierto del lado mexicano y del lado estadounidense, con la salvedad de que en este último hay algún sembradío de chile que logra oponerse al duro invierno gracias a los surtidores, abonos y maquinas de la familia Johnson, propietaria de varias hectáreas de este traspatio de Estados Unidos.

Los 20 kilómetros ya se convierten en 45 minutos de recorrido. La idea de que estamos transitando a la par de la barda, de que con un brinco estaríamos en Estados Unidos, pasa a ser monótona. De todas formas, lo complicado es internarse, no poner un pie. La vereda es como el caparazón de una tortuga, y un carro de ciudad como éste se destartalaría si pasamos de 30 kilómetros por hora.

Nos cruzamos con la camioneta (mueble le llaman aquí). La tripulan dos jóvenes que no estaban en la base cuando llegamos. Hacemos señas para que se detengan, pero parece como si hubiéramos intentado espantarlos. Aceleran. A unos 15 metros frenan con violencia tras cerciorarse de reojo de que ni Edu ni yo parecemos narcotraficantes. La conversación es breve, porque aseguran que no pueden hablar sin autorización y que no hay nada que contar: ni migrantes ni nada más que un pueblo fantasma por aquellos lados. Las Chepas.

**

Aquí hay gente. El nombre oficial de este ejido es Josefa Ortiz de Domínguez, una prócer mexicana defensora de los criollos contra los españoles. Pero todos lo llaman Las Chepas. Sigue, derruido, desorganizado. De las 50 casas, unas 15 conservan su estructura completa. Tocamos tres puertas antes de tener suerte.

La cuarta la abre una señora de más de 60 años. En el dintel de su casa aún hay campanita de aviso y un rótulo de coca cola. Evelia Ruiz mira de reojo por entre la puerta y pregunta qué deseamos. A un pueblo fantasma es difícil llegar de la nada a preguntar si ya todos murieron, si sólo ella queda, si han pasado migrantes o narcos. Los visitantes llegan poco y suelen ser los mismos. Así que le preguntamos si aún vende coca colas. "Creo que tengo alguna", responde y cierra. Tiene cinco. Además, tres botellas de agua y unas 20 chucherías empacadas en plástico.

Nos cuenta lo básico. Que tiene 32 años en el ejido, o sea, que vino aquí cinco años después de que en 1971 se fundara por decreto gubernamental y se ofreciera 8 hectáreas de tierra a cada familia que llegara, para incentivar la instalación de trabajadores agrícolas que le sacaran provecho a esta caprichosa tierra. Evelia nos cuenta con frases parcas que a principios de 2007 quedaban siete tiendas. Que ahora quedan dos, y que venden "una o dos cosas a la semana", a los Beta o a los militares que aparecen de sorpresa en busca de narcotraficantes que transan entre los escombros.

Nos dice que cuando los migrantes pasaban por aquí, en 2005, 2006 y aún a principios de 2007, su tienda tenía más productos, y que vendía en un día más de lo que ahora vende en un mes. Asegura que cuando se acabe lo que tiene por vender, cerrará la tienda. Es evidente que no nos tiene confianza. Vive con su hermana mayor, que nos mira desde la mesa del fondo.

El otro rótulo a la vista en Las Chepas es de fanta, con un logotipo que la empresa dejó de utilizar hace años. Está a cuatro cuadras de la casa de Evelia, frente a la escuela abandonada y a la par de una ruina de bahareque sin puertas, ni techo ni ventanas. Tocamos unas 20 veces hasta que un viejo con gesto de pocos amigos se asoma. Esta vez pedimos una botella de agua. José Ortiz, de 75 años, solicita tiempo para ver si le queda alguna.

Regresa. Abre la portezuela de madera y sale con la botella. "¿Qué buscan por aquí?", pregunta huraño. Le explicamos. "¿Migrantes? No, no quedan, se fueron. A veces pasa alguno, pero rara vez". Le preguntamos cuánto le queda en su tienda... Nos interrumpe: "Esto no es tienda. Era. Yo vivo de mi pensión de jubilado, y de vender algún borreguito en Palomas de vez en cuando, y voy vendiendo de a poco lo que me quedó".

Cuesta creer que siga vendiendo lo que le sobró de hace casi dos años. "No —explica—, es que en junio de este año 45 militares se instalaron en la escuela para cuidar que no pasaran droga, y entonces me surtí."

Operativo Chihuahua le llama el Gobierno Federal a eso que llevó a los militares a habitar la escuela abandonada por los niños. Son apariciones repentinas de los soldados en puntos calientes, y ocurren debido a que a finales de 2005, Bill Richardson, entonces gobernador de Nuevo México, se quejó ante José Reyes Baeza, gobernador de Chihuahua, de que había casitas del lado mexicano de donde salían narcotraficantes cargados y coyotes con indocumentados.

"Es un problema de seguridad pública", calificó Baeza Las Chepas en aquel año, y Richardson, a la par en la conferencia de prensa, le dio la razón. Las detenciones de indocumentados aumentaron en un 36% en 2006, y se realizó un decomiso de marihuana sin precedentes en la región: 125 mil libras decomisadas por la Patrulla Fronteriza en los antes poco habitados y vigilados 240 kilómetros de frontera de Nuevo México.

"Ahora sólo quedamos viejos por aquí", dice José Ortiz. "16 viejos en Las Chepas", especifica, y concluye: "Antes aquí había vida y se vendía bastante cuando pasaban los migrantes hacia el desierto".

Las Chepas en 1986 llegó a tener 486 habitantes, su máximo histórico. Se cultivaba sorgo, maíz, alfalfa y trigo, y había incentivos gubernamentales para los agricultores. Tanto que Estados Unidos ofreció legalizar a todos los pobladores del ejido. Ésa fue la primera gran migración. Los más jóvenes aprovecharon, y muchos terminaron trabajando de agricultores en el vecino campo de los Johnson, pero aún quedó la mitad de la población, los mayores. En la década de los años noventa las ayudas al campo se redujeron una y otra vez, hasta desaparecer, y Las Chepas llegó al nuevo siglo con unos 75 habitantes que se resistían a dejar de cosechar.

Pero el *antes* al que se refiere José Ortiz, apoyado en su portezuela de madera, es a 2005, cuando la bonanza volvió con los migrantes centroamericanos y mexicanos que descubrieron esta ruta de paso, y empezaron a llegar por cientos. Con su presencia, las tiendas reabrieron, y los agricultores tuvieron dinero para abono, y al ejido volvió la fiesta de la cosecha, y hubo una comida para celebrarlo.

"Ahora dicen que éste es un pueblo fantasma, porque sólo nos quedamos los que le tenemos arraigo a esta tierra. Porque nadie nos las va a comprar, y no queremos regalar o dejar que el viento se lleve lo que tanto nos costó. Ya nadie viene para acá. Sólo mire cómo está ese camino desde Palomas", se queja. Hace dos años el camino lucía mejor. Un señor nacido en Michoacán —en el centro del país— y vecino de José cobraba a los autobuses llenos de migrantes la entrada al ejido. Llegaban al menos diez cada día, con 60 migrantes cada uno, y el michoacano daba mantenimiento a la vereda. Ahora él es una de las 50 cruces del cementerio del ejido, ubicado unos 500 metros desierto adentro.

"Hace un año lo mataron. Ahí en su casa lo llegaron a balear los de la mafia. Se ve que tenía negocio con ellos", recuerda José, y se lamenta: "Ahora nadie le tira ni una aplanadita a esa calle".

Preguntamos a José dónde hay más gente, y nos indica cómo llegar a casa de Erlinda Juárez. Nos despedimos y le prometemos volver. La casa de Erlinda, de 68 años, es la mejor conservada. No es necesario tocar más de una vez. Erlinda ya vigilaba desde la ventana quiénes merodeaban su vivienda. Damos las explicaciones del caso y charlamos bajo la mirada de recelo habitual, hasta que nos invita a entrar y tomar café.

Su comedor, empotrado contra la pared y junto a la ventana, recuerda a una casa de muñecas, con sus cortinas color pastel recogidas para dejar entrar los rayos del atardecer. El interior contrasta con el rupestre exterior de la vivienda. A media taza de café, regresa Ignacio, su marido, de 70 años. Llega sudado de recoger pacas de heno, que luego intentará vender en Palomas. Erlinda evita el tema de los migrantes.

Dice que a los chepenses, el gentilicio que usa, los han acusado de ser traficantes de drogas y de migrantes, pero que ellos sólo ayudaban a los que pasaban. A un salvadoreño que llegó hace año y medio con los pies sangrando le dieron un par de zapatos. Y a una hondureña que vio cómo su compañera de viaje murió deshidratada en el cerro, bajo un sol inclemente y una temperatura de más de 40 grados centígrados, le dieron comida y auxilio. Eso dice.

"Además, éste no es lugar para pasar a Estados Unidos —razona Erlinda—. Con las tormentas de arena en invierno y el calor infernal de verano, no hay buena época, y la Patrulla está todo el tiempo vigilando. Tienen un globo en el aire atrás del cerro que vigila con cámaras, y tienen caballos y motos, helicópteros y retenes en la interestatal."

Se refiere a la Interestatal 10, la carretera que llega hasta Phoenix, Arizona, el estado vecino de Nuevo México. Para alcanzarla, hay que caminar 65 kilómetros de desierto desde Las Chepas, y así bordear los caminos principales. Es sin duda una de las mayores caminatas para llegar a un lugar desde el que los coyotes los pueden conectar hasta el punto al que van: Los Ángeles, Houston, San Francisco... Pero a pesar de la distancia, tenía sentido la larga caminata antes de que Richardson se quejara de Las Chepas y un ejército de patrulleros estrechara este paso.

"Además, está la mafia", recuerda Ignacio.

La mafia. Parece que en esta frontera siempre está la mafia, el narco, el crimen organizado. Ya no hay ruta donde este concepto indescifrable no sea parte de la jerga. La mafia terminó con la charla y el café: "Vayan antes de que se oculte el sol, porque de noche aquí no camina ningún mueble, mucho ratero y maleante del monte anda vigilando, y ese carro en que andan no lo conocen, y fácil se los bajan", recomienda Erlinda con su tono mandón.

Emprendemos el camino de regreso hacia Palomas, y hacemos una sola parada para que Edu tome una fotografía. Hay una camioneta nissan pathfinder de color blanco a media vereda. Está atascada frente a la barda, en un desnivel al margen del camino de tierra. Está destartalada, con las puertas abiertas e impactos circulares en el vidrio frontal. Está ahí desde el 6 de octubre de este año, cuando un humvee del ejército la persiguió por sospechosa, como lo es cualquier carro en esta vereda. La pathfinder no se detuvo. Huyó hasta que llegó a esta zanja. Los sujetos que iban adentro, al menos dos, lograron escapar, como consignó el diario *El Siglo de Torreón*. Los militares se toparon con la camioneta abandonada, y adentro encontraron tres cuernos de chivo con 21 cargadores extras, un lanzagranadas, dos escopetas, tres pistolas, dos granadas, dos rifles, 79 cartuchos para escopeta, 4,168 cartuchos para pistola y rifle, ocho chalecos antibala, diez cascos militares, una máscara antigás, nueve fundas de pistola y varios uniformes bordados con el logo de la Agencia Federal de Investigaciones.

Los migrantes se fueron, pero el narco aún sigue aquí.

Una patrulla de Migración nos vigila desde el lado estadounidense, parqueada a pocos metros de la pequeña barda contra vehículos. Nos vamos.

***

El sol salió hace seis horas, y otra vez estamos sobre el caparazón de tortuga trastabillando rumbo a Las Chepas. Barda, viento, barda, golondrinas, barda, viento… hasta llegar a la entrada del ejido.

Tocamos primero la puerta de la tienda que no es tienda de José Ortiz. Nadie abre. Probamos donde Erlinda e Ignacio y lo mismo. Vamos hacia donde Evelia y su hermana, y nadie. Todo es igual que en la primera visita, cuando lo único que encontramos fue el silbido del viento y un caballo. Parece el día anunciado en que Las Chepas morirá.

Pero no. El que murió esta mañana fue Gonzalo Apodaca Ruiz. Murió de cirrosis 25 días después de que aquí mismo muriera su padre, Francisco Apodaca Ruiz. Una casa más ha quedado vacía en Las Chepas. Ya sólo quedan 15 habitantes.

Apodaca era uno de los dos jóvenes del ejido: tenía solo 49 años. Su padre murió a los 79. Al que hoy han enterrado nadie lo había visto desde hacía algunos días. Dicen que se encerró a tomar tequila, como solía hacer por temporadas, y que nunca volvió a aparecer, hasta que José Ortiz se percató de que ya no estaba vivo.

Todos los chepenses fueron al cementerio y ahora regresan por el desierto en las camionetas de los Juárez y los Quintana, otra familia de Las Chepas que aporta tres habitantes al lugar, la quinta parte de la población. En la camioneta que llega a casa de José Ortiz vienen él y su esposa Angelita. La maneja otro José, el único joven del ejido. Es el hijo de los Quintana, tiene 22 años, un bigote incipiente y es un muchacho regordete y alegre.

Ayer, antes de irnos, él nos saludó y nos detuvimos a charlar. Lo encontramos cuando salía de su casa, y se quedó inmóvil observando de reojo la mochila verde que iba en el asiento trasero del carro. Nos veía y la miraba sin saber que dentro nomás había equipo fotográfico, sin prestar atención a lo que le decíamos.

Hoy que José Ortiz nos saluda y el muchacho se entera de lo que hacemos, se acerca con una sonrisa: "Ayer me parecieron sospechosos, porque los vi en ese carrito y con la maleta esa atrás". Se echa a reír y nos invita a su casa a tomar café.

Además del muchacho, la familia Quintana la componen Arturo, el padre, de 63 años; y Margarita, la madre, de 52. El otro hijo no se quiso quedar, a pesar de la insistencia de sus padres, y vive en Palomas. El papá de Arturo fue de los fundadores del ejido, junto con Erlinda e Ignacio. La casa donde tomamos el café y el traspatio donde descansa un borrego son propiedad de los Quintana desde 1971. Aquella casa de muñecas es de Erlinda e Ignacio desde ese mismo año.

En la mesa de los Quintana está también José Ortiz pero no habla. Margarita es quien se encarga de desmentir todo lo que los demás dijeron el día anterior, incluido José Ortiz. Las Chepas apareció en algunas notas de diarios mexicanos en 2006, cuando se intensificaron las medidas de vigilancia, y los pobladores eran presentados como coyotes o traficantes de drogas. Margarita es la más aguerrida en la defensa de Las Chepas. Fue ella quién se puso enfrente de los tractores que en 2006 intentaron derribar el ejido por orden del gobernador de Chihuahua.

"Aquí somos gente buena que vivimos del ganado o de lo que nos envían, porque todos tenemos familia en el otro lado —gracias a aquella regularización de los ochentas. Yo he aparecido como pollera en los periódicos. Imagínese, si a mí me perturbaban los migrantes, porque dejaban basura y a veces eso se lo comía el ganado y se intoxicaba", se justifica. La dejamos hablar.

Arturo, el esposo, observa y fuma un cigarro tras otro. Tiene papeles estadounidenses y trabaja como albañil o soldador del otro lado cada vez que el sindicato al que pertenece le consigue un empleo temporal con alguna compañía estadounidense. Le gusta hacer metáforas para explicarse. Es un hombre rudo del norte, que habla como si estuviera regañando. "Aquí lo que pasó es que le pusieron mucha pimienta a los frijoles, eso es lo que pasó, y pusieron a los militares del otro lado de la barda, y sólo se fijaron en Las Chepas, cuando hay otros pueblitos por allá", refunfuña.

Sí, más allá hay otros pueblos: el ejido Los Lamentos, donde lo último que se sabe es que sólo quedaba don Pascual. Más allá siguen Sierra Rica y Manuel Gutiérrez, otros pueblecitos de los que aquí nadie tiene noticias. Otros pueblos fantasmas. La vereda para llegar hasta allá bordea el cerro, y es inaccesible sin un carro con doble tracción. Además, los chepenses recomiendan no ir, no asomarse por esos lares, porque es terreno de la mafia. "Y ese carrito en el que andan ya lo tendrán bien vigiladito los halcones", advierte Margarita.

Cuando en 2006 el presidente George W. Bush inició el operativo Jump Star, que terminará este año, anunció que 6 mil militares de la Guardia Nacional reforzarían la Patrulla Fronteriza. Desde entonces, y hasta hace pocos meses, los vecinos estadounidenses de los chepenses eran algunos soldados atrincherados en el cerro.

Ni Arturo, ni Margarita, ni José Ortiz, ni el joven José, nos parecen coyotes, y se lo hacemos saber. Es difícil creer que alguien de la edad de los mayores aguante las caminatas con las que lidia un coyote. Y el joven con sobrepeso trabaja en la aduana de Palomas y es muy bonachón como para cumplir el perfil. A partir de nuestra pequeña explicación, y de repetirla un par de veces, los Quintana empiezan a contarnos más anécdotas y más verdades. "Sí, la gente sacaba su dinerito —explica Margarita—, había quienes trabajaban en los buses, otros teníamos loncherías. Llegaban hasta 300 migrantes diarios."

Pero ante la pregunta de si quisieran que volviera el flujo, Arturo toma la palabra: "No, no, muy intranquilo vivía uno". Y su esposa complementa: "Los gringos se metían acá a agarrar migrantes, los correteaban de este lado, y eso es injusto, si uno no se puede pasar a su lado, pues". Aún no confían del todo en nosotros.

Lo que sí hay que aceptar es que hubo intranquilidad, que hubo muertos: migrantes muertos y un chepense muerto. "Era don Apolinar", recuerda ella, "nosotros le alquilábamos esa casita de enfrente".

Enfrente hay escombros, cuatro paredes torcidas que sólo contienen desperdicios y pintadas de algunos que durmieron ahí: "¡Desde Honduras hasta los Estados Unidos!". Ella continúa: "Don Apolinar nos había avisado de que un gringo se pasaba la cerca para amenazarlo, porque él llevaba migrantes para más allá del cerro, para que pasaran, de eso trabajaba. Un día, esto fue en 2006, se llevó a unos, pero antes pasó a comer a mi lonchería. Al rato, venían los tres muchachos de Honduras que se había llevado. Venían ofuscados, corriendo, y me tocaron la puerta. Me dijeron que un güero (blanco) grande y de ojos azules había matado a don Apolinar". De él, del muerto, ahora sólo queda una cruz en el cerro, allá por donde lo mataron.

Nuevo México, como su vecino estado de Arizona, fueron dos de los sitios donde más organizaciones de defensa civil de la frontera se instalaron a cazar migrantes. Algunos siguen haciendo guardias. Los Minuteman son el grupo que dio renombre a estos equipos que se adjudicaban el adjetivo de patriotas.

***

Terminamos el café, y el hijo de los Quintana acepta acompañarnos al cementerio para fotografiar la tumba de Apodaca Ruiz antes de que la luz se vaya. Llegamos hasta el cementerio por un camino peor que aquel caparazón de tortuga. Un puñado de cruces en medio de cerros y desierto. Oscurece cuando nos damos cuenta de que el carro está reventado, el líquido de la transmisión hace un charco en el suelo. Caminamos de regreso hacia Las Chepas y charlamos con el joven por aquella oscuridad llena de ramas que dejan espinas incrustadas en la ropa.

La confianza ha aumentado, y el muchacho nos cuenta su visión este pueblo fantasma: "Yo me quiero ir, pero mi apá no me deja, porque dice que necesita ayuda aquí con la casa. Mi hermano ya vive en Palomas, pero lo dejaron irse porque se casó. Yo soy joven, y aquí hay puro viejo y no pasa nada. Yo necesito salir a tomarme unas cervezas, ir a un bar, estar donde haya vida, pues". Palomas es un pueblo de carretera, con dos restaurantes grandes y cinco cantinas, calles de tierra y una pequeña plaza central, pero el sentimiento del único joven che-pense es comprensible. A la par de Las Chepas, Palomas parece una compleja urbe.

Los Quintana nos dan posada esta noche para que mañana inten-temos reparar el carro que ya logramos remolcar con el mueble de Arturo. Cenamos frijoles con papas, y hablamos de la vida en el norte profundo de este país. Un anecdotario surrealista. Historias que pare-cen de otro siglo.

Arturo nos cuenta, para describir el carácter de la zona, que en Los Lamentos, el último muerto del que él supo fue un hombre que murió por impertinente: hace unos cuatro años, un vaquero que arriaba gana-do por el desierto llegó a ese ejido y, en una casa, pidió permiso para calentar agua para una sopa instantánea. Un ranchero del lugar le dio dónde hervirla. En eso, otro vaquero llegó por el mismo rumbo. Entró y ocupó el agua hervida para calentar su sopa. Hubo una discusión sobre el abuso del segundo vaquero, que sugería al otro que calentara más agua. Pero el primer vaquero, herido en su orgullo, decidió meterle un balazo en la cabeza. "Así es la gente del desierto, gente dura", concluye Arturo mientras abre una botella de tequila para la sobremesa.

Arturo sirve tres tequilas y toma con nosotros. En confianza, pre-guntamos nuevamente si quisieran que volvieran los viajeros a Las Chepas. Será el tequila o la certeza de que ya no los consideramos co-yotes, pero esta noche sí escuchamos más sobre este pueblo y sobre cómo lo de fantasma es un adjetivo que la ausencia de los migrantes terminó de imponer.

Arturo nos cuenta que a finales de 2005 su hijo no trabajaba en la aduana, sino que era motorista de uno de los autobuses que traían mi-grantes desde Palomas. "Se subían 60 por viaje —complementa José—, y pagaban 50 pesos cada uno. Yo sólo gastaba cien pesos en diésel, y me quedaba unos cien dólares por día, más lo que me daba el dueño del autobús." Ahora, él gana 25 dólares por jornada como guardia de la aduana y hace turnos de 48 horas continuas. Arturo sirve otros tres tequilas.

"Y a Margarita, ¿qué tal le iba?", preguntamos. "Bieeen, muy bien", canta Arturo la respuesta con su acento norteño. "Lo que te digo, imagínate que en esos años —2005 y 2006— nunca había menos de 300 al día por aquí. A veces hasta 600 diarios. Algunos les rentaban cuartitos, otros tenían tiendas, como José Ortiz o Evelia Ruiz, y Erlinda y mi mujer vendían lonche (comida), y otros que ya se fueron trabajaban de pasar gente o de llevarla al cerro. Esto parecía un mercado. Imagínate que cada uno dejaba unos 15 o 20 pesos en el pueblo. Había días que mi mujer vendía 6,000 pesos", recuerda Arturo. Otros tres tequilas, los últimos de la noche, caen sobre la mesa.

"Si mi apá hasta compró una camioneta. ¿Verdad, apá?", achispa la conversación José. "Sí, pero justo se terminó esto", responde su apá. Cuando Arturo compró una camioneta internacional en Estados Unidos para ser transportista desde Palomas hasta Las Chepas, ya casi llegaba 2007, y hace mucho que Richardson había pedido al gobernador de Chihuahua que detuviera ese servicio de transporte. Además, el operativo Jump Star estaba avanzado. Los migrantes empezaron a escasear.

Arturo se arriesgó. Él gana como mínimo mil dólares mensuales por cada trabajo en Estados Unidos que le va saliendo con el sindicato al que pertenece. Aún así, su hijo, que conducía una de estas camionetas, lo convenció de que era la mejor inversión que podía hacer con sus ahorros. "Si cuando estaba bueno, yo a veces entregaba hasta 7,000 pesos al día al patrón."

Pero, como dice Arturo para cerrar la noche, "esto ya se terminó, y Las Chepas dejó de existir, ya ni en los mapas del estado de Chihuahua aparecemos". Hace mucho frío, y el viento silba afuera cuando entra y sale de las ruinas de este pueblo.

Al día siguiente, y gracias a los Quintana, arreglamos el carro para poder llegar hasta Palomas. Un martillazo por aquí, un golpe por allá, soldadura en esa esquina y listo. Les agradecemos por su hospitalidad. Arturo nos estrecha su enorme y callosa mano para despedirse, y se sincera: "Si ven a los migrantes por allá, pídanles que vuelvan".

CIUDAD JUÁREZ,
CIUDAD PROHIBIDA

Octubre y noviembre de 2008, estado de Chihuahua

La pregunta que queríamos respondernos cuando llegamos a Ciudad Juárez era por qué había muerto un lugar de cruce tan prometedor, tan cercano a El Paso, Estados Unidos. Pero tras el primer día en la que se dice que es la ciudad más violenta del mundo, la cambiamos: ¿Qué diablos pasa aquí? Gracias a los breves testimonios de personajes anónimos logramos esbozar esta respuesta en forma de diario de viaje. Un día a día marcado por las balas, el muro, los muertos, los narcos, los deportados y los pocos y espantados centroamericanos que aún se asoman.

Ciudad Juárez, México. Viernes, 31 de octubre

El puente internacional Paso del Norte, mejor conocido como puente Santa Fe, escupe a decenas de mexicanos deportados. Es el día de mayor movimiento. Cada viernes a las 5 de la tarde, aviones provenientes de todo Estados Unidos aterrizan en El Paso, Texas, la ciudad vecina de Ciudad Juárez. Los indocumentados son trasladados hasta el puente, que pasa por encima del muro fronterizo. Salen desorientados con una bolsa de plástico en sus manos, donde llevan el acta en la que consta su forzado regreso a casa.

Algunos apenas hablan castellano. Preguntan con su *spanglish* cómo llegar a su pueblo, del que apenas se acuerdan. Otros ni siquiera tienen familiares en México. "17 años allá", dice el joven que voltea estupefacto a ver la avenida Juárez. Hay tanta diferencia entre éste y el otro lado del puente.

Los encargados del Grupo Beta ofrecen transporte a los recién llegados, y el motorista del albergue de Ciudad Juárez les propone un aventón gratuito hasta la casa de acogida administrada por frailes dominicos.

A algunos les cuesta dar los pasos que los alejan de la puerta de salida del puente Santa Fe. Se quedan ahí cerca, observando su país sin avanzar. Otros, con apariencia de cholos, salen confiados, caminan altaneros con sus llamativos tenis, sus pantalones flojos, sus aretes y sus cadenas con enormes colgantes. Los que salen con sudadera y pantalón grises son los que acaban de ser liberados de alguna prisión por delitos mayores, como intento de asesinato. Hay también quienes llegan vestidos como campesinos, con gruesas camisas de manga larga y botones, y pantalones de tela; son los que fueron atrapados en el intento por entrar y raro es que bajen de los 40 años. Los menos son adultos que pasan de los 50 y que llegaron a Estados Unidos en la década de los ochenta o principios de los noventa, cuando aquí no había muro. Cuando Ciudad Juárez no era lo que es hoy.

Unos 6,000 mexicanos son devueltos cada mes por esta aduana. Los viernes a esta hora, parece la salida de un colegio, unos saliendo por una puerta y otros, quienes los esperan, yendo a su encuentro.

Los agentes de las casas de cambio de dólares acosan a los deportados y les ofrecen el menor interés. Los rodean como a turistas en un mercado. Se esfuerzan por enganchar a los que ahora necesitan cambiar por pesos los billetes que fueron a buscar al otro lado. El grupo de Rodrigo, uno de éstos, viste ropa anaranjada, similares a las del Grupo Beta, para intentar confundir al recién llegado que quiere orientación. Las tres jóvenes que trabajan para él usan diminutas calzonetas ajustadas y camisetas amarradas en la cintura, para enseñar los ombligos. Muestran sus morenas piernas mientras toman del brazo a los recién llegados y los encaminan hacia la casa de cambio.

"Nosotros sólo les cobramos el tres por ciento, lo hacemos más por ayudarlos que por otra cosa", miente Rodrigo, que se queda con ocho dólares de cada cien que cambia por pesos. Sin embargo, en esta calle las opciones se miden en relación a cuál es la menos mala. El casino de la esquina se queda 30 dólares por cada cien que recibe.

Su mecanismo es más sofisticado. La señora gorda que engancha a los deportados los trae desde adentro de las oficinas del puente Santa Fe, convencidos de que sólo ahí se pueden conseguir pesos. "Son unos estafadores que pagan sobornos a las autoridades", se queja Rodrigo, y voltea a ver con recelo hacia atrás. El dueño del casino, un señor largo y delgado, de pelo cano y enorme nariz aguileña empotrada en un rostro demacrado, nos filma con una pequeña cámara de video. "Siempre lo hace, para intimidarnos, para que no trabajemos en su esquina", explica Rodrigo. La amenaza del larguirucho no va en la línea de mostrar el video a ninguna autoridad o al menos no para que ésa actúe bajo el marco de la ley. Rodrigo tiene permiso para hacer su trabajo. Es más una amenaza del tipo "voy a enseñarle tu cara a cierta persona para que te la rompa si me sigues quitando clientes". Rodrigo ya ha soportado dos golpizas: una de parte de policías que lo acusaron de resistencia al arresto, aunque él asegura que llegaron directo a apalearlo, y la otra que vino de los puños de dos cholos que lo esperaban en una esquina a dos cuadras de aquí.

"Cuídense mucho de los policías y de los rateros que andan por el puente. Están de acuerdo y son los que roban a los que vienen llegando", nos advirtió al fotógrafo Edu Ponces y a mí el padre José Barrios, director de la casa del migrante de Ciudad Juárez, cuando nos dejó aquí hace unas horas.

Cuando aquí se habla de riesgo no se refieren a un muchacho que intenta arrancarle el bolso a un transeúnte desprevenido. Ésas son anécdotas. El miedo viene de la mano de policías y narcotraficantes. Por eso, y porque no confiaban más en ellos, en octubre de este año, 300 policías municipales fueron sustituidos por militares de todo el país. Sólo algunos agentes que superaron las pruebas de confiabilidad siguen en la corporación. Y según el padre Barrios, y a pesar de que a la mayoría los utilicen como motoristas de los soldados, aún hay que cuidarse de ellos.

Hoy no hay municipales. Nueve militares cargados con fusiles de asalto AR-15 vigilan el final de la avenida Juárez, la que termina o comienza en el puente, según se vea. Al menos siete negocios de esta arteria han cerrado este mes. Dueños de farmacias, bares y restaurantes han preferido largarse de esta zona antes que pagar los 20 mil pesos mensuales exigidos a cambio de protección por alguno de los dos cárteles de la droga que luchan por el control de la ciudad. Tanto el Cártel de Juárez como el de Sinaloa, dos de los grupos del crimen organizado más grandes de México, combaten por esta plaza fronteriza, y eso pasa por controlar más. Más personas, más calles, más autoridades.

No son grupos de pandilleros ni de traficantes de esquina. Son organizaciones que mueven a Estados Unidos cientos de toneladas de marihuana, metanfetaminas mexicanas, y de cocaína colombiana. El de Juárez fue el principal cártel mexicano durante la década de los noventas. Entonces, era dirigido por Amado Carrillo, "el Señor de los Cielos". Carrillo fue algo así como el Pablo Escobar mexicano. Se ganó su apodo por su flota de Boeing 727 con la que, cada semana, pasaba a Estados Unidos cargas de cocaína valuadas por las autoridades estadounidenses en 200 millones de dólares. El gobierno mexicano dijo que un cuerpo irreconocible que se encontró en 1997 en una sala de cirugía plástica era el de Carrillo. Desde su muerte o desaparición, el Cártel de Juárez es manejado por sus parientes y ha venido perdiendo protagonismo como consecuencia del incremento del poder de los cárteles de Sinaloa y el Golfo.

El de Sinaloa tiene estructuras en Centroamérica y Sudamérica. Lo dirige el narcotraficante más famoso de México, Joaquín "El Chapo" Guzmán Loera, quien quiere despojar al de Juárez de su último reducto, la ciudad que les da el nombre. La buena estrella de El Chapo lució luego de su fuga de una prisión de máxima seguridad en 2003. Escapó escondido entre la ropa sucia, y ahora quiere ocupar el trono que "El Señor de los Cielos" dejó vacío. Lo disputa a balazos contra todos los demás.

Inmersa en esta guerra, esta ciudad ya se ganó el título de la más violenta del mundo entero. Según recuentos periodísticos, el enfrentamiento entre cárteles en el país ha dejado atrás a unas 4,550 personas asesinadas. De éstas, 1,400 han caído en Ciudad Juárez. Estos números son sólo de 2008. Desde finales del año pasado en Juárez hay una especie de toque de queda autoimpuesto. A las 5 de la tarde, cuando empieza a oscurecer, todas las voces recomiendan lo mismo: "Váyase a encerrar". Cuatro personas nos han sugerido lo mismo hoy.

Debajo del puente, las luces del muro metálico de unos dos metros de altura que separa México de Estados Unidos ya iluminan toda la línea, y dos carros de la Patrulla Fronteriza se pasean por el lado estadounidense.

La barda fronteriza brilla, los deportados se amontonan en las camionetas del albergue y del Grupo Beta, las miradas de reojo se cruzan por toda la avenida, los militares están alerta, y la gente camina deprisa para irse de aquí o cruzar a Estados Unidos por la aduana. Para sentirse menos inseguros.

Así luce la caída de la tarde en el puente Santa Fe de Ciudad Juárez, la ciudad que pasó de recibir a miles de migrantes que iban de subida, a recibirlos de bajada, la ciudad donde hay que cuidarse las espaldas, la ciudad militarizada. Aquí, la suma de dos circunstancias terminó afectando a unos terceros: los migrantes. La guerra en Ciudad Juárez derivó en el aumento del control para evitar que este combate contagiara a las ciudades estadounidenses. Esa guerra lo cambió todo. A la vez, terminó con una zona de paso que incluso a principios de década seguía siendo de las más importantes.

Ésta es una de las facetas de la frontera norte mexicana. Ésta es Ciudad Juárez, uno de los cinco sitios fronterizos más relevantes de este país, una ciudad que poco a poco ha ido desapareciendo del mapa de los que buscan cruzar como indocumentados.

Sábado, 1 de noviembre

Un cuerpo que yace en la vía pública puede tener dos connotaciones muy diferentes en Ciudad Juárez: puede ser un ejecutado o un asesinado. El cadáver de un hombre del que ayer hablaron con brevedad los periódicos, apuñalado en el extrarradio, era un asesinado. El hombre que anteayer apareció dentro de su camioneta blanca atravesado por 49 impactos de arma de grueso calibre en una céntrica colonia era un ejecutado. Si un hombre muere porque, tras una riña de bar, lo apuñalaron en la calle, murió asesinado. Todo cambia cuando a una persona la mata la mafia, un cártel, la delincuencia organizada. Y cuando la mafia mata, lo hace saber.

Ciudad Juárez tiene una serie de palabras que son parte del vocabulario de calle, palabras que se susurran: rafagueo, malandro, ejecutado, la mafia, el muro. Con la noche llega el encierro, y las palabras que se repiten sirven para formar anécdotas y advertencias. Anécdotas que advierten.

"Aquí ejecutaron ayer al dueño de esta funeraria. Doce disparos. En algo andaba metido", nos dice el taxista que nos conduce hacia el hotel. "Era amigo mío." Lo dice y señala una funeraria cerrada.

Cuando en una ciudad de 1.3 millones de habitantes asesinan, en lo que va del año, a 37 policías, queman 22 negocios por no pagar impuesto, secuestran a 38 empresarios, roban 10 mil vehículos, ocurren 52 asaltos bancarios, se autoexilian unas 5 mil familias, se movilizan 2,500 militares y, según las autoridades de seguridad juarenses, operan 521 pandillas aliadas a los cárteles, es necesario recurrir con insistencia a algunas palabras para describir la situación.

Miedo. Una de las empleadas de la casa del migrante —lo mejor es no revelar nombres— asegura que tiene miedo hasta de ir al baño de un lugar público, porque teme encontrarse una cabeza humana. Suena a paranoia, pero este año ya ocurrió dos veces.

Encerrada. Así dice que vive desde mediados del año pasado la señora que nos vendió el almuerzo en un changarro de la calle. Lleva 22 años en Ciudad Juárez, pero dice que *la guerra* (así llaman a lo que hacen los dos cárteles en disputa) empezó a finales de 2007 y que desde entonces "ya no puede uno ir a tomar una cerveza ni a ver una película ni a bailar", porque no se sabe qué va a explotar, qué va a ser atacado con ráfagas de balas, dónde aparecerá la próxima cabeza. "De la casa al trabajo y de vuelta a guardarse." El mes pasado vio al último ejecutado. Señala la casa rosada frente a su negocio: "Ahí, desde una camioneta le metieron un chorro de balas a un hombre que intentó escapar, a plena luz del día, como a las 11 de la mañana".

Largarme. Eso dice que quiere hacer el único centroamericano que está hoy en el albergue. Es un hondureño de 26 años, que llegó a Ciudad Juárez porque la zona por la que pensaba pasar, la de Ojinaga, a unos 300 kilómetros al sureste, estaba imposible, con el río Bravo desbordado. Llegó aquí sin conocer. "A lo burro", dice él. Y ahora sólo quiere largarse. "Entre el muro y la delincuencia no se puede intentar por aquí", comprende ahora, "ni trabajar para ganar un dinerito, porque dicen que muy peligroso es andar en cualquier lado".

Impuesto. Según el dueño de un bar cercano al puente Santa Fe, eso es lo que acabó con la noche de Ciudad Juárez. En su bar apenas entran clientes. Hoy, aburrido a las 10 de la noche, toma un vino en la barra. Nadie más. "Los dueños han preferido cerrar porque les cobran impuesto o porque la gente por miedo deja de salir en la noche", explica. Su bar se llenaba hace un año y medio. "Ya no, esto es lo peor, nunca había estado así la ciudad", dice. A él ya le ocurrieron las dos cosas. Su negocio está vacío, y ya recibió una nota que le exige pagar 500 dólares mensuales si no quiere que su antro arda. No ha contestado. El último bar incendiado estaba en esta avenida. Fue hace cuatro meses. Fueron cinco hombres encapuchados, armados y cargados de bidones de gasolina.

DOMINGO, 2 DE NOVIEMBRE

"Pidámosle a Dios que perdone a los políticos que construyen estos muros", reza Armando Ochoa, el obispo de la ciudad estadounidense de El Paso. Nosotros lo vemos a través de los barrotes, desde el lado mexicano.

Al lado izquierdo del prelado, la malla que divide los dos países. A su derecha, el desierto. Delante y detrás, 38 postes de doble reflector, seis torres que detectan el movimiento y cinco todoterrenos de la Patrulla Fronteriza.

Unas 200 personas han venido de Estados Unidos y unas 500 del lado mexicano a la misa binacional de Anapra, la última zona de cruce en los alrededores de Ciudad Juárez. Éste es el último reducto por donde algunos intentan dar el famoso brinco. Es significativo que este último paso posible sea el mismo donde está lo que ya se mencionó: desierto, 38 postes de doble reflector...

La idea no es muy inteligente. Al menos no estarán muy informados los que tratan por aquí. La Patrulla Fronteriza divide los 3,100 kilómetros de frontera en nueve sectores. El que más agentes tiene es el de Tucson, seguido por esta zona de El Paso, que incluye tramos de los estados de Nuevo México y Texas. 2,206 patrulleros buscan droga e indocumentados en 431 kilómetros lineales. Y puede que sean más, pues ésta, la última información oficial, fue elaborada en octubre del año pasado, antes de que terminara el operativo Jump Star, con el que pasó de 14 mil agentes en toda la frontera a tener 18 mil y bajo el que prometió instalar más cámaras y sensores de movimiento. Además, entre los nueve sectores, éste es uno de los seis donde hay muro, barda o malla, como sea que se le quiera llamar.

La Patrulla Fronteriza no construye muros ni instala reflectores con la migración como prioridad en mente. A estas alturas el interés principal es intentar detener la droga. Y El Paso es el segundo sector más vigilado.

"Pasan de madrugada, pero ya no muy seguido, porque está muy vigilada la zona desde principios de este año, porque mucha droga pasaba el año pasado", explica un hombre que vive frente a la barda en esta colonia de casas fabricadas con lámina, cemento, teja, pedazos de carros. Es un pequeño poblado en las afueras de la ciudad, un asentamiento improvisado en medio de la tierra donde sólo crecen arbustos que viven a pesar de que los achicharra el sol de día y el frío de noche.

Es la lógica de esta zona. Debido al narcotráfico, la vigilancia aumenta. La Patrulla Fronteriza informa que hasta que este año termine se seguirá construyendo muro. El próximo año ya se verá, depende de si los legisladores estadounidenses desembolsan los fondos para los tramos que ya fueron aprobados.

Cuando la vigilancia aumenta, los migrantes se van a zonas cada vez más remotas. Eso es Anapra, el asentamiento de Ciudad Juárez que linda con el desierto, el más alejado del casco urbano. Desde aquí hay que caminar unas cuatro noches, bordeando carreteras, para llegar a Las Cruces o a El Paso, los sitios más cercanos donde pedir agua, pan, transporte o una llamada telefónica.

"Tendríamos que extender las mallas hasta el mar si quisiéramos colgar una cruz por cada muerto en este desierto", dice desde este lado del muro el obispo de Ciudad Juárez, Renato León, como parte de su homilía.

Aquí no hay cifras absolutas. Cada quien dice la suya, y nadie contabiliza por zonas ni por nacionalidades, ni por sexo ni edad. Muertos son muertos. Muertos en el desierto, en los ríos, en los cerros. Son migrantes muertos. El dato consensuado que manejan los organismos de defensa de los indocumentados en Estados Unidos es que desde 1994 que inició el primer operativo de protección fronteriza, el Operativo Guardián, han muerto 4,500 en su intento por dar el brinco. Ésos son cadáveres encontrados y reportados como "migrante desconocido muerto". Los mismos organismos que recopilan esta información la llaman "cálculos limitados", "cifras conservadoras" o "datos incompletos".

Las mesas principales, donde se consagra el pan y el vino, han sido ubicadas junto al muro metálico; una de cada lado. Los feligreses comulgan y se dan la paz metiendo los dedos por entre los agujeros de la barda.

La misa termina y la paz también. Cinco migrantes, quien sabe si mexicanos o centroamericanos, esperan a que la mesa del lado mexicano esté más desocupada para subirse y saltar. Un intento descabellado.

Uno tras otro hacen el salto inútil. Por poco no caen en brazos de unos agentes que los someten, los ponen dentro de la patrulla con jaula atrás y se los llevan. Edu Ponces corre con su cámara, pero la escena es fugaz. De este lado de la malla, los feligreses entonan su estéril coro: "Déjenlos, déjenlos, déjenlos".

Si era su primer intento, en una semana estarán de vuelta en su país, sea cual sea. Si alguno era reincidente, ha tardado pocos segundos en ganarse de cinco a siete meses en alguna prisión.

Este salto alocado parece una de las pocas formas que quedan de intentarlo en Ciudad Juárez. En la misa fronteriza del año pasado dos personas corrieron la misma suerte. Las autoridades estadounidenses han amenazado con cancelar estos eventos. Entre el muro y los 2,206 patrulleros de esta zona, el salto de gato desde la mesa de la eucaristía parece una opción razonable. La otra alternativa implica pagar 8 mil dólares para conseguir una visa falsa en las casas de cambio cercanas al puente Santa Fe, e intentar no ser descubierto en la aduana o pagar las consecuencias: hasta dos años preso por falsificación de documentos.

Los feligreses continúan con los saludos entre la valla, hasta que los patrulleros empiezan a pedir a toda la gente del lado estadounidense que se retire.

Tres hondureños más llegaron anoche al albergue de Ciudad Juárez. El resto son mexicanos deportados. Hay 40 personas esta noche en las literas del centro de acogida. Es el albergue mejor equipado de los 12 que conozco. Los pabellones de hombres y mujeres están separados, cada uno con sus baños y duchas. El comedor es amplio e iluminado, y todo está dentro del edificio de bloques construido atrás de la casa de los frailes. En los dormitorios hay camarotes en perfecto estado y gruesas mantas para las noches de frío. Incluso hay una sala de proyecciones con una pantalla gigante que se habilita para ver televisión por las tardes. Cada noche un grupo de voluntarios prepara la comida, y se come caliente y abundantemente. A menudo se sirve carne.

Uno de los hondureños ha llegado aquí por la misma razón por la que llegó el que conocí el sábado. La zona de Nuevo Laredo estaba intratable. Las fuertes lluvias tenían al río Bravo crecido y sus corrientes más fuertes de lo habitual. Entonces decidió remontar el curso del río para buscar un lugar por donde probar suerte. El siguiente sitio de paso que él había escuchado mencionar era Ciudad Juárez. Seguro que lo escuchó de un inexperto en el camino.

Ahora, mientras fumamos unos cigarros en el patio del albergue, sabe que cometió un error. "Aquí no hay trabajo y está demasiado peligroso andar por la ciudad. Además, casi no hay zonas por donde se pueda pasar", se lamenta. Sin embargo, un mexicano de 41 años que ya lleva tres noches en el albergue lo ha convencido de intentarlo mañana en Anapra.

Según el mexicano, que fue deportado tras 22 años en Estados Unidos, hay un punto, subiendo un poco por el cerro yermo, donde es posible saltar la valla e internarse en el desierto antes de que la patrulla vuelva a pasar. Él pasó por ahí hace 22 años. Pero entonces, Ciudad Juárez no vivía una guerra ni tenía muro ni había miles de patrulleros. En aquel entonces, cuenta el mexicano, caminó cuatro horas hasta El Paso.

Los otros dos hondureños sólo quieren irse de este lugar, pasar al estado vecino de Sonora y probar por el desierto de Altar, el único sector más vigilado que éste, pero también el que ofrece una geografía más complicada para los recorridos de la Patrulla Fronteriza. Allá hay sitios que sólo pueden transitarse a pie o en caballo y eso elimina a los patrulleros en vehículo. Los hondureños llegaron aquí porque se dejaron llevar. Un compatriota con el que coincidieron en el tren les aseguró que él conocía una manera de cruzar por Ciudad Juárez. Los ilusionó cuando les dijo que por 200 dólares sabía cómo conseguir una visa falsa. Le creyeron, pero él nunca regresó a la plaza donde les pidió que lo esperaran. Cuando se viaja por primera vez por este país, es muy fácil ser engañado, porque aún no se tiene claro que la desconfianza es la primera regla del camino.

Les pregunto si no han averiguado cómo están las cosas en Ciudad Juárez. Por su respuesta, es claro que sí lo han hecho: "Miedo nos da salir, porque dicen que muchos malos andan por las calles, y nadie nos sabe decir por dónde pasar". Los pocos centroamericanos que tienen la suerte de encontrar este impoluto albergue son los desorientados.

La lógica planteada por este hondureño es la que genera que Ciudad Juárez, otrora una de las ex capitales fronterizas de la migración, ya no sea tierra de indocumentados: hay una guerra entre cárteles, a la que Estados Unidos responde con vigilancia. Una cosa deriva en la otra, y las consecuencias las pagan los migrantes.

JUEVES, 6 DE NOVIEMBRE

Hoy regresamos. Martes y miércoles los pasamos fuera de la ciudad, conociendo otras zonas cercanas. La vida en Ciudad Juárez siguió su abrumadora normalidad. Algunos de los titulares informativos de esos días hablan de la vida de este lado del muro: "Asesinan a otros tres", "Denuncian comerciantes extorsiones de policías", "Registran 507 vehículos incendiados en 10 meses", "Los queman en negocio", "Prenden fuego con gente dentro", "Tenía cabeza deshecha", "Amenazados de bomba", "Causa indignación cuerpo colgado en puente".

Una periodista de *El Diario de Juárez* nos llama. "Hay otro ejecutado", dice. Edu y yo nos dirigimos hacia una colonia céntrica. En un pequeño predio que hace de intersección entre dos calles yace un hombre con 19 agujeros de bala. Los periodistas, unos tres que han llegado al lugar, buscan la fotografía. Lo demás poco importa. Un ejecutado más. "Vinieron en un carro, se bajaron tres hombres y ahí lo tienes: pum, pum, pum", nos resume uno de los fotógrafos mientras come una bolsa de chucherías. Al irse, los asesinos gritaron: "¡Por rata!" Unos niños juegan alrededor del predio mientras los forenses embolsan al muerto, los vecinos pasan la tarde de charla en las gradas de sus entradillas. No hay sobresalto. El narco ha matado otra vez. Tan común como que dos carros choquen en la autopista.

El pasado martes, el mismo día en que el cuerpo sin cabeza colgó de un puente cercano al de Santa Fe, otro cadáver amaneció crucificado del balcón de un centro comercial con una máscara de cerdo en el rostro y dos agujeros de bala en el pecho. La noche de ayer hubo 13 ejecuciones. Cuando la mafia mata, lo hace saber. Deja su firma.

Esta parte de la frontera está inmersa en una locura más propia de una zona de guerra civil. El complemento para todos los trágicos titulares apareció también en los periódicos: "No estábamos diseñados para enfrentar tal inseguridad". Lo dijo el encargado de la Procuraduría de Seguridad de Chihuahua, el estado donde se encuentra Ciudad Juárez.

Como nos dice por teléfono Rodolfo Rubio, investigador en la ciudad del Colegio de la Frontera Norte, "no es raro que el flujo haya disminuido en esta zona". A mediados de la década pasada, por Ciudad Juárez pasaba entre el 12 y el 15 por ciento del total de migrantes centroamericanos y mexicanos. A partir de 2000, esos números empezaron a bajar. En la actualidad sólo el dos por ciento de los indocumentados que detiene la migración mexicana son atrapados en el estado de Chihuahua, a pesar de ser el más grande de México y el que más kilómetros de frontera comparte con Estados Unidos.

Rubio cree que esto se debe a que debido a la guerra cada vez más esta frontera está vista por ojos de los más de 2,200 agentes y por una cantidad de cámaras que la Patrulla Fronteriza no especifica por "razones de seguridad".

Son pocos los que estudian el terreno. Los que más prueban a cara o cruz. Se suben a un tren que los lleva a algún lado que generalmente desconocen, como los hondureños que llegaron aquí porque sí, porque más abajo estaba inundado. Sin embargo, Rubio cree que hay una vox populi en el camino que determina el rumbo de muchos. No un rumbo exacto, sino un conocimiento vago de por dónde es mejor no intentarlo. Es la voz de los coyotes, que esparcen algo de su conocimiento por donde pasan. Ellos sí saben, no por documentos oficiales, sino por vivencias en el desierto, en los cerros y en el río Bravo, por dónde hay más vigilancia, más motos, caballos, carros, agentes y sensores.

Las entrevistas realizadas por Rubio a los mexicanos deportados por el puente Santa Fe han revelado que la mayoría de los que salen por aquí, unos 72 mil cada año, entraron por otra frontera, pero las autoridades estadounidenses, para obstaculizar un más que probable reintento, los dejan aquí, conscientes de que éste es uno de los puntos menos amigables para cruzar.

Rubio suma dificultades: "Es casi imposible que un migrante, por su voluntad y sin ayuda, pase por las zonas de Ciudad Juárez, porque son territorios controlados por el crimen organizado, de tal manera que sólo que contraten a personas vinculadas al narco podrían utilizar estas zonas".

La misma historia de siempre en este camino. Mientras migrantes como narcotraficantes busquen en México zonas alejadas del control del Estado, unos para pasar ellos y otros para pasar sus drogas, los indocumentados seguirán entrando sin permiso en los terrenos del narco. Y los narcos enseñándoles que sin pagar, por esos lugares no se entra ni se sale impune.

Son las 6 de la tarde, y María deja de correr de arriba para abajo y se sienta a conversar. Sobra decir que no se llama María. Trabaja cerca del puente Santa Fe, vende boletos de autobús a mitad de precio a los deportados, para que regresen a sus casas. Dan un descuento por convenio con el Grupo Beta. Desde hace más de un año trabaja cada día en esta esquina, relacionándose con estafadores y delincuentes.

En sus palabras, Ciudad Juárez y su suma de circunstancias vuelven a derivar en lo mismo: inseguridad más autoridades corruptas más vigilancia estadounidense del otro lado del muro igual a "tengan mucho cuidado".

"En esta calle desde que entras estás vigilado. A ustedes ya los tendrán bien controlados", dice. Le refuto que hemos venido varias veces, y que no nos ha pasado nada. "Claro —responde—, porque no han hecho nada que los moleste."

¿Que moleste a quién? Ésta es una pregunta que en Ciudad Juárez cuesta contestar. ¿A los estafadores? ¿A los policías corruptos? ¿A los esbirros de los cárteles? ¿A los militares? ¿A los dueños de los casinos? ¿A las prostitutas que engañan a los deportados para llevarlos a una esquina desierta a que los asalten unos matones? Todos ellos conviven en esta esquina, frente al puente Santa Fe, a unos metros de Estados Unidos. ¿A quién no hay que molestar?

María no lo sabe con exactitud. Lleva un año aquí corriendo de arriba para abajo con los deportados, con apenas tiempo para tomar un vaso con agua. Ella lo que hace es ejemplificar en primera persona: "Esta semana nos han venido a amenazar dos veces. No sé si eran de la mafia o los polleros. No les gusta que les quitemos a los deportados. La primera vez nos amenazaron por teléfono. Luego, vino un hombre encapuchado a decirnos con palabras altisonantes que cerremos el negocio". O cierran, hijos de su puta madre, o le prendemos fuego al changarro. Ésas fueron las palabras altisonantes.

Lo de la mafia ya no resulta sorpresivo. Atacan cuando no se les paga y han quemado muchos negocios en esta calle. Es una dinámica común, pero ¿y los polleros? ¿Qué hacen aquí si casi nadie intenta pasar?

"Mire —explica—, aquí hay muchos polleros que están enganchando a los migrantes que vienen deportados o a algunos centroamericanos que se acercan a preguntar. Claro, no los va a ver en las calles, están dentro de las casas de cambio, hoteles o en los casinos. Estos polleros se los llevan a otros estados." Mientras haya deportados, el negocio no muere. Los migrantes en Ciudad Juárez, aunque menos, aún dan empleo.

Una última pregunta para María: ¿por qué no pasan por aquí esos polleros? La respuesta que nos da es la misma que retumba en el día a día de esta ciudad: "Porque está muy difícil por el muro y, de un año para acá, por la guerra de los narcotraficantes".

Hoy en la mañana dejamos la ciudad. Fuimos a El Paso para poder volar hacia Laredo, Estados Unidos, y de ahí cruzar de nuevo a México, a Nuevo Laredo, para ver el paso de indocumentados por el río Bravo. En el avión abro *El Diario de Juárez*. En la página 11A hay una carta de un lector que describe a la perfección lo que muchos juarenses sienten. Se trata de una petición que se convierte en un documento valioso, en un testimonio desesperado, una declaración de quién manda en la ciudad:

> *Señores sicarios: Soy un ciudadano harto de mis autoridades por inútiles y buenos para nada. Por eso me dirijo a ustedes con todo respeto, porque no quiero ser uno más en las estadísticas, y les sugiero lo siguiente: estoy dispuesto a pagar lo correspondiente a impuestos a ustedes, estoy dispuesto a respetar sus negocios y no meterme ni para bien ni para mal.*
>
> *Estoy dispuesto a aceptarlos como autoridades. A cambio de esto, pido: apoyo para que el gobierno inútil no nos cobre impuestos (que se los voy a pagar a ustedes). Respeto a los empresarios, para que podamos seguir trabajando y pagarles (impuestos). Respeto a los periodistas. Que sus peleas y balaceras sean fuera de la ciudad, que haya seguridad para nuestros hijos y familiares. Que podamos salir a la calle sin miedo a un ataque y a estar en fuego cruzado. Que los ejecutados sean personas que perjudiquen a la sociedad.*
>
> *Si la autoridad no puede, apóyennos, que nosotros los apoyaremos.*

MORIR EN
EL RÍO BRAVO

Noviembre y diciembre de 2008, estado de Tamaulipas

De no haber encontrado a Julio César, esta crónica hablaría de que en el río Bravo o se muere ahogado o se paga a un coyote. Los cadáveres hinchados que yacían atorados en las rocas y los intentos desesperados de los migrantes que por poco terminaban de esa manera hablaron de un cruce desesperado. Un intento sin fundamentos: saltar al río y nadar, hasta ahí llegaban esos planes. Lo dicho, hasta que conocimos a Julio César, un migrante precavido. Un centroamericano con un plan. Un hondureño que nos enseñó que la paciencia y el sacrificio marcan una diferencia entre dejar decidir al río Bravo o tomar el destino por los cuernos.

El río Bravo devolvió otros dos cadáveres la semana pasada. Aparecieron atorados entre dos piedras cercanas entre sí, en una zona conocida como El Resbaladero. Un pescador los encontró. Nadie sabe hace cuántos días se habían ahogado, pero estaban hinchados, con la carne reblandecida y blanquecina. Amarrada con un mecate a la cintura de uno de los cuerpos había una bolsa de plástico, adentro varias otras, y más adentro sus documentos. Era hondureño. Eso decía su pasaporte. Era un migrante. Se ahogó en el intento.

Los cadáveres salieron a flote en el mismo sitio donde han salido muchos más: justo detrás del albergue de Nuevo Laredo. Si los hondureños hubieran logrado llegar a la otra ribera habrían llegado a Laredo, territorio estadounidense. El caudal que los mató es el mismo que impide que las dos ciudades se toquen.

Si bien el río Bravo ocupa 1,455 kilómetros de los 3,100 que dividen los dos países, éstas son las ciudades referentes cuando se habla de cruzarlo. Aquí se enfrentan al río. El cauce es profundo, las aguas son verdosas y hay fuertes corrientes y remolinos, pero también mucha espesura en la orilla estadounidense, lo que ofrece kilómetros de escondite. Aquí el río funciona como un muro natural. Y muchos de los que no lo logran atravesar terminan hinchados, reblandecidos y blanquecinos.

En Nuevo Laredo, la diferencia entre saber y no saber es para un migrante un factor determinante. La diferencia entre lanzarse al río en cualquier lugar a patalear con una bolsa amarrada, y ubicar una zona de pocos remolinos y poca profundidad es lo que decide si el viajero llega a Estados Unidos o se convierte en una masa de carne deformada.

***

Son las 5 de la tarde de este día de noviembre, y los migrantes regresan al albergue administrado por sacerdotes scalabrinianos. Vienen de cargar camiones con arena, de levantar muros o de vender diarios en los semáforos. Las reglas del albergue sólo permiten estar en la casa de cuatro de la tarde a siete de la mañana.

Hoy hay unos 60. La mayoría son hondureños, seguidos en número por los guatemaltecos y salvadoreños. El muchacho negro y esquelético sentado lejos de los demás, con sus hombros inclinados hacia delante y la cabeza oculta entre sus piernas, es el único dominicano en el albergue. Entre burlas, los demás me recomiendan hablar con él. "Ayer lo intentó a lo pendejo, y casi se lo lleva el río", me dice entre risas un hondureño joven.

El dominicano se llama Roberto, tiene 32 años, una mujer y tres hijos, de ocho, cinco y tres años que, a dieta estricta de frijoles, lo esperan en su isla a él o a los dólares. Era busero antes de salir de su tierra, hace un mes. Ganaba unos 120 dólares mensuales. Es, de todos los que están aquí, el que más ha viajado para llegar. Pidió prestado a varios amigos y pagó un vuelo de República Dominicana a Ciudad de Guatemala, donde no necesita visa para entrar. A partir de ahí, migró como centroamericano: en autobuses de tercera, a pie y en el lomo de varios trenes, hasta llegar a Nuevo Laredo, luego de haber sido asaltado seis veces, cinco de ellas por policías mexicanos. Su viaje casi termina ayer, cuando el sol se ocultaba, y él escupía bocanadas de agua y luchaba contra la corriente hasta tocar de nuevo la ribera mexicana, exhausto.

Lo paradójico es que Roberto descartó la opción de migrar a Puerto Rico, el país vecino y más próspero, porque no quería ahogarse. A esos países los divide el Canal de la Mona, 128 kilómetros de océano

Atlántico que los dominicanos cruzan en lanchas de motor rápido que viajan con sobrepeso y muchas veces naufragan.

—¿Te fracasó tu plan de ayer? —pregunto.

—¡Qué diablos! Vale, si yo no tenía ningún plan —se suelta a contar su intento de cruce. Es que ya llevo tres días aquí y ya estoy harto de vender periódicos de 7 de la mañana a 3 de la tarde para ganarme seis pesos al día, y ayer me lancé. Me bajé con otras 13 personas por la parte de atrás del albergue, y llegamos al río. Eran como las 5 de la tarde. Ahí estuvimos viendo para el otro lado un rato. Hasta que yo me puse a rezar y me tiré a nadar. Los demás se vinieron atrás. Pues nada, vale, que la corriente me arrastró varios metros, pero logré llegar con esfuerzo al otro lado, pero cuando veo para arriba, uno de esos policías enciende su luz, y nos ilumina, y yo me echo para atrás, pero ya iba cansado, y casi me ahogo en ese regreso. Sentía que no iba a poder llegar. Había tragado mucha agua.

Rezar y nadar. Ésa fue su estrategia para intentar entrar a Estados Unidos.

—¿Y qué le pasó a los demás?

—Unos tres siguieron para adelante. Los habrán agarrado. A los demás la corriente los arrastró más que a mí, y no los volví a encontrar en la orilla ni han vuelto por aquí.

No sería raro que en los próximos días el río Bravo devuelva más cadáveres.

Según el Centro de Estudios Fronterizos y de Promoción de los Derechos Humanos, ubicado en Reynosa, donde aún corre el río Bravo, cada año desde 2005 han aparecido más de 70 cadáveres en diferentes puntos del afluente. Los voceros del centro que se dedica a reunir datos entre los albergues de la frontera reconocen que son cifras parciales y creen que están muy por debajo de las reales. El río atraviesa muchos kilómetros de riberas deshabitadas donde ocultar un cuerpo entre la maleza.

***

El albergue de Nuevo Laredo tiene, como todos los de México, ese punto en el que parece un campo de guerra tras una escaramuza. Un mexicano joven camina por el salón vendado de la cabeza y con el ojo morado. Es un deportado de Estados Unidos que, después de cobrar el dinero que sus familiares le depositaron para que regresara a su natal estado, unos asaltantes le robaron los 1,700 dólares y le reventaron la cabeza con la culata de una pistola. Otro salvadoreño de 44 años se aplica ungüento para aliviar el dolor muscular causado por la torcedura de tobillo que se provocó hoy a orillas del río.

Julio César fuma un cigarro, y dos de sus hijos corretean alrededor. La primera vez que los encontramos fue en Ixtepec, al sur de México, a 2 mil kilómetros de Nuevo Laredo. Fue hace un mes y medio, y tanto el fotógrafo Edu Ponces como yo pensamos que no lograría ni llegar cerca de la frontera con Estados Unidos. Él, un albañil de 25 años, no viaja solo. Lo acompañan Jéssica, su esposa de 22 años, y sus tres hijos: Jarvin Josué (7), César Fernando (5) y Jazmín Joana. Ella es la más pequeña de los tres. Nació hace dos meses. Nació en el camino, mientras migraban, y casi muere en la primera aventura de su vida, cuando se le escapó de los brazos a su madre mientras viajaba en el techo de un tren de carga. Por suerte, Julio César logró atraparla. Y ahora aquí están todos juntos.

Cuenta Julio César que desde Ixtepec viajaron sólo en autobuses. "No iba a arriesgar otra vez a la niña", explica. Tomaron unos 15 autobuses distintos para llegar aquí. Le apostaron a los tramos cortos, para evitar las carreteras principales y los retenes. Es un hombre previsor. Hace mapas, anota rutas, pregunta y sabe esperar.

Estos días está estudiando "la pasada del río". Él ya lo hizo dos veces por Nuevo Laredo. En 2005, lo intentó solo, como el dominicano, pero la Patrulla Fronteriza lo detuvo nomás pisó suelo estadounidense y lo deportaron. En medio de la maleza de la ribera norte, los patrulleros se esconden para que los que intentan cruzar no aborten su intento. Prefieren atraparlos antes que evitar que se lancen, porque saben que lo intentarán luego, quizá por otro sitio donde no haya un patrullero o una cámara que los detecte.

En su segundo intento, Julio César pagó 1,200 dólares, que le envió un amigo desde Estados Unidos, y un coyote le enseñó una ruta alejada del centro urbano, por donde pasó y logró trabajar un año en aquel país, hasta ser deportado tras una redada en la obra que estaban construyendo en San Antonio, Texas.

Ahora no tiene dinero para un coyote y va a hacerlo por su cuenta, confiado de su memoria. "Quiero ir a inspeccionar la zona por la que él me llevó en 2005, y ver cómo está la corriente y si hay vigilancia, porque en enero me voy a tirar yo solo, para juntar dinero y mandar a traer a Jéssica y a los niños", explica su plan.

Ésa es la diferencia de Nuevo Laredo. Es lo que diferencia a Julio César de Roberto. Uno se lanzó en la parte más crecida porque era la más cercana al albergue. Se lanzó en la parte más vigilada y casi muere en el intento. Julio César lo hará en enero, luego de ir a estudiar un punto del río que, dice convencido, suele estar menos crecido. La diferencia entre saber y no saber.

Antes de despedirnos, acordamos con Julio que nos deje acompañarlo en su expedición, y decidimos hacerlo pasado mañana.

***

Afuera del albergue hay siete vendedores de droga que también son enganchadores de El Abuelo. Se comunican con radios, hablan con los agentes de la Policía Municipal que llegan y se despiden chocando palmas y puños.

El Abuelo es el señor de los polleros que suben por la ruta cercana al Atlántico, la que atraviesa los estados de Tabasco y Veracruz antes de alcanzar Reynosa y Nuevo Laredo. Es la ruta de los secuestros, aquella en la que los coyotes que no pagan se arriesgan a que Los Zetas les quiten su grupo para pedir rescate por ellos: entre 300 y 5 mil dólares por cabeza. Secuestros exprés les llaman. El Abuelo y sus secuaces no corren con ese problema. Desde Nuevo Laredo, ciudad base de distintos líderes zetas, él acuerda con ellos el paso de sus coyotes. Si es un grupo de El Abuelo, no tendrá problema con Los Zetas para llegar hasta esta ciudad bordeada por el río Bravo.

Un nuevo día ha pasado, y la rutina del albergue sigue igual. Dan las 4 de la tarde, y los migrantes empiezan a amontonarse en la acera de enfrente.

Ahí está Armando, un salvadoreño de 25 años. Es uno de esos viciosos del camino a los que cuesta entender. Él lleva desde los 12 años vagabundeando por México, sube hasta su frontera, trabaja en lo que sale, y regresa a El Salvador cada vez que se le antoja. Su motivación la resume con una palabra: vacil. Dice que se aburre de estar en un solo lugar, que de niño subió para intentar cruzar y que poco a poco se fue enganchando a esta vida errante. Se envició de un camino de asaltos, violaciones, mutilaciones y secuestros. Cuesta entender a los migrantes como Armando, pero hay varias historias similares. Conocen a la perfección los riesgos, pero hay algo en su perversión que les resulta atractivo y que los vuelve adictos a sus dosis de adrenalina. Entre estos personajes Los Zetas encuentran a muchos de los centroamericanos que ocupan como espías en los trenes.

Asegura que hace apenas un mes vio un cadáver mientras inspeccionaba el río: "Flotaba allá por el parque Viveros —explica—, y eso les pasa porque la mayoría de los que se avientan aquí lo hacen a la loca, sin buscarle mucho. Y una de dos: o sólo van a caer enfrente de los de la Migra o se ahogan. Yo sé por dónde cruzarme, donde no es tan hondo, pero no quiero ir a Estados Unidos". La diferencia entre saber y no saber.

En los 14 kilómetros de río Bravo que separan Nuevo Laredo de Laredo hay dos lanchas que patrullan, tres cámaras de vigilancia de largo alcance y con visión nocturna, unos 20 reflectores y sensores de movimiento. Por eso lanzarse en un punto u otro marca la diferencia entre llegar a los brazos de un agente o probar suerte por una zona fuera del casco urbano, menos vigilada. Este último es el plan de Julio César.

La conversación con Armando se ve interrumpida por el jefe de la pandilla de vendedores de droga y empleados de El Abuelo. Es un tipo de unos 25 años, con el tatuaje de un dragón en su cuello. "Hey, ¿para qué es esa cámara?", pregunta a Edu, quien le explica que es para sacar imágenes de los migrantes. Luego le dejamos claro que lo que él haga en esa esquina no nos interesa y fotografiarlo mucho menos. "Un 28", dice por su radio. Y se va.

Sigue la plática con Armando y otros tres migrantes que se han sentado a nuestro lado, pero de un momento a otro nos rodean el del dragón en el cuello y otros dos de su grupo. "Hey, qué chingona esa cámara, préstamela", dice uno a Edu, que se niega a entregarla. En ese momento, un coche rojo se parquea atrás y termina de cercarnos. "¡No les estés preguntando, súbelos!", ordena el gordo que va al volante, y los cuatro tripulantes del carro se bajan. Nos ponemos de pie y nos alistamos a correr, pero el del dragón en el cuello suelta una risotada y nos dice: "Tranquilos, tranquilos, no los vamos a secuestrar". Sólo querían advertirnos de que estábamos en su zona. Darnos un susto para que supiéramos lo que puede ocurrir.

Después de eso, se separan y empiezan a mezclarse entre la treintena de migrantes sentados en la acera. Pregonan su oferta: "¡Con El Abuelo, con El Abuelo, 1,800 dólares hasta Houston! Te damos comida, agua, zapatos y te pasamos en lancha. Vengan los que se quieren ir seguros". A uno de los que estaba con nosotros le vuelve el color al rostro: "Pensé que nos iban a secuestrar", susurra.

El secuestro es una realidad cada vez más presente en esta ruta, y mucho de lo que ocurre al sur se maneja desde dos ciudades fronterizas con Estados Unidos: Nuevo Laredo y Reynosa. En estas zonas por donde miles de migrantes se mueven cada mes, los criminales son los dueños del terreno, las autoridades sus cómplices en muchos casos, y sus actividades se gritan por las calles como si de vender tomates se tratara.

El 83% de las denuncias recabadas por el Centro de Derechos Humanos del albergue en el rubro de autoridades corruptas acusan a los agentes de la Secretaría de Seguridad Ciudadana de Nuevo Laredo. Esto es lo recogido por el centro en sólo tres meses, de junio a agosto de 2009. Es lo que 477 migrantes relataron. Golpes, detenciones arbitrarias, secuestros y robo. El 83% eran de Honduras, Guatemala y El Salvador.

"Ésta era una zona tranquila antes de que el albergue fuera construido. Cuando se construyó se convirtió en una zona de narcomenudeo y de tráfico de personas. Se vive una situación muy fuerte. La policía está coludida con los polleros y los narcotraficantes. Aquí en esta zona opera El Abuelo, que cruza centroamericanos. Él hace un buen trabajo, ilícito, pero a quien le paga le da alguna garantía de que lo cruzará. Hemos mandado cuatro oficios a la municipalidad, solicitando mayor vigilancia alrededor de la casa", explica José Luis Manso, encargado del centro.

Tres de los oficios nunca fueron contestados. Al cuarto les contestaron con la promesa de mayor presencia desde la Secretaría de Seguridad Ciudadana, ésa que los migrantes identifican como su principal enemiga entre las autoridades locales. Hasta ahora ninguna medida de las prometidas se ha cumplido, dice Manso.

El albergue sigue enclavado en una zona de alto riesgo. Para describirla, Manso relata un hecho ocurrido hace cuatro días. Un asesinato: "Fue atrás del albergue. Vino la Policía Ministerial a tocar la puerta por la noche, de forma muy violenta. Querían información porque les habían dicho que hubo una riña entre pandillas, una mexicana y otra centroamericana que se dedican al atraco. Murieron dos centroamericanos, y otros dos están heridos de gravedad en el hospital. Lo curioso es que, si hubo dos pandillas involucradas, sólo hubo detenidos de una, lo que me hace pensar que los centroamericanos muertos y los heridos eran más bien migrantes que se resistieron a ser asaltados".

Entre una colonia de narcomenudistas y una de las zonas ribereñas más peligrosas del río, la ubicada en el parque Viveros, a un costado del albergue, está sobre un polvorín.

Manso dice que la mayoría de los centroamericanos intenta cruzar el río por su cuenta: "Por falta de dinero se cruzan nadando o pagan por un neumático para cruzarse, y es cuando ponen en riesgo su vida".

Elijo un migrante al azar dentro del albergue. Tiene 41 años y es guatemalteco. Le pregunto si contratará coyote. "No hay dinero", responde. Le pregunto si conoce el río. "No", contesta. Le pido que me explique cómo piensa cruzarse. "A la buena de Dios", resume.

Antes de salir del albergue acordamos con Julio César que mañana nos veremos temprano en el céntrico parque Hidalgo para iniciar la expedición. Los maleantes siguen ahí, en su esquina, a la espera de clientes. Ríen con descaro cuando nos ven. Nos dejan en paz. Abordamos el bus.

***

Estamos en el parque Viveros, el punto donde la semana pasada aparecieron los dos cadáveres hinchados. Dos hombres pescan. El río es

286

hondo en esta parte, y la corriente arrastra con fuerza el agua fría que se mueve entre las riberas igual de enmontañadas.

El río Bravo no pertenece a ninguno de los dos países; un convenio firmado por etapas en la primera mitad del siglo pasado permite a cada país usar una cantidad de su agua. Aquí, más cerca de su desembocadura que de su nacimiento, ha sido ya alimentado por sus tres afluentes más caudalosos: el río Pecos desde el norte, y los ríos Conchos y Sabinas desde el sur. Es ancho como un campo de fútbol y la corriente es fuerte, incluso arrastraría varios metros a un experto nadador.

Uno de los pescadores nos advierte mientras intenta sacar bagres del río: "Cuando empiece a oscurecer, váyanse. Esos montes de ahí los ocupan los que venden drogas para hacer sus transacciones en la noche, y los malandros para esperar a alguno que venga a intentar pasar". Le hacemos caso y nos vamos a esperar que amanezca para buscar a Julio César.

Tal como dijo, a las 8 en punto de la mañana Julio César ya está sentado en el parque Hidalgo. "Vamos, hay que tomar un autobús", nos explica. La zona que quiere inspeccionar está en las afueras de la ciudad, en un área conocida como El Carrizo.

El autobús cuesta diez pesos y tarda en partir. Esperamos 40 minutos antes de que el empleado de la estación anuncie la salida de la unidad que va hacia el kilómetro 18.

Recorremos 30 minutos en la periferia de la ciudad, por la carretera que desciende desde Nuevo Laredo hasta Monterrey. Ahí, saliendo de una colonia aún sin terminar, con calles de tierra y casas clonadas a medio construir, el autobús se detiene en plena autopista, y Julio César indica que es momento de bajar.

Del otro lado de la carretera hay dos calles de tierra paralelas que forman una T con la autopista. Julio César señala la de la derecha, la más pequeña, la menos transitable para un vehículo. "Por ahí —indica—, por la otra suelen pasar patrullas del ejército."

No hace falta preguntar el porqué de la presencia de los militares aquí. Las matemáticas de estas zonas siempre resultan en lo mismo: frontera, caminos recónditos y patrullaje del Ejército indican que se transita por una ruta del tráfico de drogas.

Llevamos 30 minutos de caminata sobre brecha abandonada. El sol calcina, a pesar de que la temperatura en este invierno rara vez supera los 27 grados centígrados. Alrededor del sendero sólo hay breña seca y mozotes que se adhieren a la ropa.

Julio César camina mientras intenta recòrdar: "Sí, sí, de ese ranchito me acuerdo, ahí nos regalaron agua cuando me pasé en 2005". Poco a poco nos vamos enterando de por qué conoce Nuevo Laredo. La diferencia entre saber y no saber es algo que se gana a fuerza de paciencia y trabajo.

Cuando en su primer intento de 2005 Julio César fracasó en manos de la Patrulla Fronteriza, se dio cuenta de que tenía que encontrar un sitio menos vigilado, para que el coyote no pudiera engañarlo y lo llevara por un lugar donde la captura sería lo más seguro. Entonces decidió ponerse a trabajar con El Veracruzano.

El Veracruzano es un personaje conocido en Nuevo Laredo y alrededores. Este hombre de treinta y tantos años vive cerca del parque Viveros, en una pequeña choza de lámina repleta de neumáticos. Cobra 200 pesos por pasar el río Bravo. Julio César se convirtió en su mano derecha. Él cruzaba el río asido a una soga que mantenían atada en un árbol del lado estadounidense. Al llegar a la otra orilla, tiraba del neumático donde iba el migrante. El Veracruzano y Julio César se dividían los 200 pesos a mitad, y su servicio era un seguro contra el ahogamiento, pero no contra la detención por parte de los patrulleros. El mismo Julio César asegura que él no intentaría pasar por los dominios de El Veracruzano, porque una cosa es poner un pie en la otra orilla y otra muy diferente es llegar hasta San Antonio, Texas, la ciudad a la que se dirige la mayoría de los que hacen el intento por Nuevo Laredo.

Poco a poco, Julio César se fue ganando la confianza de El Veracruzano, y juntó el dinero para pagar al coyote. "Nunca pasábamos a menos de 15 a la semana", dice. Eso es al menos 1,500 pesos semanales. Y fue entonces cuando El Veracruzano empezó a hablarle de zonas en la periferia de la ciudad por donde había menos vigilancia, y el río se partía por pequeñas islas que hacían que la profundidad fuera menor. Esto es algo que El Veracruzano guarda con recelo porque su difusión acabaría con su negocio de neumáticos y lazos. Fue entonces cuando Julio César se enteró de El Carrizo, y supo que le diría a su coyote que por ahí quería pasar.

Ha pasado otra media hora y hemos abandonado la senda de polvo para descender entre unos matorrales y meternos en ranchos privados. Llegamos a la puerta de uno de esos ranchos, donde un señor, el primer ser humano que vemos en el camino, escucha música a todo volumen. Le hacemos señas, y se acerca amable a responder nuestra pregunta. "¿Vamos bien para el río?". "Sí, sigan por esa senda de la derecha, pero vayan con cuidado. La semana pasada, los asaltantes mataron a un migrante y su pollero por ese lado".

Ésta es ruta de los que saben, ruta de coyotes y migrantes pacientes, pero también es un camino alejado de la ciudad, un sitio perfecto para los asaltos. En 2005, cuando iba con su coyote, Julio César fue asaltado por dos enmascarados que actuaron como actúan los delincuentes de La Arrocera: lo desnudaron para buscar el dinero hasta en los pliegues de los calzoncillos.

Al poco tiempo Julio César entra en otro rancho. Quiere agua. No se da cuenta de que en esa casa hay ocho militares con sus fusiles de asalto AR-15 que nos ven con recelo, como a cualquiera que transite por estas calles. Lo registran de pies a cabeza y le ordenan que nos llame. Nos piden los documentos y nos revisan las mochilas. Saben que Julio César es indocumentado, pero también que nosotros somos periodistas, y un militar no está facultado en este país para detener a un migrante.

"Perdón, pero buscamos droga. Mucha pasa por aquí", nos dice uno de los soldados. Y se despide con una advertencia: "No se acerquen al río, ahí asaltan".

Tras otra media hora de caminata entre monte y más monte, escuchamos el sonido del agua. Bajamos por una pendiente más inhóspita que el resto del camino, hasta llegar a las lodosas márgenes del río Bravo. "Por aquí", dice Julio César con una sonrisa en los labios. Lo logró. Su paciencia, su espera y sus consultas dieron resultado. Ha encontrado el lugar por el que a finales de 2005 pasó con su coyote.

Se sienta, observa un mapa que él mismo ha trazado en un papel, pasea la larga uña de su meñique sobre la hoja, y comienza a dar cátedra de migración: "La onda aquí es pasar de noche. Ya del otro lado, tendrás que caminar siete horas hasta Laredo, Texas. De ahí, tenés que ponerte una muda de ropa limpia, para parecer una persona decente. Y tenés dos opciones. Una es meterte rodeando carreteras, pasando por Cotula (un pequeño poblado de Texas) a pedir agua y comida porque tendrás que caminar entre cinco y siete noches hasta San Antonio. La otra opción es meterte en los vagones del tren de carga que viaja del otro lado. Ése va derechito de Laredo hasta San Antonio y en unas horas llega, pero pasa por retenes donde tienen perros para que te huelan. Si te arriesgás tenés que ponerte mucho ajo o pimienta para espantar al perro, porque el policía no se sube a los vagones, sólo va guiando al perro con la voz. Ya en San Antonio, la hiciste."

Pero su expedición aún no finaliza. Hay que saber si el caudal no cubre a Julio César, porque con la fuerza de la corriente a esta altura del río sería muy difícil nadar.

El agua está fría. En medio del río, un desnivel de tierra divide en dos el caudal y permite descansar en el medio. Es curioso. Éste es el famoso río Bravo, el que tantas vidas se ha cobrado, y cruzarlo nos toma sólo unos minutos, sin dejar nunca de tocar fondo. Sin duda, Julio César sabe lo que hace. En la parte más profunda, el agua nos llega abajo del cuello, y solo en esos puntos es complicado avanzar debido al empuje de la corriente. Nos detenemos un rato junto a las plantas de maíz que están del lado estadounidense, para descansar un momento. Nos sostenemos de las matas. Descansamos. La profundidad es poca, pero la corriente es poderosa y las piernas resienten el recorrido. Luego volvemos a la ribera mexicana.

"Por aquí me voy a aventar", dice sin rastro de duda Julio César, mientras subimos la pendiente para llegar hasta el único rancho que divisamos por este lado. Queremos agua.

La música norteña suena a todo volumen en el rancho. Es un corrido que habla sobre un patrullero estadounidense que cayó a manos de un traficante de drogas al que le había decomisado su cargamento. Nos acercamos mientras anunciamos con gritos nuestra llegada, para no sorprender a nadie. Nos saluda un granjero que lucha para reparar una segadora. Baja el volumen a la música y entonces le pregunto si desde su propiedad, que por su elevación es como un mirador hacia el río Bravo, no le ha tocado ver a muchos migrantes morir.

—Morir no —responde—. Ya muertos sí.

Julio César se empina la botella de agua para aliviar la resequedad de la garganta y afrontar la caminata de regreso.

—¿A qué se refiere? —insisto al granjero.

—Es que aquí no se mueren, aquí no es muy profundo el río, salvo en época de lluvias.

Julio César tiene pensado pasar en enero. Las primeras lluvias riegan Nuevo Laredo allá por abril.

—¿Pero ha visto muertos? —pregunto de nuevo.

—A cada rato —explica.

—¿Qué tan seguido?

—He visto dos en estos dos meses. Se quedan atorados en la islita de tierra que hay en medio del río, pero es gente que intentó pasar allá por la ciudad. El río los arrastra hasta aquí. La semana pasada la lancha de la Policía sacó el último de esos dos cadáveres. Estaba todo hinchado ahí en la playita.

Julio César indica que es hora de irnos, antes de que oscurezca. Su expedición ha terminado. Esperará el momento indicado. Sabe que la prisa es riesgo. Así es en Nuevo Laredo la diferencia entre saber y no saber.

LOS COYOTES DOMADOS

Enero, febrero y marzo de 2014, El Salvador

¿Por qué Los Zetas, en dos masacres, asesinaron a 268 personas, la mayoría migrantes centroamericanos, mexicanos y suramericanos? La historia de algunos de los salvadoreños que murieron en esas carnicerías en el norte mexicano, la voz de uno de los patriarcas coyotes de El Salvador y algunos documentos apuntan a que todo fue parte de un proceso para hacer entender a los coyotes que o pagan o no pasan. Ni ellos ni sus migrantes. Las reglas han cambiado. Los más rudos del camino ya no son los coyotes.

El coyote volvió mucho antes de lo esperado. Normalmente se tardaba más de 20 días, pero en esta ocasión apenas habían pasado cinco o seis días desde que había cruzado la frontera entre Guatemala y México. Por eso se extrañó Fernando, el motorista del coyote en El Salvador, cuando recibió la llamada de su jefe. Era agosto de 2010, y el coyote pedía a su motorista que lo recogiera en la frontera San Cristóbal, del lado salvadoreño. Venía solo, sin ninguno de los seis migrantes que se había llevado. El coyote —recordó Fernando cuando contó la historia a la fiscalía— regresó nervioso, sin explicar lo sucedido, dando excusas a medias: "Me mordió un perro", recuerda Fernando que le dijo el coyote. A los días, Fernando sabría que al coyote no lo mordió ningún perro en México. Lo mordió algo mucho más grande.

* * *

El miércoles 25 de agosto de 2010, los periódicos de El Salvador amanecieron con esta noticia en sus portadas: "Encuentran 72 cadáveres en un rancho en Tamaulipas". Un muchacho ecuatoriano de 18 años había llegado la madrugada del día 23, cansado y herido de bala en el cuello, hasta un retén de la marina mexicana. Había dicho que era sobreviviente de una masacre perpetrada por los amos y señores del crimen en ese estado norteño de México, Los Zetas. Los marinos ubicaron el lugar y llegaron hasta un municipio llamado San Fernando y se internaron hasta un ejido llamado La Joya, en la periferia del corazón de ese lugar. Ahí, afuera de un galpón de cemento con apenas techo, encontraron a un comando armado. En medio de la nada, a la orilla de una callecita de tierra, se enfrentaron a balazos. Murieron tres pistoleros y un marino. Huyeron los demás pistoleros. Entraron los marinos y vieron lo que había dentro del galpón: recogidos contra la pared de cemento como un gusano de colores tristes, amontonados unos sobre otros, hinchados, deformados, amarrados, un montón de cuerpos. Masacrados.

Gracias al testimonio del ecuatoriano sobreviviente, un muchacho de nombre Luis Freddy Lala Pomadilla, al día siguiente los periódicos hablaron de migrantes masacrados. Poco a poco, día a día, la noticia se confirmó: 58 hombres y 14 mujeres migrantes de Centroamérica, Ecuador, Brasil y la India habían sido asesinados por un comando de Los Zetas.

* * *

Fernando —el motorista— asegura que el día que la noticia salió publicada en los periódicos de medio mundo, recibió una llamada del coyote.

—Me voy. Si viene la policía, vos no me conocés —dijo el coyote.

—¿Por qué?

—¡Ah! Vos no sabés nada de mí.

* * *

Fernando es el nombre en clave que durante el juicio contra seis salvadoreños acusados de integrar una banda de coyotes le dieron al testigo principal. Fernando conocía desde la infancia al coyote. Eran vecinos cuando Fernando quedó desempleado y accedió a trabajar como el motorista del coyote. Normalmente —relató en varias ocasiones Fernando ante un juez, ante las fiscales de la unidad de trata y tráfico de personas y ante agentes de la División Élite contra el Crimen Organizado (DECO)— sus funciones eran recoger al coyote, llevarlo a conversar con algunos de los potenciales migrantes, llevarlo a las reuniones con los demás miembros de la organización, llevarlo y traerlo a la frontera con Guatemala cuando iniciaba o regresaba de un viaje. Sus funciones, hasta aquel agosto de 2010, no incluían mantener la boca cerrada cuando la policía apareciera.

En diciembre de 2010, la policía apareció. Capturó a Fernando y también capturó a un hombre de 33 años llamado Érick Francisco Escobar. Según la fiscalía, la policía, Fernando y otros testigos, él es el coyote.

La detención se realizó cuatro meses después de la masacre en San Fernando porque fue hasta septiembre cuando Cancillería de El Salvador recibió el informe forense de México, donde se establecía que 13 de los asesinados en aquel galpón abandonado eran salvadoreños. Los investigadores policiales buscaron a los familiares de las víctimas y obtuvieron siete testimonios coincidentes. El coyote con el que habían negociado se llamaba Érick, y su número telefónico —que luego sería rastreado por la policía— era el mismo. Uno de esos testigos, un hombre cuyo hijo fue masacrado a balazos por Los Zetas en aquella carnicería de Tamaulipas, fue el único de los siete que dijo poder reconocer a Érick. Y lo hizo. Durante el proceso señaló al que según él había sido el coyote que guió a su hijo a la muerte.

Fernando fue capturado en el mismo operativo en el que cayó Érick. Fernando era acusado de pertenecer a la red, pero tras unas semanas en el penal de San Vicente —donde era obligado a dormir sentado al lado de un inodoro—, el hombre decidió contar en una declaración jurada a las fiscales y a los investigadores de la DECO lo que sabía.

Tres meses después de las primeras capturas, la policía detuvo a un hombre que había logrado mantenerse prófugo durante todo ese tiempo. La DECO detuvo en el municipio de Tecapán, Usulután, a un hombre corpulento, dirigente del equipo de fútbol de primera división Atlético Marte y dueño de buses de la ruta 46. Su nombre es Carlos Ernesto Teos Parada. Según las investigaciones fiscales y la declaración de Fernando, él era el jefe de la red de coyotes en la que Érick trabajaba.

Sabas López Sánchez, un muchacho de 20 años, y Karen Escobar Luna, de 28, eran también de Tecapán. Ambos terminaron formando parte de aquel gusano de colores tristes.

* * *

En su declaración ante las fiscales, Fernando dibujó un mapa con palabras. El mapa que Fernando dibujó permite imaginarse que los migrantes, al menos los seis que iban con Érick, pasaron sus últimos días colgados a un tren de carga como polizones.

Fernando describió dos rutas. Una de ellas empezaba en Chiapas, donde cientos de miles de migrantes ingresan cada año luego de mojarse las piernas cruzando el río Suchiate que hace de frontera con Guatemala. La ruta seguía por Veracruz, lo que hace pensar que los migrantes ya antes habían alternado entre caminatas por el monte y autobuses chiapanecos durante 280 kilómetros donde el tren no funciona, hasta llegar al municipio de Arriaga, montar la bestia de acero durante 11 horas bajo el inclemente sol agostino, hasta llegar al municipio de Ixtepec, ya en el estado de Oaxaca, donde cambiaron de tren y se subieron a uno mucho más veloz, que va a unos 70 kilómetros por hora, y que tarda entre seis y ocho horas para llegar al estado de Veracruz, al municipio de Medias Aguas, donde los trenes que vienen de Oaxaca y de Tabasco se juntan para viajar en una sola línea hasta las proximidades de la Ciudad de México. Desde ahí escalaban hasta llegar a Ciudad Victoria, viajar a Reynosa e ir a Nuevo Laredo, Tamaulipas, para intentar ganarle al río Bravo, ganarle a la patrulla fronteriza de Estados Unidos y entrar al vasto estado de Texas.

Fernando había explicado que conocía a Érick como un hombre de vicios. Un bebedor y cocainómano. Le gustaba, como dijo el testigo, andar "de zumba".

Tomar alcohol y consumir cocaína, en el mundo de los coyotes, es como tomar whisky en el de los jugadores de póquer. No tiene nada de particular. Y sería sólo un rasgo identificativo, una curiosidad, de no ser porque en este caso pasó lo que pasó.

En una ocasión, contó Fernando a las fiscales, Carlos Teos y Érick se reunieron en Usulután junto con otros miembros del grupo. Eso ocurrió más o menos un mes antes de la masacre. Teos dio algunas instrucciones, habló de la ruta, habló de nuevos contactos y ordenó a uno de los presentes que sacara el dinero. Fernando observó armas de fuego. El hombre regresó con un rollo de billetes y le entregó a Érick 3,000 dólares, el dinero que cubría el viaje de algunos de los viajeros.

Los familiares de los seis salvadoreños que fueron acribillados por Los Zetas aseguran que el acuerdo con Érick era pagar entre 5,700 y 7,500 dólares por el viaje. Todos pagaron la mitad antes de la partida. La otra mitad se pagaría allá, en Estados Unidos, a la llegada que nunca ocurrió.

Fernando relató que tras aquella reunión, Érick le pidió dirigirse a San Salvador, y de ahí al bulevar Constitución, y de ahí a una callejuela que entra a una comunidad llamada La Granjita, dominada por una vieja pandilla llamada Mao Mao. Ese lugar es conocido comúnmente como La Pradera, porque a la entrada de la callejuela de tierra hay un motel con ese nombre. Érick quería comprar cocaína, y su motorista lo llevó. Ahí mismo en el carro, dijo Fernando, Érick se metió unos buenos "narizazos".

Los narizazos serían un rasgo identificativo de un coyote. Una curiosidad, de no ser porque el relato de Fernando termina como termina.

* * *

Una de las muchachas que iba en el viaje con el coyote llamó durante el camino a una de sus familiares que luego se convirtió en denunciante del coyote. La muchacha, dice la versión fiscal, era optimista:

—Estoy en México y voy con la persona que me fue a traer. Estoy bien, dale saludos a todos, les aviso cuando esté en Estados Unidos.

El hijo del señor que luego señaló a Érick también llamó. También era optimista.

—¿Con quién vas? ¿Vas con Érick? —preguntó el papá.

—Sí, papá, aquí está con nosotros todavía, no se ha separado.

Aún no había pasado nada. Los pequeños detalles aún no habían terminado en un gusano de colores tristes.

* * *

El 11 de agosto, según reportes de Migración de El Salvador, con uno o dos minutos de diferencia, abandonaron el país por la frontera San Cristóbal seis migrantes que 13 días después serían masacrados en un galpón abandonado en Tamaulipas.

Fernando —el motorista— asegura que una noche antes habían sido concentrados en dos hoteles que están a unas cuadras de la terminal de autobuses que van hacia el occidente de El Salvador. Algunos migrantes estaban hospedados en el hotel Ipanema y otros en el hotel Pasadena. Se trata de hoteles de paso, que cobran unos 17 dólares por una habitación doble, estancia de camioneros, buseros, migrantes y coyotes.

Una de las fiscales del caso cuenta que durante la investigación consiguieron una orden de registro del hotel Pasadena. Entre los huéspedes encontraron a un niño de 10 años y a un joven de 18 que estaban a la espera de iniciar el viaje con sus coyotes: éstos eran un hombre que había sido deportado de Estados Unidos recientemente y un policía supernumerario. Ambos fueron detenidos. Encontraron también a un guatemalteco de nombre José María Negrero Sermeño. La policía solicitó sus antecedentes por radio, y pronto le respondieron que tenía una orden de captura por el delito de tráfico de personas girada por un juez de Cojutepeque. Le decomisaron sus teléfonos y ahí encontraron números de agentes policiales, de Migración, de la frontera, agendas donde precisaba nombres de delegados de Migración de Guatemala y El Salvador, así como tarjetas de presentación de varios funcionarios. Cuando hicieron el análisis telefónico de las llamadas de ese hombre, encontraron que se comunicaba con Érick y Carlos Teos.

Los migrantes que serían asesinados subieron a un autobús internacional que iba hacia la capital guatemalteca, contó Fernando. Érick le entregó al motorista 120 dólares. Según Fernando eso correspondía a 20 dólares por migrante, y eran para que el conductor del autobús sobornara a algún policía que se percatara de que los migrantes iban siendo guiados. Érick, él y otro hombre —Carlos Arnoldo Ventura, que luego sería condenado a cuatro años de prisión por tráfico ilegal de personas— se fueron en carro hasta la frontera. Fernando recuerda que durante el camino, Érick fue conversando por teléfono con Carlos Teos sobre rutas y fechas.

En el expediente fiscal se consigna que Carlos Teos —que tiene visa de turista para entrar a Estados Unidos— salió de El Salvador hacia Estados Unidos casi una semana después de que lo hicieran los migrantes. Fernando aseguró que Teos era quien se encargaba de recibir a los migrantes en Estados Unidos, entregarlos a sus familiares y cobrar la segunda mitad por el viaje. En algunas ocasiones hay registro de salida de Teos, pero no de entrada al país. La hipótesis fiscal es que Teos regresaba cargado de dinero, y evadía controles para ingresar al país y no declarar. El análisis de las cuentas bancarias de Teos demuestra que es un hombre que puede pasar de tener cero dólares a tener casi 10,000 en menos de un mes; de tener 85,000 un mes y 94,000 tres días después.

Lo último que Fernando supo de Érick es que cruzó la frontera sin pasar por el registro, con la idea de abordar el autobús del lado guatemalteco y emprender el viaje con sus migrantes.

* * *

Tiempo después, Fernando recibiría la llamada de Érick. Una llamada que llegó muy pronto.

—Me voy. Si viene la policía, vos no me conocés —dijo el coyote al regresar.

El coyote desapareció unas semanas. Cuando reapareció, dijo Fernando en su declaración jurada que Érick le contó que un pequeño detalle, ese sutil rasgo característico de estos hombres de vida dura, cambiaría por completo esta historia.

Érick dijo que se había gastado un dinero que es sagrado en estos viajes. Érick se gastó en vicios la cuota que tenía que pagar a Los Zetas en Tamaulipas. Érick se gastó la cuota que un coyote debe pagar a esa mafia mexicana para que cada migrante pueda seguir migrando.

Érick —relató Fernando— sabía que había tocado un dinero obligatorio, un dinero que no se negocia, y por eso abandonó a los seis salvadoreños que querían entrar a Estados Unidos.

* * *

Cuando una de las fiscales del caso cuenta que Carlos Teos y Érick
fueron absueltos por un juez suplente del juzgado especializado de
sentencia de San Salvador, se le corta la voz. Se le insinúa el llanto.

A pesar del testimonio de Fernando, del análisis de llamadas, del
reconocimiento del padre de uno de los muchachos masacrados, a pesar de que con las mismas pruebas y el mismo testimonio de Fernando
otro juez condenaría luego a otros dos miembros del grupo, este juez
absolvió a Érick y a Carlos Teos.

—Fue un asombro, estábamos celebrando... Bueno, qué tristeza. Todos nos volteábamos a ver, nadie lo creía.

La fiscalía ha puesto un recurso y espera que la Sala de lo Penal
revierta el fallo y obligue a que otro juez juzgue el caso.

Mientras, lo único que queda de los familiares de las víctimas es el
testimonio que ya rindieron. Todos los familiares de los migrantes masacrados que declararon recibieron amenazas telefónicas. A todos les
dijeron que los iban a desaparecer, a asesinar, relataron a las fiscales
antes de largarse de sus casas hacia otro lugar.

* * *

Lo que pasó en aquel rancho es ya historia contada. Historia contada
por un muchacho.

Luis Freddy Lala Pomadilla, de 18 años, se sentó en la ciudad ecua-
toriana de Riobamba al mediodía del 14 de septiembre de 2010. Se
sentó para contestar las preguntas que, vía video, le hacía un fiscal desde la Ciudad de México. Pomadilla es uno de los dos sobrevivientes.
Él asegura que también sobrevivió otro muchacho, que era de noche
y lo vio huir de entre los muertos, pero que luego escuchó alboroto,
persecución, disparos.

El fiscal mexicano estaba más centrado en preguntar a Pomadilla por nombres y apodos. Le preguntó por El Coyote, El Degollado, Chabelo, El Kilo, Cabezón, le preguntó por El Gruñón, un "kaibil guatemalteco", y por cinco salvadoreños, le preguntó si los reconocía como zetas. Pomadilla dijo que entre ellos no se hablaban, que por eso apenas recordaba al Kilo —Martín Omar Estrada, que luego sería capturado y condenado como jefe de plaza de Los Zetas en San Fernando—. Pomadilla —que al igual que los seis migrantes salvadoreños fue abandonado por su coyote— recuerda que eran unos ocho zetas, todos armados, que se conducían en un pick up doble cabina blanco y en una todoterreno Trooper, los que detuvieron los tres camiones donde viajaban decenas de indocumentados en su intento por acercarse a la frontera. Recuerda que los llevaron hasta San Fernando y ahí los formaron contra el muro del galpón. Recuerda que uno de los zetas preguntó si entre esos hombres y mujeres había alguien que quería entrenarse para pertenecer a Los Zetas. Recuerda que sólo un muchacho migrante levantó la mano y dijo que sí. "Pero igual lo mataron". Lo mataron a él y a 71 personas más. Pomadilla, que sobrevivió porque lo dieron por muerto, recuerda que después, durante unos tres minutos, tronó un arma. Fue un concierto de balas de una sola arma que duró hasta acabar con la vida de 72 migrantes.

Los Zetas son una banda de cavernícolas. Tal como me dijo un coronel que formaba parte del contingente que mantenía un estado de sitio en Alta Verapaz, Guatemala, en 2011, para intentar echar a esa mafia, son tipos que primero disparan, torturan, asesinan y después preguntan si sus víctimas les harán caso.

Sin embargo, lo cavernícolas no les quita lo mafiosos. En cada una de las actividades de esta banda a la que intento entender desde 2008 hay un solo interés: multiplicar el dinero. ¿Por qué secuestrar a 72 migrantes, llevarlos hasta una zona perdida de un municipio rural y masacrarlos? ¿Qué ganaron con eso?

La principal hipótesis divulgada por las autoridades mexicanas asegura que Los Zetas dispararon disgustados porque los migrantes no quisieron integrarse a la banda criminal. Una de las mujeres que eran guiadas por Érick y que murió en aquella masacre era una joven de

18 años del departamento de La Libertad. ¿Es ése el perfil de reclutas que Los Zetas buscan?

La historia de los seis migrantes salvadoreños que acabaron asesinados, que se supone pagaron por el pequeño detalle de que su coyote decidió consumir más cocaína y alcohol del que podía financiar, habla de otra lógica. El que no paga, no pasa. Migrar por México tiene tarifa, y la cobran Los Zetas.

Los coyotes o migrantes que quieran burlar ese peaje se enfrentarán a esos cavernícolas. ¿Qué manera más poderosa de demostrarlo que 72 cadáveres apiñados en un gusano de colores tristes?

Todo parece adquirir lógica cuando se piensa que Los Zetas pretendían consolidar un mensaje entre los coyotes y los migrantes. Pero para dar eso por seguro, para entender cómo esa mafia cambió los códigos de un mundo de rudos coyotes, hay que buscar a algunos de esos guías clandestinos.

Hay pocos lugares más indicados que el departamento de Chalatenango, en El Salvador, para encontrar a algunos de los mejores coyotes.

* * *

En la mesa hay seis envases de cerveza vacíos y un plato de bocas variadas que el traficante de queso y cigarros picotea. Estamos en un restaurante y hotelito en las afueras de la ciudad cabecera de Chalatenango, que no es sino un pueblo con un banco y algunos restaurantes de comida rápida, pero pueblo al fin y al cabo. El traficante de queso, a quien conocí gracias a que un intermediario nos presentó, me asegura que el restaurante y hotel donde estamos es de uno de los más conocidos coyotes chalatecos. Sin embargo, el recelo con el que se nos acerca el hombre, atraído por saber quién soy y qué hago en su negocio, hace que el traficante de queso recule en sus intenciones de presentármelo.

Este hombre regordete se dedica a eso justamente, a traficar quesos y cigarros. Compra quesos a bajísimos precios en Nicaragua y trae cientos de marquetas de 100 libras escondidas en falsos contenedores de camiones, o se encarga de coordinar el paso de camiones con cigarros chinos o rusos que van en contenedores marchamados hasta Ocotepeque, Honduras. Deja que el camión cruce la frontera, quita el marchamo e ingresan por puntos ciegos de la frontera pick ups llenos con los cigarros que se venden a la mitad del precio que los demás en una tienda chalateca. En muchas de las tiendas de por aquí es más fácil encontrar cigarros Modern que Marlboro.

Como el plan A del traficante se ha caído, y como por alguna extraña razón está empecinado en no desilusionarme en mi búsqueda de un coyote, se quita la gorra de la cabeza, respira profundo, achina los ojos y dice:

—Bueeeeeno, si aquí si usted levanta una piedra encuentra un coyote, el problema es que los jóvenes, los nuevos, son más asustadizos y no querrán hablar con un periodista. Puede ser que nos mande al carajo, pero vamos a intentar con el mero mero. Yo a él le estoy muy agradecido, porque él me enseñó el oficio de traficar queso. Él es el coyote que les ha enseñado el trabajo a todos los demás. Es el primer coyote de Chalate.

Es viernes, me pide que le dé el fin de semana para hablar con el señor coyote.

* * *

El señor coyote es grande y recio como un roble. Nos recibe, amable, al traficante de queso y a mí en su casa de Chalatenango. Manda traer unas tilapias, pide que las cocinen, que pongan arroz, que traigan cervezas y que calienten tortillas.

El traficante de queso ha conseguido lo que más cuesta al principio: convencer a una persona de que a cambio de historias y explicaciones, de que a cambio de su testimonio, uno como periodista guardará su identidad. El señor coyote me cree. Por eso la conversación inicia sin tapujos en esta tarde de octubre de 2013.

El señor coyote tiene ahora 60 años. Empezó en el negocio de llevar gente a Estados Unidos en 1979. En su primer intento por llegar como indocumentado a Estados Unidos, había pagado 600 colones —que al cambio de la época eran unos 240 dólares— a un coyote guatemalteco. El viaje fracasó cuando fueron detenidos en Tijuana. Durante su estancia en diferentes centros de detención conoció a otro coyote guatemalteco. El señor coyote, que entonces era un muchacho veinteañero, se ofreció a conseguirle migrantes en El Salvador. En aquel momento, recuerda el señor coyote, su oficio no era perseguido. Ningún policía detenía a alguien por ser coyote, y mucho menos lo juzgaban, como le ocurrió a Érick, en un juzgado especializado de crimen organizado. Tan a sus anchas se sentía que para promocionar sus servicios el señor coyote abrió una oficina en Cuscatancingo y publicaba anuncios en las páginas de publicidad de los periódicos en los que decía: "Viajes seguros a Estados Unidos", e incluía el teléfono de su agencia. Luego de unos pocos meses, cuando ya había aprendido del guatemalteco lo que necesitaba aprender, el señor coyote se independizó. La gente llamaba a su agencia y preguntaba cuánto caminarían. El señor coyote explicaba que México lo cruzarían en bus, y que el cruce lo harían por Mexicali, San Luis Río Colorado o Algodones, y que no caminarían más de una hora. Así ocurría. Cuando el señor coyote juntaba a 15 o 20 personas, emprendía el viaje. Lo más que llegó a llevar fueron 35 personas. Cruzar México, recuerda el señor coyote, podía ser incluso un viaje placentero. "La gente no se bajaba del bus más que para orinar", recuerda. En las casetas de revisión migratoria de la carretera ya todo estaba arreglado y apenas había que dejar unos dólares a los agentes de cada caseta.

A mediados de los ochenta, luego de que la Guardia Nacional cateara su oficina pensando que se trataba de una célula guerrillera, debido al intenso movimiento de gente, el señor coyote decidió retirarse algunos años, y alternó con estancias largas en Estados Unidos y trabajos esporádicos con grupos pequeños de migrantes.

En 2004 el señor coyote volvió de lleno a las andadas. Las cosas eran más difíciles, y aún empeorarían.

—Las cosas habían cambiado. En México había mayor seguridad, aquí ya era delito ser un coyote. Entonces la cuota de los coyotes era de 6,000 dólares por persona a donde quiera que fuera en los Estados Unidos—. Pocas cosas eran como antes.

Los coyotes viajeros, los que hacían de lazarillos durante toda la travesía por México, eran contados.

—Ya entonces la cosa era más de coordinación, y así sigue siendo. Uno se encarga de poner la gente en la frontera de Guatemala con México, de ahí está el que lo levanta hasta el Distrito Federal, que es un mexicano. A él se le paga entre 1,200 y 1,300 dólares por persona. En el D.F. los agarra otra persona hasta la frontera con Estados Unidos. Ése cobra unos 800, y hay que darle unos 100 más por la estadía en la frontera y la comida del pollo. Uno estipula que de aquí a la frontera con Estados Unidos va a invertir unos 2,500. De ahí para arriba, a Houston, por ejemplo, la gente que los mete estaba cobrando 2,000. En Houston tiene que pagar uno a todos los que han pasado. Hoy cobran 2,500 dólares por la tirada. Ahí los tienen detenidos. Son casas de seguridad. Desde aquí mando el dinero por transferencia y van liberando a las personas. Cobraban 500 dólares por las camionetas que los llevaban hasta la casa donde iban. Hoy cobran 700. Por persona te quedan unos 1,000 o 1,500 dólares de ganancia.

Hay, como bien dice el señor coyote, maneras de abaratar los costos en México, pero eso implica métodos que para el señor coyote son "inhumanos". Por ejemplo, meter a 120 migrantes en un furgón que va marchamado hasta la frontera. El marchamo se compra si se tienen los contactos adecuados en la aduana mexicana, y el reporte puede decir que adentro del furgón van frutas, cuando lo que en realidad van son decenas de personas sofocadas por el calor y el poco oxígeno, sin desodorante ni perfume, sin relojes ni celulares ni nada que timbre y los pueda delatar. Hay coyotes que por ahorrarse unos cientos de dólares embuten a la gente bajo un fondo falso de un camión bananero y los obligan a ir acostados durante más de 20 horas hasta la Ciudad de México. El señor coyote siempre pensó que eso es inhumano.

El señor coyote dice que la cuota, en los últimos cinco años, ha aumentado, y que nadie que se precie de ser buen coyote llevará a un migrante a Estados Unidos por menos de 7,000 dólares.

—Los riesgos son más ahora —dice el señor coyote y, con su dedo índice, dibuja en el aire una Z.

—¿Cuándo empezó usted a pagar a Los Zetas? —le pregunto.

—En 2005 se empezó a trabajar con Los Zetas, pero era mínimo, no era obligatorio. Tener un contacto de Los Zetas era una garantía, uno los buscaba. A través del coyote mexicano se armaba todo, igual que como se trabajaba con la policía. Después, ya ahí por 2007 empezaron a apretar al indocumentado directamente. No les importaba de quién era la gente. Se empezó cobrando 100 dólares por persona, eso se pagaba. Ahora lleva dos años lo más duro de estos jodidos.

Los Zetas, que surgieron hace 15 años como el brazo armado del Cártel del Golfo, se escindieron de esa organización allá por el año 2007. Quizá la cuota antes era un extra a su salario, y después se convirtió en un rubro de la organización.

—100 por migrante, ¿ése es el cobro de Los Zetas por dejarlos cruzar México? —continúo.

—Hoy la han subido a 200 dólares. En el precio (al migrante) se incluye la cuota para Los Zetas. El riesgo es mayor, por eso aumentó la cuota, el pollero ya no se quiere arriesgar por 1,000 dólares de ganancia.

—¿Usted se entiende con Los Zetas?

—Uno le deposita a los mexicanos, al mismo contacto coyote, y él se encarga. Yo no conozco a nadie de Los Zetas. Si alguien de aquí le dice que los conoce, es un bocón. Ese contacto mexicano tal vez está pagando 100 y a mí me cobra 200. Puede estar pasando. Pero hay que pagar.

—¿O?

—Bueno, eso pasó con la matanza en Tamaulipas, les debían, y a éstos no les importó de quiénes eran esas personas. Ése fue un mensaje: a alguien se le olvidó pagar, entonces esto es lo que va a pasar. Y al que le toca responder es al coyote que de aquí salió. Nadie recoge gente para mandarla a morir, uno lo que quiere es ganar dinero y credibilidad.

—Pero hay coyotes que siguen viajando ellos con su gente por México.

—Un buen coyote que viaje él no existe, ni uno. Nadie se arriesga. Quizá para ir a dejarlos a Ciudad Hidalgo (frontera mexicana con Guatemala). Todo se hace pedazo por pedazo, uno coordina. Bueno, están los locos del tren. Los que van en tren cobran unos 4,000 o 5,000 dólares. Esos son polleritos que agarran dos, tres personas, o gente que en realidad lo que quiere es irse y ya antes viajó y conoce un poco el viaje en tren, y recoge dos o tres personas y con eso se van. Ahí es donde caen los secuestros. Si usted paga 200 dólares constante por persona, no lo molestan, pero si voy por mi propia cuenta... entonces... bueno. Ahí se enojan Los Zetas: "Éste va a pasar y no va a dejar nada", entonces aprietan y ponen cantidades de hasta 5,000 dólares por cabeza. Si usted trabaja con los contactos que conozcan a Los Zetas, tiene garantizado el cruce de México, ya no tiene problema. Si ellos son un grupo con muy buena coordinación con militares y policías. Incluso si lo detiene una patrulla y averiguan si ya pagó a Los Zetas, y usted ha pagado, lo sueltan de inmediato. Si descubren que no tiene contacto con Los Zetas, entonces está apretado, usted no va a ir a la cárcel, se lo van a llevar a ellos, lo van a entregar. Por eso desaparece la gente. México no es problema si uno tiene el contacto con Los Zetas. Si no...

Nos despedimos del señor coyote cuando Chalatenango se oscurece. Nos despedimos con ese "si no" y esos puntos suspensivos en la cabeza. Los puntos suspensivos, en el caso de los seis migrantes que salieron con Érick, fueron una ráfaga de balas en un galpón abandonado. Los puntos suspensivos de otros pueden ser mucho más terribles. Si tienes contacto con Los Zetas, no hay problema. Si no...

* * *

A veces, a Bertila se le olvida lo que está hablando. Come poco. A sus sesenta y pocos años, Bertila llegó a pesar 100 libras. Desde que el 27 de marzo de 2011 su hijo Charli desapareció cuando viajaba desde San Luis Potosí hasta Reynosa, en el norte mexicano, acercándose a Estados Unidos, Bertila come poco y duerme mal. Sueña. Sueña que Charli no está muerto, que vuelve a casa y que ella le dice: "Pensé que algo te había pasado". Y él contesta: "¿A mí? A mí no me ha pasado nada". Eso sueña.

Harto de ganar cuatro dólares al día en una maquila, empujado por el cercano nacimiento de su primera hija y alentado porque el coyote del cantón le había prometido llevarlo y cobrarle hasta que él reuniera dinero en Estados Unidos, Charli decidió dejar su casa en Izalco y migrar. Se fue con el coyote y con otros cuatro migrantes.

Estoy sentado en un solar de un cantón de Izalco con Bertila, la madre de Charli, y esto es lo que, con todas las dificultades que opone el dolor, me cuenta.

Charli, el coyote y los migrantes se fueron un lunes dispuestos a alternar entre buses y trenes. El viernes, el coyote estaba de vuelta con los migrantes y sin Charli. Agentes migratorios los habían detenido en Oaxaca, al sur de México. Los bajaron a todos, menos a Charli. Los deportaron. Charli continuó su camino.

Llegó hasta San Luis Potosí, ya en el norte, y se quedó cuatro días en casa de unos parientes lejanos que por cuestiones del azar se habían establecido en esa ciudad. Desde ahí, se comunicó por última vez no con Bertila, sino con Jorge, su hermano, que trabaja como obrero en Oklahoma. Jorge me dijo por teléfono que Charli tenía dudas. Para este momento, el coyote de su cantón ya había vuelto a salir con los cuatro migrantes en el segundo intento. Charli —recuerda Jorge— le había explicado al coyote sus ganas de seguir hacia Reynosa, de acercarse a la frontera y desde ahí conseguir un coyote que lo brincara al otro lado. Incluso Jorge intentó contactar a la coyota que lo había cruzado a él hacía unos años. Ella trabajaba pasando gente por la garita formal, con papeles de otras personas, o por el río Bravo. La diferencia era de 500 dólares: 2,500 una opción y 2,000 la otra. Charli no quería esperar más. Sin embargo, le contó a su hermano que el coyote de su cantón le había dicho que no se moviera, que él pasaría, que el camino estaba lleno de zetas, que lo detectarían, que andaban a la caza de los que no pagaban a un coyote que a su vez les pagara a ellos.

Jorge tenía alguna idea de que la situación era un camino de obstáculos. Hacía apenas unos meses, había llegado a Estados Unidos un primo de él, que le contó que estaba ahí de milagro: "Me dijo que al coyote que no se alía con Los Zetas le quitan a la gente y lo matan, y que andan buscando como locos a los coyotes que no pagan. Mi primo me contó que él iba con uno de esos coyotes, y cuando se dio cuenta de que lo andaban buscando Los Zetas se zafó y consiguió escaparse".

Sin embargo, la espera es infernal cuando México se convierte en un limbo, en una escala interminable.

Charli decidió abordar el autobús hacia Reynosa.

* * *

El 6 de abril de 2011, las autoridades del estado de Tamaulipas anun-
ciaron el hallazgo de ocho fosas clandestinas en un ejido llamado La
Joya, en San Fernando, en el mismo lugar donde Los Zetas habían masacrado el año anterior a 72 migrantes en un galpón derruido. Adentro de las fosas encontraron 59 cuerpos putrefactos, algunos con los
cráneos destruidos.

Al principio, las autoridades del estado intentaron minimizar la situación poniéndole etiquetas a los muertos: dijeron que eran "miembros de organizaciones criminales transnacionales, secuestrados y
víctimas de violencia en la carretera".

Los muertos no dejaron de salir de la tierra.

Las fosas siguieron apareciendo. Para el 8 de abril, luego de abrir
17 fosas, los cuerpos eran ocho; el 15 de abril, de 36 fosas habían
sacado 145 cadáveres; el 29 de ese mismo mes, el gobernador de
Tamaulipas anunció que habían encontrado un total de 196 personas
asesinadas.

Luego se sabría que algo podía haberse intuido, algo podía haberse
prevenido en un municipio que apenas un año antes había sido regado
con la sangre de 72 migrantes. Y no sólo eso: la organización estadounidense National Security Archive, con base en la ley de acceso de
información de aquel país, logró desclasificar una serie de cables que
eran enviados desde las representaciones estadounidenses en México
a Washington, D.C. Las comunicaciones fueron enviadas principalmente desde el consulado de Matamoros, la ciudad fronteriza más
cercana a San Fernando.

Los cables desclasificados daban cuenta de que entre el 19 y 24 de
marzo de ese año, casi un mes antes de que se descubrieran todas esas
fosas repletas de muertos, varios autobuses habían sido detenidos y sus
pasajeros secuestrados en la ruta que iba hacia Reynosa.

Ésa era la ruta que, pese a la insistencia de su coyote, Charli decidió
tomar. Ésa es la ruta que miles de migrantes de todo el mundo toman
para dirigirse a la última prueba de su viaje: la frontera con Estados
Unidos.

Esos secuestros no eran casuales, sino que durante todo marzo aquello fue una modalidad. Los autobuses eran detenidos cuando se conducían por la carretera federal 97 rumbo a Reynosa, una carretera de cuatro carriles rodeada por extensas planicies deshabitadas. Los pasajeros, migrantes mexicanos y centroamericanos en su mayoría, eran sacados de la carretera e internados en calles secundarias de los alrededores de San Fernando.

Aún no hay un consolidado. La comisión interdisciplinaria que intenta esclarecer la identidad de todos esos cadáveres aún trabaja, pero decenas de los cuerpos han sido identificados como migrantes mexicanos y centroamericanos, gracias a que muchas madres de migrantes desaparecidos acudieron a dejar muestras de sangre para los exámenes de ADN.

Una de esas madres fue Bertila. Uno de esos cadáveres fue Charli.

* * *

Bertila —sentada a una de las mesas de la pupusería que ha montado en el patio de su casa en un cantón de Izalco— tiene un pie en esta realidad y otro en sus pensamientos. La mirada a veces se le pierde, y ella parece olvidar que conversamos. Da la impresión de que imagina una situación, de que en su mente se proyecta una película. Y esa película, invariablemente, es triste. Esa escena con la que sueña es la de unos funcionarios devolviéndole un féretro o una caja o lo que sea —no le importa el envoltorio— con los huesos de Charli.

En diciembre de 2012, casi dos años después de que su hijo fuera secuestrado y asesinado por Los Zetas mientras viajaba en autobús, Bertila recibió de parte de la Procuraduría General de la República de México la confirmación de que el cuerpo de la fila 11, del lote 314, de la manzana 16 del Panteón Municipal de la Cruz en Ciudad Victoria, Tamaulipas, era su hijo Charli.

Describir el sufrimiento de quien ha sido madre de un desaparecido, de quien es madre de un asesinado, de quien no tiene ni siquiera unos huesos que enterrar —porque hoy, casi tres años después de la barbarie, Bertila no ha recibido los huesos de Charli— es un reto demasiado peligroso. ¿Qué adjetivo describe lo que Bertila siente? ¿Qué adjetivo le atina a ese dolor? Lo único que se me ocurre escribir es que Bertila no vive del todo en este mundo, que en su mente pasa una y otra vez una película triste y ella la ve y se desconecta de este mundo. Lo que se me ocurre es escribir sus palabras:

—A mí, a veces, se me olvida lo que estoy hablando... a veces, cuando me preguntaban si sabía algo de Charli, yo sentía como si me estuvieran golpeando... como por dentro... yo caí, durante mucho tiempo caí... yo sólo me tiré a la cama de él y estuve ahí. Han pasado dos años, siete meses, diez días. Los huesos... pues habría un poco de paz. Aunque quizás nunca podría yo tener la completa paz. Pero eso llenaría un poco mi vida, porque a veces me aterra. Cuando llueve fuerte me imagino yo que los huesos se pueden ir en una correntada y nunca encontrarlos. Eso me tiene... cada vez que oigo que en México hay un ciclón, que hay una tormenta, una onda tropical, yo pienso en eso. Es una angustia grande cuando veo que todos van a poner flores o les traen a sus seres queridos... yo no puedo recibir el mío.

* * *

De nuevo, resurge la pregunta. ¿Por qué secuestrar a Charli y a otros como él? ¿Por qué gastar gasolina, hombres, arriesgarse a ser detectado, sólo para detener a un autobús con migrantes en una carretera? ¿Por qué tomarse la molestia de trasladarlos hasta diferentes ejidos de San Fernando? ¿Por qué asesinarlos con tal brutalidad? —porque la mayoría de cadáveres de las fosas no tenía ningún orificio de bala, habían muerto a golpes, con objetos contundentes, cortopunzantes, palos, machetes—. ¿Por qué la carnicería?

¿Por qué le pasó esto a Charli? ¿Por qué le pasó aquello a los seis migrantes que viajaban con Érick? ¿Por qué les pasó a 72 personas en 2010? ¿Por qué les pasó a 196 personas en 2011?

Supongo que el señor coyote de Chalatenango ya contestó. De cualquier manera, volveré a preguntarle.

* * *

Habíamos quedado en el mismo lugar, en el patio de su casa en Chalatenango, pero a última hora, el señor coyote cambia el plan. Me dice que está trabajando en una de sus fincas, que nos encontremos en la carretera, adelante de la Cuarta Brigada de Infantería. Que deje las luces intermitentes, me haga a un lado de la carretera y que él pasará pitando a mi lado.

Llega. Uno de sus trabajadores maneja. El señor coyote está borracho.

En teoría iríamos a una finca, pero cuando lo sigo me lleva hasta su casa. Nos sentamos en el mismo lugar que la vez anterior. Es difícil iniciar la conversación, porque quiere hablar de otros temas. Concedo. Durante un rato, hablamos de caballos de paso, discernimos si el appaloosa es mejor que el morgan; si el caballo de paso español está por encima del caballo de paso peruano.

Uno de sus hombres trae cervezas.

Ya hace una hora que hablamos de cosas de las que no he venido a hablar. Es un callejón sin salida. Yo pregunto y él contesta hablando de lo que le da la gana.

Finalmente, cuando entiendo que la conversación debe terminar, que él está cansado y los ojos se le cierran del sueño por la borrachera, digo alzando la voz:

—No entiendo estas masacres y muertes y locura de Los Zetas...

Él, que quizá también entiende que la conversación debe terminar, responde alzando su voz.

—Está claro que ellos ya lanzaron el mensaje de lo que va a pasar al que no pague. Son mensajes. Yo le recomiendo a la gente que se entere antes de viajar. ¿Su coyote paga o no paga cuota a Los Zetas? Si no paga, que Dios lo proteja.

ÍNDICE

Prólogo del autor 7

En el camino 13

Aquí se viola, aquí se mata 39

La Bestia 61

Las esclavas invisibles 79

Los secuestros que no importan 101

Nosotros somos Los Zetas 121

Vivir entre coyotes 143

You are not welcome to Tijuana 159

Frontera de embudos 177

El narco manda 201

Jugar al gato y al ratón
con la Patrulla Fronteriza 221

Un pueblo fantasma 241

Ciudad Juárez, ciudad prohibida 259

Morir en el río Bravo 277

Los coyotes domados 293

La tercera edición de *Los migrantes que no importan* se terminó de imprimir en Offset Rebosan, S.A de C.V, en la Ciudad de México, en septiembre de 2016. Muchas cosas han pasado desde la primera aparición de este libro en México y, sin embargo, sigue siendo tristemente vigente. La tragedia de cientos de miles de migrantes centroamericanos que arriesgan su vida todos los días por los caminos de este país es una constante y seguimos sin, por ejemplo, incluir a los migrantes desaparecidos en las cuentas y memoria de aquellos que nos faltan a todos. Siguen sin importar. Este libro de Óscar Martínez es publicado gracias a la generosidad de elfaro.net, pioneros del buen periodismo narrativo en El Salvador. Ningún mexicano ha descrito con tanta crudeza y belleza el camino de aquellos que buscan un futuro mejor y no pierden la esperanza. Para su composición se utilizó la familia tipográfica Baskerville. Se tiraron mil quinientos ejemplares.